한국말 문법의 현안

語文叢書 2 - 6

한국말 문법의 현안

柳穆相

도서출판 월인

刊行辭

語文叢書②-6 「한국말 문법의 현안」을 刊行하면서

韓國語文敎育硏究會의 기관지 「語文硏究」 창간호가 나온 것이 1973년 가을이니 어느덧 사십 여년의 세월이 흘렀다. 2017년에 이르러 통권 174호를 발행하였다. 이 「語文硏究」에 이어 우리 연구회는 학술적 이론의 진전을 위하여 「語文叢書」 출간을 계획하고, 첫 권을 2006년에 발간한 바 있다. 「語文叢書」는 두 종류로 나뉘는데 「語文叢書①」은 어문운동과 어문정책에 관련된 내용을 담고 있으며, 「語文叢書②」는 국어국문학의 각분야에 걸쳐 학문적 가치와 영향력을 지닌 학술서적이다.

이번 「語文叢書②」의 연속물로서 「한국말 분법의 현안」을 간행하게 된 시점에서 지난 어문운동의 역사를 잠시 돌아본다. 1945년의 민족 해방과 祖國光復은 우리 민족을 감격의 도가니로 몰고 갔다. 초기의 爭點은 한글 한자의 표기 문제였다. 이른바 '한글 專用, 國漢混用의 대립'이 그것이다. 이것은 처음부터 끝까지 傳達者와 被傳達者 사이에서 편리하게 조절하여 사용하면 풀리는 간단한 일상생활의 일이다. 문제는 學校敎育에서의 한자 몰아내기에서 일어났다. 知性과 感性의 조화 속에서 새로운 시대에 對備해야 할 중요한 시기에 우리 語文敎育은 偏見과 歪曲으로 혼란을 거듭해 왔다. 學術院의 의견도 무시된 채, 政治權力에 의하여 엎치락뒤치락하는 가운데 오늘에 이르기까지 수습을 보지 못하고 있다.

한자 몰아내기의 무모한 試圖는 1981년 북한이 刊行한 「현대조선말사전」의 失敗로 終止符를 찍었다. 교육을 百年大計라 하는 이유는 과거와 현재와 미래를 通觀하는 능력을 기르는 일이기 때문이다. 우리가 意思疏通을 위하여 외국어를 학습시키는 일과 한자를 가르치는 일이 무엇이 다른가.

초등학교는 義務敎育의 첫 段階이다. '교육의 의무'는 교육의 機會均等을 보장하는 憲法精神이다. 국가의 의무로서 교육을 받을 권리를 보장하는 것이다. 한자말을 일상으로 사용하면서 그 말의 意義素인 漢字를 감춘다는 것은 言語能力을 低下시키는 최악의 語文政策이다. 동서양을 가릴 것 없이 모든 언어 사전들이 語原을 밝히어 추세에 우리가 한자를 排除하는 것은 바보의 짓이다. 로마 문화권의 말들을 가르치면서 우리 文化圈의 글자인 한자를 멀리하는 것이 정상적인 思考인가 되새겨 보아야 한다.

이번 語文叢書②-8 「한국말 문법의 현안」을 간행하는 목적은 學校文法의 照明과 省察에 보탬을 주고자 하는 데 있다. 단일본의 국정 문법 교과서로 말미암아 획일성에 얽매이어 자유로운 연구의 길이 막혀 있는 현실에서 자유로운 討議의 廣場이 열리기를 기대하는 바이다.

마지막으로 오랜 세월을 오직 한국말의 결에 맞는 문법을 究明해 온 결과, 그 硏究의 精髓를 담은 원고의 간행을 허락해 주신 著者에게 깊은 감사와 존경의 마음을 드린다. 또한 어려운 가운데 출판을 맡아준 월인에 고마운 뜻을 전한다.

2017년 11월 30일

韓國語文敎育硏究會 會長 南 基 卓

머리말

우리나라에 문법학이 도입된 지 어느덧 100년이 지났다. 구학(舊學)에서는 문법학이 필요치 않았다. 책을 백 번 읽으면 저절로 뜻을 알게 된다 하여 말을 반복을 통하여 배우듯이 글도 반복하여 읽으면 문리(文理)가 저절로 트인다 하였다. 어법(語法)이나 문법(文法)을 따로 배울 필요를 느끼지 않았던 것이다. 외국말 배우기에 앞서 문법을 논하게 되면 외국말 말하기가 어려워진다고 어느 언어학자가 말한 것을 기억하고 있다. 문법학은 조립학(組立學)인 동시에 분석학(分析學)이다. 문법학의 발생은 비교언어학(比較言語學)의 산물이라 할 것이다. 모어(母語)를 익히는 데 문법의 학습이 꼭 필요한 것은 아니다. 근세의 모든 학문이 그렇듯이 쉬운 내용을 까다로운 학술용어로 바꾸어 현학적으로 표현하는 것이 학문적 권위로 여겨 왔다. 이것이 학문세계의 추세이다. 이제 이러한 굴레에서 벗어나 학문의 생활화가 이루어져야 한다. 실생활에 적응하는 실사구시(實事求是)의 학문이어야 지식의 상식화가 실현될 것이다. 우리나라 문법 연구의 역사가 1세기를 넘었다. 그런데 우리는 아직 쑥대밭이다. 정리기(整理期)를 거치지 못한 때문이다. 이 저서의 의도는 의견의 일치를 보지 못하고 있는 현안의 문법 사항들을 제시하여 그 이견(異見)을 살펴보고 그 옳고 그름을 짚어 보고자 하는 데 있다. 나아가 여러분의 고견(高見)을 듣고자 함에 있다.

나에게 문법에 관심을 가지게 한 두 강좌가 있었다. 한결 김윤경(金允經)의 「나라말본」 강의와 박술음(朴術音)의 「고등영문법」 강의이다. 비슷한 시기에 수강한 국어와 영어의 두 다른 문법이 나의 문법 연구의 동기(動機)가 되었다. 내가 스스로 선택한 문법의 부교재는 정렬모의 「신편고등국어문법」, 정인승이 「표준 고등 말본」이었다. 이 두 책의 저자가 나와 인연이 있는 분들이었기 때문이다. 이로 연유하여 나는 모든 교과 학습에 있어 교과서에 부교재(副教材)를 꼭 따르게 하는 학습 방법을 취하게 되었다. 부교재를 텍스트와 비교하면서 공부한 것이다. 우리 속담 '길고 짧은 것은 대어 보아야 안다'는 말을 학습의 잣대로 삼은 것이다. 학문에 편향성(偏向性)이 있어선 안 된다. 본질(本質)을 알기 위해서는 비교(比較)와 대조(對照) 없이는 불가능하다. 학문의 보편성(普遍性)을 위해서이다.

강단을 떠나면서 나에게 남은 하나의 숙제가 있었다. 그 숙제를 풀려고 이 글을 쓰게 된 것이다. 나는 1956년 김민수 교수의 담당 교과이었던 「국어문법론」을 이어받아 1994년 정년퇴임 때까지 줄곧 강의하여 왔다. 근 30여년 60학기 동안의 긴 세월이다. 나는 강의 시작 전에 질문지를 의무적으로 받아 왔다. 질문지로 출석을 확인하는 바람에 골머리를 앓은 학생들이 있었다. 어떤 문제에 대하여 아주 잘 알거나 아주 모르면 질문을 할 수 없다. 질문을 할 감을 찾기 어렵기 때문이다. 질의문답(質疑問答)은 학습 효과를 높이는 좋은 기회이다. 그런데 질문을 꺼리는 학생들이 적지 않았다. 심지어 남의 질문지를 넘겨받아 표현만 좀 다르게 하여 제출하는 경우도 있었다. 질문지에 대한 해답은 다음 강의시간에 어김없이 하였다. 그런데 질의에 대한 해답을 길게 할 수 없어 10분 안으로 간략하게 하였다. 강의시간에 결손이 생기게 되면 강의 계획서(syllabus)대로 운용하는 데 지장이 생기기 때문이었다. 퇴임 때 그 질문지들을 보자기에 싸서 집으로 가져 온 것이다. 그대로 방치된 지 20년이 지났다. 노령에 이르러 청각에 이상이 생겨 대화가 끊어지고 학술 모임에도 나가지 못하는 지경에 이르렀다. 문득 생각에 떠오른 것이 『語文硏究』 제2호(1973. 겨울)에서 맡아 왔던 질의문답(質疑問答)이었다. 거기서 '한국어 문법의 현안'을 마음에 두고, 묶어 둔 질문지에 대한 정리 작업에 들어간 것이다. 진실(眞實)과 현실(現實)의 괴리(乖離)를 좁히기 위한 문답[대화]의 역사가 얼마나 오래이던가. 그 질문지의 뭉치가 이 책을 나오게 한 모태이다. 문답(問答)에는 여러 모습이 있다. '질문 해답, 의문 해답, 설문 해답, 자문자답' 등이다. 해답을 바르게 하여 현안(懸案)에 대하여 검토해 보는 기회를 만드는 것이 보람 있는 일이라 생각되어 집필하게 된 것이다. 그런데 이 문답 가운데에는 우문현답(愚問賢答), 현문우답(賢問愚答) 또는 동문서답(東問西答)도 있을 수 있을 것으로 본다. 같은 내용의 문항(問項)인데도 정리 부족으로 겹겹으로 거듭되어 있음을 잘 알고 있다. 머리에 떠오르는 일화 하나를 곁들이고자 한다. 가람 이병기 선생이 육순이 넘은 연세에 강의를 하셨는데 중간고사와 기말고사에 같은 문제를 글자 하나 다르지 않게 출제하신 일이다. 이제 와서 생각해 보면 노령의 탓이리라 여겨진다. '교수님, 같은 문제를 어째 거듭 출제 하십니까'라고 물었다. 이에 대한 대답이 '모르면 백번이라도 해야 해.'라 하시던 말씀이다. 내가 오래오래 마음속으로 곱씹었던 말씀이다. 이 일화의 인용은 중복된 문항에 대한 변명으로, 재검토 또는 반복 학습의 기회 만들기로 받아들이기를 기대하는 마음에서이다.

이 책은 국어국문학을 전공으로 하는 분, 중등학교 국어 교사님 그리고 이 방면에 관심이 많은 분들에게 권하고자 한다. 수정과 보완을 기대해서이다. 현안의 문제들이기에 문제 제기로 보아도 무방하다. 이견(異見)이 많은 문법상의 현안 문제로 이견(異見)이 많은 과제(課題)들이기 때문이다. 홍수처럼 밀어 오는 외국의 언어 학설에서 우리말을 지키기 위해서이다.

끝으로 이 책자를 어문총서로 간행해 준 한국어문교육연구회(韓國語文敎育硏究會)에 감사의 뜻을 표한다. 또한 집필하는 동안 내 곁에서 나를 부추긴 내 반려(伴侶) 하당(荷堂)의 북돋움에 소박하나마 고운 정을 보낸다. 아울러 이 책을 내는 데 회독(回讀)과 교정(校正)에 이르기까지 시종일관 수고해 준 申承昊, 金美先, 崔遺淑 박사에게 깊이 고마움을 표한다. 특히 申 博士는 편집에 이르기까지 노고가 컸다.

2017년 11월 30일

글쓴이 유 목 상

차 례

1. 언어와 문법

1.1. 언어와 언어학

문 1. 언어능력이란 무엇인가.

답 능력은 힘이다. 힘이란 것이 귀나 눈으로 확인할 수 있는 성질의 존재가 아니다. 종에서 울려 나오는 소리는 물체로 가시적(可視的)이며 가청적(可聽的)이다. 언어활동에 있어 귀로 확인할 수 있는 것은 발음하고 청취되는 소리뿐이다. 글로 바꾸게 되면 글자로 둔갑하게 된다. 이러한 말하기-듣기[쓰기-읽기]는 말의 언어운용(言語運用), 흔한 말로 퍼포먼스라 하는 것이다. 이처럼 언어운용은 입놀림으로 해서 이루어진다. 그러면 운용되는 속내는 무엇일까. 그것이 바로 언어라는 것이다. 언어는 우리 눈으로 귀로 확인되는 존재가 아니고 운용에 의하여 이루어지는 내적(內的)인 존재이다. 그러면 그 존재의 자리는 어디인가. 머릿속[腦裏]에 자리 잡고 있는 사람의 기억장치(記憶裝置)에 있는 것이다. 동전의 앞뒤처럼 되어 있는데 앞쪽은 소리요, 뒤쪽은 뜻[의미]으로 결합되어 있는 언어라는 형식이다. 머릿속에 저장되어 있는 언어(language)는 말소리를 통하여 뜻인 내용을 전달하기 때문에 입과 귀를 통하여 바깥으로 표출되는 것이다. 동전을 땅에 떨어뜨리게 되면 때론 표면으로도 이면으로도 나타나지만 언어의 경우는 뜻으로 표출되는 일이 없다. 모든 뜻은 다 숨어 있기 때문에 그래서 소리 속에 숨어 있다. 말의 겉모습은 형식으로 소리요, 말의 속내는 내용으로 의미이다. 태초에 소리와 뜻의 결합이 어떻게 이루어진 것인지는 아무도 모른다. 그 말을 사용하는 사회에서 내림으로 오는 전통적 관습으로 이어받는 것으로 아무도 바꿀 수 없는 철칙과 같은 것이다.

그러면 언어능력(言語能力)이란 무엇인가. 어떤 말소리를 듣고 그 말소리로 더듬어서 뜻을 찾아내는 능력이다. 쉽게 말하여 어떤 말소리가 청각을 통하여 머릿속으로 전달되면 머릿속에 저장[기억]되어 있는 말소리와 만나게 되고 그 말소리로 연유해서 뒤에 숨어 있는 뜻을 환기(喚起)하게 되는 것이다. 그 환기되는 의미 내용은 사람마다 다르다. 예를 들어 보자. [머리]라는 소리로 연유해서 환기(喚起)되는 의미가 『표준국어대사전』에는 11갈래로 되어 있다. 그런데 그 의미가 6갈래밖에 환기되지 않는다면 그 단어에 대한 이해력(理解力)이 50%로 봐야 할 것이다. 사전의 일면을 펼쳐놓고 말뜻 풀이를 감추고 표제어를 차례로 더듬어 그 뜻을 얼마큼 인지(認知)하느냐를 더듬어 보면 자기 자신의 언어능력을 측정할 수 있다.

워드 프로세싱(word processing)에서 '기원'을 「한자로 바꾸기」 속의 한자 목록을 보면 '基源, 冀願, 技員, 祈願, 起源, 紀元, 棋院'의 7단어가 나오고, '수상'을 보면 手相을 비롯하여 20여 개의 한자어(漢字語)를 보게 될 것이다. 이들을 통하여 자기의 어휘력(語彙力)를 시험해 볼 수 있다. 말소리를 통하여 여러 의미를 환기(喚起)할 능력이 있다고 하면 그는 능력 있는 언어 사용자라 할 수 있다. 언어능력을 높이기 위해서는 어원(語原)에 대한 지식을 가져야 한다. [개]라는 소리에 얼마만큼의 한자(漢字)가 들어 있는가 하는 것을 다 알 필요는 없다. 일상생활에 불가결한 필수품이 있듯이 한자에도 쓰임이 빈번한 한자가 있다. '學'과 같은 글자가 얼마나 많이 쓰이고 있는가.

예를 들어 다음과 같이 릴레이 식 한자어 만들기로 시험할 수도 있다.

> 學生 → 生活 → 活動 → 動作 → 作業 → 業種 → 種子 → 子正 → 正直 → 直選 → 選出 → 出發 → 發表 → 表現 → 現實 → 實相 → 相關 → 關心 → 心情 →情談 → 談論 → 論文 → 文書 → 書式 → 式順 → 順序 → 序列……

이러한 이어받기식 단어를 들 수 있는 것은 형태소인 한자 하나하나에 대한 지식을 지니고 있기 때문이다. 그래서 일정(一定)한 수효의 한자를 학습하는 일이 우리말 사용의 능력을 높이는 지름길이 된다는 것을 잊어서는 안 된다. 유연성(有緣性)을 찾아 단어를 익히는 것이 얼마나 능률적인가 하는 것은 영어 학습에서도 볼 수 있다. '영어 루트 사전'이 그런 것이다. 영어 단어에 자주 보이는 'port'는 'carry'의 뜻을 나타내는 라틴말을 어원으로 한 형태소이다. 이 형태소가 들어간 말에 'porter, import, export, portable, important…' 등등이 있는데 이들은 공통의 형태소를 지니고 있다. '포터[짐꾼], 수입, 수출, 포터블[휴대용], 중요한[함부로 다룰 수 없는]…'으로 번역되는 말들이다. 말의 뿌리[roots]를 찾아서 단어를 익히는 것이 얼마나 경제적인가 하는 것을 알 것이다. 한자를 익히는 것이 실없는 군일로 보는 것은 얄팍한 생각이라 하지 않을 수 없다. 지구촌 국제화시대에 배타(排他)는 죽음의 길이다. 생산적인 방법으로 문화에 접근하는 지혜를 발휘하여야 한다.

운용상 언어능력은 '말하기, 듣기, 쓰기, 읽기'의 능력이다. 말하기, 듣기는 청각을 통한 반복으로 습득되는 생래적(生來的)인 능력이라 할 수 있다. 쓰기와 읽기는 눈으로 보고 알게 되는 시각언어(視覺言語)로 학습을 통하여 얻게 된다. 글자를 통해서 의사소통(意思疏通)을 하게 되므로 문자언어(文字言語)라 한다. 입말이니 글말이니 하는 것은 이들을 두고 하는 말이다. 일자무식(一字無識)이어도 말하기에 지장이 있는 것은 아니다. 다만 귀로 듣고 그것을 입으로 반복함으로써 습득된 것이기 때문에 창조적인 언어행위(言語行爲)를 할 수 없다. 글을 모르는 사람은 그만큼 언어능력이 약하다. 그런데 문자언어를 배우고 훌륭한 분들의 글을 읽게 되면 그것을 본으로 좋은 표현을 하게 되고 입으로 듣지 못한 말들을 배우게 된다. 그리되면 말을 부리어 쓰는 능력이 높아진다.

우리말 사전을 놓고 아는 말과 모르는 말의 비율을 따져보면 자기의 언어능력을 측정할 수 있다. 그 기초가 단어에 있기 때문에 사전(辭典)과 친숙해져야 한다. 천자문(千字文)이나 훈몽자회(訓蒙字會)라는 책은 어린이를 위한 한자 자전(漢字字典)이다. 한자어(漢字語)는 한자의 배열(排列)로 만들어진다. 한자를 어순(語順)에 따라 배열하면 한자어가 만들어진다. 그래서 사용의 빈도(頻度)가 많은 한자를 익혀두면 그것이 단어의 씨가 되어 수많은 단어를 만들 수 있어 언어능력이 크게 향상된다. 볍씨가 자라 이삭이 나오고 많은 열매를 맺듯이 낱말이 불어난다. 그래서 한자 학습이 필요하고 중요한 것이다. 창조적인 언어는 말의 곳간을 지니는 것이다. 그것이 머릿속의 기억장치(記憶裝置)에 저장된 언어재(言語材)이다. 한영사전(韓英辭典)이나 영한사전(英韓辭典)은 2개 국어 사전(bilingual dictionary)이다. 우리말과 외국말을 섞어 쓰는 것은 우리말을 더럽히는 짓이다. 어느 주요 방송국의 방송에 '먼저 팩트 파인딩이 중요'라는 자막(字幕)이 떴다. 이런 표현이 우리말을 타락시키는 것이다. 함부로 섞어 쓰지 말아야 할 일이다.

문 2. 언어활동과 언어 표현이란 무엇인가.

답 언어활동은 화자(speaker)와 청자(hearer)를 전제로 이루어진다. 그러므로 언어활동의 주체는 사물을 보고 생각하는 인간이다. 말은 일인칭인 나와 이인칭인 너 사이에서 성립된다.

소설을 짓는 이는 소설을 읽게 되는 이를 상대로 소설을 쓰게 된다. 작가가 독자를 상대로 말을 하는 것이다. 그 말 속에는 많은 인물들이 활동하게 된다. 그 문장 속에서 활동하는 주체가 주어(主語)라는 것이다. 문장 속에는 화자나 청자는 보이지 않는다. 말 속의 인물들만 보이게 된다. 예컨대 아버지가 아침에 출근하면서 딸을 보고 (1)과 같이 말했다고 가정해 보자.

(1) 아버지 학교에 가신다.

이 때 '아버지는 말하는 내가 아니라, 학교에 가시는 주체이다. 이 주체를 문법에서 주어라 이른다. '아버지 가시-ㄴ다'에서 화자(話者)로서 상대에게 주는 표현은 '-ㄴ다'뿐이다.

그 밖의 것은 말의 전달 내용(contents)이다. 한국말은 대우법의 지배를 받아 화자와 청자 사이의 상하관계(上下關係), 사회계층(社會階層) 등이 내다보이는 언어 구조를 지니고 있다. 동방예의지국(東方禮儀之國)이란 말은 중국 사람들이 우리의 말씨를 두고 한 말이다.

문 3. 언어학과 영어학(English linguistics)의 관계는?

답 언어학이란 말과 문법이란 말은 유의어(類義語)로 해석되기도 한다. 언어학은 언어를 체계적으로 연구하는 학문이다. 언어의 정의(定義), 특성(特性), 유형(類型)를 달리하는 언어 사이의 유사성(類似性)과 상위성(相違性) 등을 찾아내어 개별언어(個別言語)의 지위를 확립하는 데 있다 하겠다. 언어학을 전공한다고 하여 세계의 모든 언어에 관해서 다 알고 있는 것은 아니다. 어떤 이름난 언어학자도 태어나면서 얻은 모국어(母國語)를 지니고 있다. 외국어학을 연구하려면 최소한 모국어와의 비교(比較)와 대조(對照)는 필수적이라 할 것이다.

오늘날 이 지구상에서 가장 힘이 센 언어가 영어이다. 국제어(國際語)라는 말을 빼고서라도 영어를 사용하는 나라들이 여럿이고 이에 비례하여 영어 연구 학자가 많아, 영어학이 슬그머니 언어학으로 둔갑하게 되었다. 'Linguistics'란 이름으로 발행되고 있는 책들의 내용을 보면 그 실상(實相)을 알 수 있다. 그들이 어떤 이름으로 책을 출간하느냐 하는 것이 문제가 아니라, 그들이 백가쟁명(百家爭鳴)으로, 새로운 용어(用語)의 이름을 지어 거론(擧論)하고 논급(論及)하는 문법적 사항(文法的事項)들이 아무런 점검(check)을 거치지 않고 여과(濾過)함 없이 우리말 문법에 인용되고 원용되고 있다는 데 문제가 있다는 것이다.

우리말 문법은 우리말에 근거하여, 단어의 형태, 어형변화, 기능, 구절 구성, 문장 구성법, 문법용어… 등등을 규정하여야 하는 것인데, 자주적(自主的)이지 못하다는 데에 탈이 있다는 것이다. 우리의 언어 현상(言語現象)을 살펴보려면 골목골목의 간판(看板), 방송의 자막, 신문의 표제어, 일반인의 대화(對話) 등에서 그 얼룩짐을 여실히 볼 수 있다. 우리 선조가 일본에 한문(漢文)을 전파(傳播)하였다. 우리는 한자(漢字), 한문(漢文) 자리를 영어로 대치(代置)하였다. 일본은 우리가 전수(傳授)한 한자로써 서양문물(西洋文物)을 수용하여 고유의 문화를 형성하여 육성하고 있다. 일본의 한 도시(都市)를 한 나절만 돌아다녀 보면 바로 느낄 수 있는 현실이다. 문화에서 뒤지면 창조(創造)가 있을 수 없으며 그 결과는 만년 추종(萬年追從)의 길이 있을 뿐이다. 학문의 독자성(獨自性), 창조성을 위해서이다.

1.2. 국어와 문법

문 4. 국어란 무엇인가.

답 국어의 일반적 개념은 한 나라의 공통어를 의미한다. 그런데 한국 사람이 국어라 하게 되면 한국어를 가리키게 되고, 일본 사람이 국어라 하면 일본어를 가리키게 된다. 굳이 영어로 옮기면 'national language'로 될 것이다. 말하는 이의 국적에 따라 가리키는 대상이 달라진다. 주시경은 '국어 문법'이라 이름 지어 부르다가

나라를 잃게 되자 '조선어 문법'이라 이름을 바꾸게 되었다. 일본이 우리 땅을 강점하여 있던 때 우리 민족어(民族語)는 있어도 국어(國語)는 없었다. 그런데도 정태진(丁泰鎭) 선생이 교실에서 발언한 '국어(國語)'가 일본어가 아닌 조선어(朝鮮語)를 말한 것이라 경찰이 트집 삼은 귀걸이, 코걸이식의 용어이다.

'Korean(=Korean language)'는 어원적으로 말하면 고려어(高麗語)로서 한반도(韓半島)에서 널리 쓰이고 있는 언어를 말한다. 동양에서는 나라 이름을 배경으로 명명(命名)하고 있다. 우리도 중국어(中國語), 일본어(日本語)처럼 韓國語라 호칭해야 할 시대에 와 있다 할 것이다. 국수주의(國粹主義) 냄새를 풍기는 '국어'에서 벗어나 개별 언어(個別言語)로서의 이름으로 바꾸는 것이 마땅하다.

문 5. 「문법」이란 용어의 내력은 무엇인가.

답 중국에서 옛적부터 사용하였는데 그 뜻이 법률(法律), 규칙(規則), 문장 규칙(文章規則=文章作法) 등이었다. 이 용어를 일본의 국어학자 대규문언(大槻文彦, Outsuki Humihiko, 1847~1928)가 그의 저서 '광일본문전(廣日本文典, 1897)'에서 '문장의 법칙'이라 규정하였다. '대규문법(大槻文法)'은 일본의 재래식 문법 연구와 서양 문전(西洋文典)을 절충하여 오늘의 일본 문법론(日本 文法論)의 기초를 닦은 분이다. 이 분이 1877년에 「文法會」을 만들어 활동한 보람으로 뒤를 이어 많은 문법학자들이 배출된 것을 보면 그 공로가 인정된다.

'grammar'의 본뜻이 'art to write'이기에 文法으로 대응한 것이 분명하다. 이 용어(用語)가 언제 누구에 의하여 확정되었는가에 대해서는 확실치 않다. 서양의 신학(新學)을 가장 먼저 받아들인 일본이 명치유신(明治維新) 이후인 1872년 학제 제정(學制制定) 때 국어과 교과목(國語科教科目) 속에 '문법'이 있던 것으로 보아 이 시기로 잡고 있는 것이 통설이다. 한자문화권의 동양 삼국에서 서양문화(西洋文化)와 교류하면서 학술용어(學術用語)를 한자어(漢字語)로 옮긴 것이 일본이었기 때문이다.

「문법」이라는 용어는 한대(漢代)부터 있어 온 것이지만, 문학적 문장론과 분리되어 독립된 학문으로 분리된 것은 학교교육을 통해서이다. 문법서를 문전(文典)이라고도 한다. 『대한문전(大韓文典)』(1908)이 그런 이름이다.

주시경(1876~1914) 선생이 조선어강습원(朝鮮語講習院)을 세워 후진들을 가르친 결실로, 한글 연구가 확대되고 문법학자가 많이 배출되는 데 끼친 공덕이 대단히 크다. 불행하게도 39세에 일찍 세상을 떴다. 신학문(新學問)의 흐름이었던 영문법과 거리를 두고, 우리 어문(語文)의 본새에 맞추어 『국어문법』(國語文法, 1910)을 저술하였다. 우리 문법 연구자들이 원전(原典)으로 살펴야 할 전적(典籍)이며 지도서(指導書)이다. 우리나라의 대표적인 문법서가 이 '국어문법'과 외솔의 『우리말본』이다.

『우리말본』에서는 말본을 어법(語法)이라 하고 문법이란 용어를 피했다. '일러두기'에서 '입말(口語)과 글말(文語)의 본(法)을 풀이한 것이다'에서 확인할 수 있다. 언문일치(言文一致)의 위치에서 포괄적으로 '듣기 · 말하기 · 읽기 · 쓰기'의 본을 말본이라 한 것이다. 앞에서도 말한 바와 같이 '듣기 · 말하기'는 말본 없이도 습득이 가능하다. 모국어의 습득은 반복적인 청취(聽取)와 발음(發音)으로 이루어지기 때문이다. 문법이 말과 글의 거리를 좁히고 조절하는 기능이 있어 그 보람 또한 크다.

[붙임] 어법(語法)이란 말이 한글맞춤법 제1항에도 나온다. 어법이 널리 'a mode of expression; usage of language; wording; grammar'

등등으로 번역되기 때문에 '어법=문법'으로 받아들이기 어려운 측면이 있다. 어법(語法)이란 용어가 포괄적(包括的)인 의미를 지니고 있다.

문 6. 말본과 문법은 어떤 차이가 있는가.

답 책『우리말본』에서 말본을 어법(語法)이라 하였다. 문법(文法)이란 용어는 'grammar'의 번역어이다. 본뜻은 말의 이치(理致)가 말본이며 글의 이치가 문법이다. 그러던 것이 어문일치(語文一致)의 시대에 접어들어 말이 곧 글이라는 견지에서 '말본=문법'으로 해석하게 된 것이다.

『붙임』 1. 한글 맞춤법 제1장 제1항에 '어법에 맞도록'은 '문법에 맞도록'으로 해석된다.

2. 문법학(grammar)은 어원으로 보아 문자언어(文字言語)에서 시작되었음이 분명하다. 한학(漢學)에서는 다독(多讀)으로 문리(文理)가 트인다 하여 문법을 깨우치게 하였다.

문 7. 텍스트 문법이란 무엇인가.

답 문법이 문형(文型)이나 문장성분(文章成分)을 밝히는 데 머물러서는 안 된다고 본다. 곧 단문(單文)이니 복문(複文)이니 하는 문제나 문장 구조의 성분이 어떠하다느니 하는 차원에서 벗어나야 한다는 것이다. 철학이 현학적으로 흐르듯이 문법학이 살아 움직이는 현실 언어와 유리(遊離)하게 될 때 그 학문은 사학(死學)이 되어 버린다. 말에는 외마디말도 있긴 하지만 극히 드물고 대개는 어순(語順)에 따라 덩이덩이 이어진 형태로 나타나게 마련이다. 나무가 모여 숲을 이루듯이, 단위 문장들이 모이어 덩이 글을 이루게 된다는 것이다. 문법은 문장을 쉽게 이해(理解)하는데 필요한 최소한의 집약된 규칙이어야 한다. 말이나 글에는 반드시 주제(主題)가 있게 마련이다. 그런 덩이 글을 분석의 대상으로 하는 것이 텍스트 문법이라는 것이다.

텍스트 문법(text grammar)을 담화 문법이라고도 하나, 문단 문법(文團文法) 또는 문단 문법(文段文法)이라 이름 짓는 것도 고려할 수 있다고 본다.

〖붙임〗 1. 문장론(文章論)과 문법론(文法論)이 합작하는 연구 방법이나 융합이 바람직하다.

2. 단문(單文) 분석은 주어, 서술어를 우선으로 찾게 되지만, 담화문에서는 주제(主題)를 먼저 찾게 된다.

문 8. 언어와 문법학(文法學)의 관계는?

답 말의 역사를 아는 이는 없다. '태초에 말씀이 계셨다'는 구절은 말이 인류의 발생과 함께 하였다는 것으로 해석할 수 있다. 모든 학문이 다 그렇듯이 학문은 사회상(社會相), 시대상(時代相)의 반영(反映)임에 틀림없다. 역사적인 흐름에 따라 문법의 유형(類型)을 전통문법(Gr.A,), 역사문법(Gr.B), 기술문법(Gr.C), 생성문법(Gr.D)로 구분한 분이 있었다. 문법 연구의 목적에 따라 연구 방법이 달라질 것은 당연하다. 시대의 요구에 맞지 않게 되면 그 수명(lifetime)을 다하게 되는 것이다. 전통문법은 '바르게 쓰고 바르게 말하는 재주'를 뛰어난 문사(文士)들의 글을 통해서 터득하게 하고, 역사문법은 말의 본을 시민사회(市民社會)의 보편적인 역사 속에서 탐구하였고, 기술문법(=구조문법)은 '있는 사실을 있는 그대로' 받아들이는 현상학적(現象學的)인 방법을 따랐다. 물 따로, 얼음 따로, 수증기 따로의 표면구조(表面構造)에 주안(主眼)을 두었다. 이를 지양(止揚)하여 생긴 문법이 이른바 변형문법, 생성문법 또는 변형생성문법(變形生成文法)이라는 것이다. 변형문법으로 끝내야 할 문법의 과제를 생성(生成)으로까지 몰고 온 데서 그 수명은 다했다고 볼 수 있다. 의미구조(意味構造)니, 통어소성(syntactic feature)이니, 유생명사(有生名詞)니, 인간성명사(人間性名詞)니 하며, 현대 첨단과학(尖端科學)의 소용돌이에 빠지게 되었다. 이 문법의 대표자라 할 수 있는 이론언어학자(理論言語學者) 'Chomsky' 박사는 문법의 세계에서 이미 떠났다.

우리 고전소설에 가전체소설(假傳体小說)이란 것이 있다. 규중칠우쟁론기(閨中七友爭論記)란 글도 그리스의 이솝 우화(Aesop's fable)도 익히 알고 있다. 사람들은 타고난 창의성으로 말 못하는 금수(禽獸)나 화훼(花卉)나 기물(器物)에까지 말을 하게 한다. 문법 연구자가 말을 생성하는 위치에 있지 않다는 것이다. 말을 낳은 이도 말을 키우는 이도 말을 버리는 이도 이름 없는 언중이다. 문법을 전공하는 이는 모름지기 살아 있는 말을 정직하게 받아쓰기에 충실하며 그것을 바르게 분석하는 것으로 넉넉하다. 생성문법에서 회자(膾炙)되던 'non-grammatical sentence'란 말이 우리말 사전에 버젓이 '비문(非文)명'으로 올라 있는 것이 오늘의 현실이다.

『붙임』 말은 문법학과 관계없이 스스로의 길을 걷고 있다. 그런데 요즘에 외국어 바람에 우리말이 상처를 받고 있다. 예컨대 '죽임을 당하여, 하지 말아 주세요…' 따위의 표현이다. 영어의 피동태 문장의 직역, 그리고 일본어의 'kudasai'의 남용으로 일어난 현상이다. '죽임'의 뜻은 '죽이는 행위'의 뜻일 뿐, '살해(殺害)'의 뜻이 아니다. 피동태 문장은 원칙적으로 피동주(被動主)와 능동주(能動主)

가 함께 나타나게 마련인 문장 구조이다.

문 9. 주시경 문법(周時經 文法)의 교훈은 무엇인가.

답 주시경 문법은 영문법의 영향에서 벗어난 독창성을 지닌 연구서이다. 단어는 자립형식(自立形式)이어야 한다는 이론이나 활용(活用)의 이론도 도입되지 않았다. 오늘날 우리 문법은 문장의 성립 조건을 'NP + VP'처럼 두 요소(要素)로 잡고 있으나 주시경문법은 종결어미(終結語尾, 끗기)를 '한 말을 다 마치게 함을 이르는 여러 가지 씨를 다 이름이라'하여 문장 종결어미(sentence-final ending)의 존재를 중시하였다. 이것은 판단 삼요소론(判斷 三要素論)과 일치한다. 활용론(活用論)의 도입으로, 주시경 문법의 엇[=形容詞의 實辭]과 움[=動詞의 實辭]에 붙는 허사(虛辭, 토)를 합하여 자립어로 세운 뒤 이를 형용사 · 동사라 하고, 「엇」이나 「움」을 어간이라 이르고 이것과 함께하는 「토」를 어미(語尾, 또는 活用語尾)라 하게 된 것이다. 이러한 형성 배경으로 보아 동 · 형용사가 두 형태소로 짜여 있음을 재확인할 수 있다. '기쁘다, 기쁘냐, 기쁘구나 ; 기쁜, 기쁘게, 기쁨'을 변화의 체계도 따지지 않고 한결같이 '서술 기능 속에 묶여 있다'는 것이 병집된 것이다. 활용의 일상적 의미가 '잘 변통하여 씀'인 만큼 어형변화(語形變化)를 통하여 단어를 이리저리 변통하여 쓰는 것을 말하는 것이다. 오늘날 사전에 보이고 있는 '읽다, 맑다'는 기본형이며, 기본형은 추상형(abstract form)이다. 활용 체계에는 (1)품사적 전환의 변화의 틀과 (2)서술어로서의 변화의 틀이 다르다.

주시경은 이러한 착안에서 '착한'을 관형사[=언]로 '착하게'를 부사[=억]로 보았던 것이다. 오늘날 「어떠한, 어떠하게」는 비록 문법론에서 어떠하다」의 변형으로 다루고 있지만, 일상의 언어생활에서 '착한 학생, 착하게 생겼다'처럼 관형사, 부사처럼 꾸밈말로 힘차게 쓰이고 있다. 그래서 이름 하여 관형사형(冠形詞形), 부사형(副詞形)이라 하고 있지 않은가. 그런데 학교문법에 부사형이 자취를 감추었다. 서술형(敍述形)과 분사형(分詞形)도 변별되지 않은 문법서를 규범문법(規範文法)으로 가르치고 있는 것이 오늘의 현실이다.

〚붙임〛 판단은 두 개념만을 포함하는 것, 말하자면 이요소적(二要素的)인 것이라고 하여 왔으나, 점차로 특히 의미논리학(意味論理學)에 있어서는 계사(繫辭)를 위에서 말한 두 가지 기능을 가진 1종의 개념으로 보아, 이것을 순수기능개념(純粹機能概念)이라 하고 판단에 있어서 역시 독립적인 요소개념(要素槪念)의 하나로 다룬다. 그리하여 판단은 주빈 양 개념(主賓 兩 槪念)과 계소개념(繫素槪念)의 세 개념을 포함하는 것, 말하자면 삼요소적(三要素的)인 것이라고 해석하는 것이다. 〈박종홍(朴鍾鴻), 『일반논리학』(一般論理學), 1967. pp.48~49〉

문 10. 문법론의 효용(效用)과 앞길은 무엇인가

답 문법론 교과는 듣기 싫다. 어렵고 딱딱하여 재미가 없다는 말을 심심찮게 듣는다. 바로 학과 학생들의 말이다. 문법을 배우지 않아도 말 잘하고 글 잘 쓰는데 무엇 때문에 문법을 따로 떼어 배워야 하는가 하는 질문을 여러 번 받은 적이 있다. 주자(朱子)의 말에 '독서백편의자현(讀書百遍義自見)'이란 구절이 있다. 글을 여러 번 거듭 읽으면 뜻을 저절로 알게 된다는 말이다. 옛말로 문리(文理)가 트인다는 것이다. '문리가 트인다'는 '문장의 조리(條理)를 터득하게 된다'는 뜻이다. 중국 문법에서는 영어의 'sentence'를 문(文)이라 하지 않고 구자(句子)라 표현한다. 문장은 구자의 유기적 연합체(連合体)로 보는 것이다. 사화집(詞華集)에 나오는 명문(名文)들은 모범적인 문장(文章)이다. 의사소통(意思疏通)에 있어 단어만으로 가능하다고 가정한다면 문법이 따로 있을 이유가 없다. 단어 구조(單語構造)라는 언어형식만으로 의사소통이 불가능하기 때문에, 단어들의 유기적 결합체(結合体)인 문장 구조(文章構造)로 발전하게 된 것이다. 문법이란 말의 기원(起源)이 글에 있지만, 오늘날의 개념으로 보면 조리 있는 말하기 법, 조리 있는 글쓰기 법이다. 그러니 '말하기, 듣기, 쓰기, 읽기'의 문법이라 해도 잘못이 없다. 문법의 작업은 조립적(組立的)으로는 문장 작업(文章作法)이요, 분해적(分解的)으로는 문장분석(文章分析)이다. 오늘 우리 문법의 위치는 어느 길목에 있는가.

현재 우리가 취하고 있는 문법론은 단일문(單一文)에 갇혀 있는 문형 문법(文型 文法)에 머물고 있는 상태이다. 문형(sentence pattern)은 기계론적으로 반복되는 언어형식이다. 그것을 '최대의 언어형식(最大 言語形式)'이라 정의(定義)하여, 주어이니 서술어이니 하는 단위 문장(單位文章)의 구성요소(構成要素)가 중요한 게 아니라, 덩이 문장이 문법의 중심 자리에 놓여야 한다. 문장의 생명은 주제(主題)에 있다. 문장에는 기승전결(起承轉結)이 있다. 문장의 주문(主文, main clause)을 발견하는 일이 바로 문의(文意)의 파악이다. 이것을 문리(文理)라 한 것이다. 앞으로의 문법 연구는 문리 문법(文理文法, context grammar)으로 나아가야 할 것이다. 그러기 위해서는 각종의 문장을 다루는 수사학적 문장론(文章論)과 접목(椄木)되어야 한다. 문장론에서 인용되는 글만이 아니라 문학전집(文學全集)의 글, 판결문(判決文) 등이 문법론의 대본(臺本)이 되어야 한다. 사회집단(社會集團)이 생겨 법률(法律)이 생긴 것처럼, 덩이말이 있어 문법 연구가 생긴 것이다. 문법 연구자는 역사학자(歷史學者)가 사실(史實)을 기록하듯 언어 사실(言語事實)을 충실하게 기술해야 한다. '비문(非文)'이라는 가설적 기술을 통해서 말을 바로잡을 수는 없다. 역사에 가설(假說)이 있을 수 없듯이 문법에 가설을 세워서는 안 된다. 관용구(慣用

句)가 이를 실증적으로 보여 주고 있다.

어느 영문학 교수는 '언어 학습은 독본(讀本)과 작문(作文)에 있다'고 하였다. 문법은 그 다음이다. 특히 외국어인 경우 문법을 앞세우면 말을 못하게 된다. 말의 구조는 말을 통해서 터득된 것이 정상적인 길이다. 말은 입놀림과 듣기의 반복으로 저절로 습득하게 되어 있다. 중등교육에 와서 문법 공부를 하는 것은 언어 습득의 바른 길을 열기 위해서이다. '문법을 위한 문법'은 있을 수 없다고 하였다. 이는 문법이 '말하기, 쓰기, 듣기, 읽기의 지침서(guidebook)'이어야 하며 장애물이 되어선 안 된다는 취지(趣旨)이었다. 결론적으로 '바르게 쓰고 바르게 말하는 길잡이'로서 출발한 문법서의 본궤도(本軌道)로 회귀(回歸)해야 한다는데 귀착(歸着)된다. 언문일치(言文一致)의 이치에서 보면 '말본이 곧 문법'이다. 말과 글은 같은 길로 가고 있지만 그 속도가 다르다. 말은 발음기관(發音器官)인 입을 통하여 바로 표출되지만 글은 집필(執筆)을 통하여 표현된다. 입은 빠르지만 글은 느리다. 종잡을 수 없이 내닫는 말에 제동을 걸어 글과 일치시키는 것도 문법의 중요한 몫이라 볼 수 있다. 그런 측면에서 보면 문법(=말본)은 언어 궤범(言語軌範)이라 말할 수도 있다.

【붙임】 1. 훌륭한 문법서 예시(例示)의 글들이 모범적이다. 위대한 작가는 그 분야의 모범인 글을 통해서 훌륭한 작가가 된 것이다. 문학 수업(文學修業)을 작가로부터 받은 것이다. 문법을 잘 알아서가 아니다.

2. 문법서는 간단하고 긴요(緊要)하게 기술하는 것이 상책이다. 문법서는 '말본'이요 '글본'이다. 모형(模型)은 언제나 제한적이다.

3. 문장론(文章論)이란 용어는 두 다른 뜻의 의미가 있다. 문법론(文法論)에서 구문론(構文論)이란 이름의 문장론(syntax)과 수

사학적 문장론(修辭學的 文章論)의 경우이다. 김기림의 「문장론신강(文章論新講)」이 후자의 경우이다.

1.3. 구성(construction)과 구조(structure)

문 11. 구성(construction)과 구조(structure)의 차이는?

답 구성(構成)과 구조(構造)란 용어가 뒤죽박죽으로 뒤섞이어 쓰이고 있다. 예컨대 'endocentric construction'을 내심구조로 또는 내심구성으로 옮기는 것과 같은 것이다. 블룸필드의 문법용어로 문장에서 하나의 성분(成分) 노릇을 하는 구성형(構成型)를 내심구조(內心構造, endocentric construction)라 하고, 같은 성분이 될 수 없는 구성체를 외심구조(外心構造, exocentric construction)라 한 것인데, 구절(phrase)과 같은 용법의 구성형(構成型)과 주어-술어 형(型)을 구분하여 붙인 이름이다. 정확하게 말하면 구조는 'structure'이고 구성이 'construction'이므로 내심구성, 외심구성으로 표현하는 게 바른 번역어이다.

영어에서는 주어-술어 구성(subject-predicate construction)이 예외 없이 외심구성이지만 한국어에서는 그러하지 않다. 예컨대 '그이가 달아난 것이 확실하다(That he run away is certain.)'에서 보는 것처럼 명사절(名詞節)이 주격조사(主格助詞)를 취하여 주어절(主語節) 노릇을 하게 될 경우 동심구성이 된다. 한국어 문법에서는 이 본(model)에 따를 아무런 이유가 없다. 구성은 통사법에 따른 관계(syntactical relationship)를 말하는 것이요, 구조는 구성체(構成体)를 의미한다. 달리 말하면 '주어 + 술어'는 주술구성(主述構成)인데 이 관계가 문장 구조(sentence structure)의 바탕(base)이 된다. 구성 관계는 상호관계(相互關係, interrelation)에서 따지게 된다.

주술구성 이외에 수식구성(修飾構成), 보족구성(補足構成), 대등구성(對等構成), 주종구성(主從構成) 등이 있으며 (1)-(4)가 그 예다.

(1) 수식구성: 어느 산, 높은 산 ; 그리 여기다, 그렇게 여기다

(2) 보족구성: 하늘과 같다, 얼음이 되다 ; 산을 바라보다, 그를 친구로 삼다

(3) 대등구성: 너와 나, 하늘과 땅, 국가와 민족

(4) 보조구성: 먹어 보다, 닫아 버리다

구조에는 형태적 구조로 단어 구조(word structure)가 있으며, 통어적 구조로 구절 구조(phrase structure), 문장 구조(sentence structure)가 있다.

구성요소(構成要素)와 구조체(構造体)를 두고 생각하는 것이 편리할 것 같다. 언어 형식(linguistic form)에는 여러 가지가 있다. 단어를 단어 구조(word structure)라 하며 문장을 문장 구조(sentence structure)라 한다. 이 구조체를 만들어내는데 바탕이 되는 것들을 구성요소(constituent)라 한다. 영어의 단문(短文) 'Birds sing.'은 'birds + sing'의 두 구성요소로 성립된 것으로 보게 된다. 그리 처리할 수밖에 없기 때문이다.

다음 (1), (2)의 한국말 예에서 보면 (1)의 구성요소를 영어에서처럼 '새가 + 웁니다.'로 보통 분석한다. 그 결과는 (2)처럼 두 조각이 되어 '새'와 '웁니다'가 남게 된다.(문장 구조의 해체로 주격조사와 종지부 소거)

(1) 새가 웁니다.

(2) 새(가) ‖ 웁니다(.)

그런데 주어-술어의 관계를 벗어나 '웁니다'라는 표현을 무엇으로 보아야 할 것인가가 현안으로 남게 된다. 곧 단순한 동사로 볼 것인가, 손위의 분을 상대로 한 화자의 전달—서법이 담긴 표현—로 보느냐의 문제이다. 이것은 일어문(一語文)으로 보는 것이 바른 문법 처리이다. 단적으로 말하여 '-ㅂ니다'가 사전에서 보이고 있는 바와 같이 문장으로 마무리하는 종결어미이기에 그러하다. 그렇다면 우리말의 직접구성요소 분석은 어찌해야 할 것인가의 문제가 남는다.

(3) 새가 우 ‖ ㅂ니다

(1)의 문장을 해체(解体)하면 (3)처럼 된다. '새가 우-'는 주술 구성(subject-predicate construction)을 이루지만 구조체(structure)는 되지 못한다. 발화(發話)의 단위가 되지 못하기 때문이다. 영어에서는 주술 구성이 문장 구조로 이어지지만 한국말은 이와 다르다.

(4) 새가 우는 봄

(5) 새가 울도록 기다리는 끈기

(6) 새가 운다.

(4)-(6)의 보기처럼 어떤 자질의 어미를 취하느냐에 따라 동사 '울다'는 기능을 달리하게 된다는 것이다. 이것이 교착어(膠着語)인 우리말의 특성이라 할 것이다.

『**붙임**』 문장의 공식 S ⇒ NP + VP는 문장 되게 하는 기본 틀이며 문장은 아니다. 문장이 되려면 인칭 지배와 정동사(=서술 동사, finite verb)를 받아야 한다. 문법적 요건을 갖추지 못했기 때문에 'sun + rise'는 'sun-rise'로 단어화한 것이다.

'五等(오등)은 玆(자)에 我(아) 朝鮮(조선)의 獨立國(독립국)임과 朝鮮人(조선인)의 自主民(자주민)임을 宣言(선언)하노라.(己未獨立宣言文)'에서 '-의'를 주격으로 잡아 '-이'로 옮긴다 해도 밑줄 그은 부분이 문장이 되지 못한다. 그 이유는 간단하다. 서술 어미를 갖추지 못한 때문이다. 이 문장은 '우리는 무엇과 무엇을 선언한다'의 틀이 명사구(名詞句)로 바뀐 구조이다.

문 12. IC 분석이란 무엇인가.

답 미국 구조주의 언어학에서 말하는 구 구조 문법(phrase-structure grammar)의 통어론적 분석법(統語論的 分析法)을 말한다. 쉽게 말하여 문법적 구조를 일도양단(一刀兩斷)의 방법으로 두 조각으로 끊어 나가는 분석 방법이다. 첫 분석에서 얻게 되는 구성요소(構成要素, constituent)를 직접구성요소(IC=immediate constituent)라 하고 최종적으로 얻게 되는 구성요소를 구극 구성요소(ultimate constituent)라 한다. 구극 구성요소로 남게 되는 것이 어소(語素)라는 종류의 형태소(形態素)이다. 우리말 분석에 아주 적절한 분석 방법으로 볼 수 있다.

예컨대 영어 문장은 IC 분석으로 NP + VP로 외심 구성(exocentric construction)이 된다. 그런데 '비가 내리는 날은 공치는 날이다'에서 밑줄로 표시된 부분 가운데 '비가 내리는 날'이 내심구성(endocentric construction)을 이룬다는 사실을 들 수 있다.

[붙임] IC분석에서 최종적으로 얻게 되는 것이 형태소(morpheme)이라는 이론은 첨가어 계통의 언어에는 맞지 않는 것이다. '가는 날이 장날이다'라는 문장 구조를 IC분석 하면 '가는 날이 + 장날이다'로 되는데, 문장 구조의 해체로 해서 문장의 구조지표(構造指標,

structural marker)인 '-이, 이다'가 자동적으로 삭제(delete)됨으로써 2차 분석에서는 '가는 날'과 '장날'의 둘이 남게 된다. 3차 분석에서 '가 + 는, 장 + 날'로 최종 분석이 이루어진다. 구조지표 분석은 별도로 이루어질 성격의 대상으로 보아야 한다.

문 13. 형식소(formative, formative element)란?

답 변형생성문법(變形生成文法)에서 쓰던 용어인데 그 이상 쪼갤 수 없는 최소단위(最小單位)의 말 조각을 가리키는 것으로 형태소(morpheme)의 뜻과 같은 것이다.

어휘적 형식소(語彙的 形式素)를 약칭하여 어소(語素)라 이르고 문법적 형식소(文法的 形式素)를 약칭하여 문소(文素)라 이르기도 한다. 단어 형성에 관계되는 것은 어소이며, 문법적 구성에 관계되는 것은 문소라 구분할 수 있다. 명사 '얼음'의 '-음'은 어소이며, '세월이 빠르다'의 '-이, -다'는 문소이다.

【붙임】 'The drivers started the engines'는 'the + drive + er + s + start + ed + the + engine + s'의 9개의 형식소를 지니고 있다.

문 14. 언어형식(言語形式)의 결합과 확대는?

답 말의 씨(種子)는 형태소(形態素)이다. 이것을 최소 언어형식(最小言語形式)이라 한다. 1류 형태소라 하면 그 단어 어핵(語核)인 어근(語根)을 말한다. 이들 형태소가 서로 엉기고 어울리어 여러 층위(層位)의 말 — 단어, 어절, 어구, 구절 — 등을 이루고 최종적으로 문장(sentence)을 이루게 된다.

겹겹으로 싸이어 있어 구극 구성요소(究極構成要素)는 비유컨대 구중궁궐(九重宮闕)에 속에 싸여 있는 것과 같다. 일본인 문법학자 도기에다 교수의 입자형 구조(入子型構造, The Nested structure Model)은 어형 확대 구조 모형(語形擴大構造模型, enlargement theory)로 볼 수 있는데, 일반어로 쉽게 말하면 적소성대(積小成大)의 이론(理論)으로 볼 수 있다. 억측이긴 하나 (1)과 (2)의 비교를 통해서 주시경 문법과의 연관 영향 관계를 상상해 보게 된다.

(1) 주시경 문법 : [[저] 쇠]가 [푸른 풀]을 잘 먹]소

(2) 도끼에다 문법 : [아름다운]

[아름다운] 꽃]

[아름다운 꽃]이

[아름다운] 꽃]이 피-

[아름다운 꽃이 피]ㄴ다

(3) ^{3}[^{2}[^{1}[아름다운]^{1} 꽃^{2}]이 피]^{3}ㄴ다

여기서 공통적으로 발견할 수 있는 것은 (3)에서처럼 종지사(終止辭)로 문장이 이루어진 것으로 보았다는 점이다. 관형사형이나 부사형은 단어에 맞먹는 단어 형태로 보고 하나의 품사로 다루었는데 이는 주시경 문법 해석과 완전 일치한다.

〖붙임〗 1.

> 어찌 못 오던가. 무슨 일로 못 오던가. / 너 오는 길 위에 [[[[[[무쇠로 성을 쌓고] 성 안에 담 쌓고] 담 안에랑 집을 짓고] 집 안에랑 뒤주 놓고] 뒤주 안에 궤를 놓고] 궤 안에 너를 결박하여 놓고] 쌍배목 외걸쇠에 용거북 자물쇠로 잔뜩 잠가 있더냐 / 네 어찌 그리 아니 오던가. / 한 달이 서른 날이거니, 날 보러 올 하루가 없으랴. 〈사설시조〉

2. 구문도해(構文圖解)에 있어 상자 안의 상자 방법으로 그리는 방법을 플랜시스(Francis)식 또는 입자식(入子式)이라고도 한다. 위의 분석은 촘스키의 괄호식으로 표현하였다. 괄호('[ ]')을 선으로 이으면 네모의 상자가 된다.

문 15. 관용구(慣用句)의 문법 처리는 어떻게 하는가.

답 관용구(idiom)는 사회 문화적 의미를 담고 있는 덩이 말이기 때문에 문법적 분석의 대상이 아니다. 구성요소(構成要素) 분석으로 그 의미를 알 수 없는 어구(語句)이다. 단어를 익히는 것처럼 익혀야 이해할 수 있으며, 그 형성 배경을 알게 되면 적절하게 부려 쓸 수 있는 훌륭한 말감[言語材]이다. 속담, 성어(成語) 등은 비유적으로 많이 쓰인다.

[붙임] '알다가도 모를 일, 꼬리를 물다'처럼 된 덩이의 말이다. '문 닫고 들어와'나 '머리 깎으러 미용실에 간다' 등은 반문법적인 것이나 사회적 내림의 표현이다. 관용구와는 다르다.

문 16. 화법문(話法文)의 분석은 어떻게 해야 하나.

답 직접화법(direct narration)이든 간접화법(indirect narration)이든 인용어(引用語)나 인용구(引用句)나 인용문(引用文)을 문장 성분으로 하는 문장을 '화법문'이라 잠정적으로 이름 붙이기로 한다.

(1) 공자께서 '덕은 외롭지 않으며 반드시 이웃이 있다'라고 말씀하셨다.(子曰德不孤必有鄰)

(2) 하느님이 '참 좋다' 하셨다.

(3) 그는 '나는 피곤하다'라고 말했다.

(4) 그는 그가 피곤하다고 말했다.

(1)-(4)에서 밑줄 그은 부분은 '아무가 무엇을 하다'의 틀에 맞추어 목적어로 분석된다. 화법문의 주어가 바로 전달자(reporter)여서, 서술 동사를 전달동사(傳達動詞, reporting verb)라 하며, 목적어의 내용은 피전달언(reported speech)이다.

『붙임』 1. 전달동사를 인용동사(引用動詞)라 칭한 이도 있다.

2. 子曰德不孤必有鄰, Tom said 'I am tired', 등은 그들의 어순(語順)에 따른 표현이다. 우리의 언해(諺解)에서도 '공자 가라사대, 덕은 외롭지….' 와 같이 옮겼는데, 우리말의 'SOV'에 맞게 하려면 "공자께서 '덕은 외롭지 않으며 반드시 이웃이 있다.'라 말씀하셨다."로 바로잡아야 한다.

3. '공자께서 말씀하셨다. 「덕은 외롭지 않다. 반드시 이웃이 있다.」로 번역한 책도 있다. 〈都珖淳 譯註, 『論語』, 文藝出版社, 1977〉

문 17. 「했지 않았느냐」라는 물음꼴을 분석하면?

답 '한다: 하지 않는다, 했다: 하지 않았다'는 긍정과 부정으로 대립되는 말이다. '했지 않았다'는 어구(語句)는 성립되지 못한다. 그런데 '너, 어제 나와 점심 함께 했지 않았느냐.'처럼 쓰이어 상대방의 동의(同意=是認)를 구하는 형태의 물음이 있다. 어구(phrase)로서 성립되지 않으면 따로 떼어서 보아야 한다.

(1) 너, 어제 나와 점심 함께 했지 않았느냐.

= 너, 어제 나와 점심 함께 했다. 그러하지 않았느냐.

위와 같이 덧붙이 형태의 간단한 의문(疑問)으로 바꿀 수 있다. 이런 의문을 부가의문(附加疑問, tag-question)이라 한다.

〖붙임〗 1. 일상의 대화에서 흔하게 쓰고 있는 표현이다.

2. 내가 당신을 좋아하잖아요.(내가 당신을 좋아하지요, 그렇지 않아요.)

3. '날씨가 좋잖아요.'는 어조(語調)에 따라 부가의문으로도 부정으로도 해석된다. 부가의문의 경우 It's fine, isn't it?에 상응하는 표현이다.

문 18. 문학적 문장의 분석은 어떻게 하는가.

답 문학 장르에 속하는 문장들을 통틀어 일컫는 용어로 보면 된다. 우리말에 '글에 능하다'라는 말이 있는가 하면 그 반대로 '글이 짧다'는 말이 있다. 글짓기에 아주 뛰어난 분을 가리켜 문장가(文章家)라 말한다. 그런 분들은 긴 글[長文]을 쓸 능력을 지닌 사람들이다. 반대로 글이 짧은 이는 글짓기의 능력이 부족한 사람이기 때문에 자연히 짧은 글[短文]로 흐르게 마련이다.

문장에 능통하려면 문장가의 글을 많이 읽어야 한다. 긴 문장이라 하더라도 간결체 문장(簡潔体文章)을 좋아하는 분이 있고, 만연체 문장(蔓衍体文章)을 즐기는 분이 있다. 간결체를 따르는 분은 문법적으로 단문(單文)의 형식을 취하고 만연체를 취하는 분은 연문(連文, 이어진 문장)을 취하게 된다. 어느 대학신문 「명수촌감(明水寸感)」에 실린 전체 글이 마침표(.) 하나로 끝맺은 글이 있었다. 입으로 말할 때 쓰는 버릇대로 쓴 것이다. 이런 글은 연결 어미를 종결 어미로 바꾸어, 짧은 형식의 문형 문장(文型文章, grammarian sentence)로 되돌리는 것이 효과적인 표현이다. 글은 길거나 짧거나 간에 단락이 있게 마련이다. 글을 단락으로 구분하고, 그다음에 그 단락의 구성을 분석하고, 마지막에 문법성 문장의 구성을 살피는 순서로 이해해야 한다. 논문(論文)이나 선고문(宣告文)은 논리성이 살아 있는 글이기 때문에 글쓰기의 좋은 표본이 된다. 나무에 매달려 숲을 못 보는 문법에 주저앉아서는 안 된다. 낱말이 말의 전부가 아니다. 담화(談話)나 문학적 문장의 가는 길과 문법론이 가는 길이 다르지 않다는 것이다.

1.4. 문법의 단위

문 19. 언어 구성체(構成体)의 단위(單位)는 무엇인가.

답 구성체(構成体)는 구성요소(構成要素)로 이루어진다. '꽃-나무'나 '꽃과 나무'는 다 구성체이지만 '꽃-나무'는 단어 구조이며, '꽃과 나무'는 명사구(名詞句)라는 구조이다. 우리말의 통사적 구성체(統辭的構成体)의 발전은 형식형태소(形式形態素, 조사나 어미)에 의하여 제한 없이 확대(擴大)된다. 최대의 구조는 종결어미(終結語尾)로 귀착된다. 만연체 문장을 보게 되면 구성소(構成素)에 여러 층위(層位, level)가 있다는 것을 발견할 수 있다. 우리말은 복합법(composition)에 따라 어구(語句, phrase)들이 자연스럽게 단어(單語)로 바뀌게 되는 길이 열려 있다. 영어의 문장구조는 '주어-동사의 호응 규칙'에 매여 있어 'S-V'나 'V-O'가 단어화(單語化)되지 못한다. 'sun-rise'(해돋이)는 문법적 문장이 되지 못하기 때문에 단어로 된 것이다. 우리말에는 비통사성 복합어(asyntactic compound)가 존재하지 않는다.

〖붙임〗 hand-made, money-making, baby-sit… 등 현대영어에서 양산(量産)되고 있는 말들은 영어의 통어법에 어긋나는 단어 구성이다.

문 20. 문과 문장의 차이는 무엇인가.

답 엄격히 말하면, '단문(홑월)이 문(sentence)이며, 문(文)의 꾸러미는 문장(sentences)'이라 말할 수 있다. 그러나 이 두 말은 구별 없이 사용되고 있다. '문(文)의 종류, 문장의 종류' 등으로 표현되고 있다. 영어의 'sentence'란 말이 보통 문(文)으로 대역(對譯)되고 'sentences'란 말이 문장(文章)으로 대역(對譯)된다. 문(文)의 집합체(集合体)를 문장으로 보는 것이다.

영어에서는 문(文)의 구성요건(構成要件)을 '주어-서술어'의 구성[짜임]으로 본다. 그러나 한국어, 일본어, 중국어에서는 그러한 형식적 구애를 받지 않는다. 예를 들어 보면 (1)에서 보듯이 서로가 대화하는 가운데 이심전심(以心傳心)으로 요해(了解)되어 있는 요소(要素)들을 생략하는 표현이 정상적인 것이다.

(1) [물음] 너 그것을 보았니. [대답] 보았다.
kimi soreo mitaka. mitayo.

텍스트 문법에서 보면 생략이 얼마나 많이 이루어지는가를 알 수 있다. '너 알고 있니. (그래) 알고 있다.'와 'Do you know? Yes, I know.'를 견주어 보면 얼마나 장황한가를 알 수 있다. 소통(疏通)의 방법은 간요(簡要)할수록 편리하다.

우리나라의 근대화 과정은 이웃 일본(日本)을 통하여 이루어졌으며, 그 과정은 제2차 대전이 끝날 때까지 이어졌다. 서구 유학파(西歐遊學派)는 '가물에 콩 나듯' 드문 일이어서 일본 일변도(一邊倒)의 학문이었다. 모든 분야에서 그러하였다. 슬프고도 쓰라린 역사이다. 한국말에 대한 본격적인 문법 연구도 그리 깊지 못하다. 우리나라에서 대표격으로 꼽히고 있는 『우리말본』은 일본의 문법학자 山田孝雄(yamada yosio)의 학설을 토대로 한 것이다. 이 두 문법학을 비교 연구하는 것도 하나의 논제(論題)로 설정할 수 있다고 본다.

문 21. 문(sentence)과 절(clause)의 개념은?

답 우리가 문법에서 말하는 문(文)이나 절(節)은 그 개념을 서양말의 문법 술어에 근거를 두고 있는 것이다. 이 두 용어가 한자로 표시되지만 한자의 뜻풀이로는 해석이 되지 아니한다. 그래서 괄호 안에 영어 단어를 표기하였다. 문제는 이 두 용어의 개념이 같으나 다르냐에 있다. 변별적으로 사용하는 이가 있는가 하면 한편에서는 동일개념(同一槪念)으로 보아 혼동하여 쓰고 있는 분들이 있다. 그 원인은 물론 영문법에 있다. 적시(摘示)하여 말하면 'embedded clause'와 'embedded sentence'가 같은 개념으로 쓰이고 있기 때문이다. 전통문법에 무게를 두고 있는 이는 관계절(關係節, relative clause)에 근거하여 'clause'를 택하고 구조문법에 젖은 이는 'sentence'라는 용어를 선택한다. 이런 것이 영문법에선 동일개념의 다른 표현으로 대수롭지 않은 것으로 볼 수 있으나 우리말 연구에 있어선 매우 중요한 열쇠가 되는 문제이다. 왜냐하면 영어의 'clause'와 우리의 절(節)은 그 뜻이 같지 않기 때문이다.

문(sentence)은 문법상 최대의 언어형식(linguistic form)이다. 문은 논리상으로 말하면 명제(命題)의 언어적 표현이다. 그 기본 틀은 판단의 형식에 기초한다. 문장은 문장강화(文章講話)에서 열거되는 각종 문장들 예컨대 논설문, 기사문, 수필문 따위를 참고해 보면 그 성격을 알게 될 것이다. essay나 article을 생각하면 될 것이다. 그러므로 문장은 주제(主題)가 있는 문(文)의 집합체(集合体)라 규정하는 것이 정확한 해답이라 할 것이다. 따라서 문장은 그 구성요소를 문(文)으로 한다. 이에 견주어 문(文)은 기본적으로 보아 어절(語節)을 구성요소(構成要素)로 하고 있는 조직체(組織体)이다. 이런 측면에서 이 두 이름을 변별적으로 사용되는 것이 마땅하다. '文章의 種類(classification of writings)'와 '文의 種類(kind of sentence)'는 판이하게 다른데도 그 용어를 구별하지 아니하고 함부로 사용하는 데 문제가 있는 것이다.

문법론(文法論)에서의 '문의 종류'는 보통 두 측면에서 분류된다. 하나는 평서문(平敍文), 의문문(疑問文), 명령문(命令文), 감탄문(感歎文) 따위와 같이 나누게 되는 그것인데 이러한 분류는 의미 표현의 방법 곧 서법(敍法)에 의한 것으로 'type of sentence'라는 이름으로 불리는 것이다. 이와는 달리 규범문법에서 단문(simple sentence), 중문(compound sentence), 복문(complex sentence) 따위로 나눠 오던 것인데, 이러한 분류는 구조(構造, structure)에 의한 분류로서 'tructure of sentence'라 이르는 종류이다. 이 외에도 접근의 방법에 따라 달리 분류되는 이름[名稱은 얼마든지 있을 수 있다는 것은 문법서를 통하여 익히 알고 있는 바와 같다. 이상에서 본 바와 같이 분류의 基準에 따라 단문의 평서문도 있고 복문의 평서문도 있게 되는 것은 당연한 귀결이다.

(1) 이것은 말이고, 저것은 사슴이다.

(2) 이것은 무엇이고, 저것은 무엇인가.

위의 (1), (2)는 다 대등복문(=중문)이다. 그리고 (1)은 평서문이고

(2)는 의문문이다. 그런데 이 문을 마무리하는 부호는 하나밖에 없다. 그래서 하나의 문으로 보게 되며, 앞부분과 뒷부분을 각각 하나의 문을 이루는 부분으로 보아 절(節, clause)이라는 이름으로 부르고 있다. 모든 문은 종지부(period)로 마무리되게 마련이다. 의문부호도 종지부의 일종이다.

그런데 다음의 (3), (4)처럼 분리하게 되면 복수(複數)의 문장으로 된다. 그래서 자립적인 문이 의존적인 자리에 놓이게 될 경우에 문(文)이란 이름을 버리고 절(節)이란 이름을 얻게 되는 것이다.

(3) 이것은 말이다. (그리고) 저것은 사슴이다.

(4) 이것은 무엇인가. (그리고) 저것은 무엇인가.

아래의 예시 (5), (6)에서 밑줄이 없는 부분은 절이고, 밑줄 그은 부분은 형식상으로 보아 문이라 할 근거는 있으나 뒷부분이 앞부분을 전제(前提)로 한 것이기 때문에 논리상으로 하나의 명제(命題)를 이룰 수 없다. 앞뒤가 결속(結束)되어 있는 관계에 있기 때문에 두 절(clause)이 어울리어 하나의 문을 성립시키는 것으로 보게 된다. 영어의 모든 절(clause)은 문(sentence)의 변형(變形)에서 온 것이다.

(5) 그가 동의해서, 내가 동의했다.

(6) 그가 동의 안 해서, 내가 동의 안 했다.

문(sentence)의 원형(原形)은 단문(單文, simple s.)에 있다. 문법상의 짜임으로 보아 가장 큰 구조(構造, structure)의 틀(unit)로 보고 있는 것이다. 문이란 어떤 더 큰 언어형식의 부분이 될 수 없는 완벽한 언어형식이라는 것이 전통적인 정의(定義)이다. 그래서 중문(重文, compound sentence)에서이든 복문(複文, complex sentence)에서이든 그 내부에 자리잡고 있는 문들을 대등절(對等節, coordinate clause)이니 종속절(從屬節, subordinate clause)이니 하는 따위의 명칭으로 불렀다. 뜻으로 풀이하면 중문은 대등한 절로 짜인 문이요, 복문은 종속절(從屬節)과 주절(主節)이 연합된 문이라는 뜻이다. 만일에 문(文)과 문(文)의 어울림으로 보았다면 'compound sentences, complex sentences'로 기술되었어야 마땅할 것이다. 한마디 말로 한다면 영어의 경우 단순문(simple sentence)이 아닌 모든 문은 예외없이 복수(複數)의 문이라는 것이다. 전래적으로 일컬어 오던 주절(主節)과 종속절인 관계절(關係節, relative clause)과 관련하여 변형문법에서 사용하는 'matrix sentence'를 모문(母文이라 하고 'embedded sentence'를 내포문(內包文)이라 대역(對譯)하여 부르고 있는데, 내포문(內包文)이란 이름으로 명명(命名)한 것은 아주 부적절한 조어이다.

'parenthetical clause, inserted clause, embedded clause, constituent sentence'라는 용어들은 이름은 다르지만 그 이름이 가리키는 대상은 같다. 이들은 다 삽입절(揷入節)인 것이다. 우리말의 내포(內包)라는 말에는 처음부터 '포함되어 있는 실체'라는 말뜻이 없다. 내포(內包)라는 말은 논리학의 전문용어로서 외연(外延)의 짝이 되는 말이며 그 뜻은 내용(contents)이다.

관계절(關係節)은 단어에 대하여 부연적으로 서술하는 마디의 글이다. 관계(relation)라는 말뜻은 '둘 사이의 걸림' 곧 상관관계(相關關係)이다. 한국말엔 관계대명사(關係代名詞)가 없다는 것이 정설(定說)이다. 선행사(先行詞, antecedent)는 관계대명사에 앞서 있는(=先行하는) 명사(名詞)를 말하며, 관계대명사는 그 선행사를 대신 가리키는 명사이기 때문에 그런 이름을 붙이게 된 것이다. 구체적인 예시를 하면 (7)에서 보는 바와 같이 관계절을 중심으로 말할 때 선행사는 girl이고 관계대명사는 who이다.

(7) The girl who is sitting by the window is my sister.

(7)에서 who-clause가 바로 삽입절(挿入節)이란 것인데 그 짜임이 (8) + (9)에 있는 것이다. 여기에서 문 (9)가 주절(主節)이 되고, (9)가 종속절(從屬節)이 됨으로써 (8)의 'The girl'이 'who'로 변형되었음을 알 수 있다. 선행사(先行詞)와 관계대명사(關係代名詞)는 동격(同格)이다. 이것으로 미루어 보면 선행사(先行詞)를 꾸미는(修飾하는) 문이 아니고 부연(敷衍)하는 것임을 알 수 있다.

(8) The girl is sitting by the window.

+

(9) The girl is my sister.

(10) The girl sitting by the window is my sister.

(11) The girl, who is sitting by the window, is my sister.

그 소녀 - 그녀는 창가에 앉아 있다 - 이 내 누이이다.

(7) 구성(構成)의 생략의 형태인 (10)에 기대어 '창가에 앉아 있는 소녀가 내 누이이다.'로 옮겨, 관계절을 명사 꾸밈말로 본 데서 문제가 생기게 된 것이다. 영문의 바른 해석은 (11)이라 할 수 있으며 영문학자 이양하(李敭河) 교수는 이런 번역을 택하였다.

[붙임] '국어 관계절(國語 關係節)'이란 용어가 2012년에 등장하였다. 관계절(關係節)은 관계관형절(關係冠形節)의 약칭으로 표현하고 영문으로는 relative clause라 옮겼다. 이것은 한국어의 명사 수식어구(修飾語句)를 관계절로 본 것이다. 우리말의 관형절은 문장의 성분(成分)이지만, 영어의 관계절은 문장성분(文章成分)이 아니다.

문 22. 판단의 형식인 문 구조의 기본 구성요소는 무엇인가.

답 문장의 기본 3 형식이라 하여 내건 것이 「무엇이 어찌한다 / 무엇이 어떠하다/ 무엇이 무엇이다」이다. 판단을 말[언어]로 나타낸 것이 명제(命題)라는 것인데, 그 형식이 「무엇이 무엇이다」이다. 그래서 문장과 명제는 같은 의미로 쓰이고 있다. 영어의 'sentence'가 독일어의 'Satz'인데 'Satz'의 의미가 논리학의 명제(命題), 문법학의 문장(文章)을 함께 의미하고 있다.

문법상의 문장 형식에는 여러 가지 서법(敍法 mood)이 있어서 기본문(基本文)을 세웠듯이 논리학에서는 'A는 B이다'로 단순화한 것이다. 우리 문법의 문장 기본 3 형식을 하나로 통일하여야 한다면 「무엇이 무엇이다」로 귀결되어야 할 것이다. 논리학의 판단 형식에 맞춘다면 다음 (1)과 (2)로 표현된다.

(1) 지구는 움직인다 → 지구는 움직이는 것이다.

(2) 지구는 둥글다 → 지구는 둥근 것이다.

실제 언어 사용장에서 보면 '-는 것이다, -ㄹ 것이다' 꼴로 사용하는 사람들이 있음을 볼 수 있다. 언어학의 원조는 논리학이다. 그런 측면에서 보면 문법학을 언어논리학(言語論理學)이라 칭해도 무방하다 할 것이다. 논리학에서 '主辭 - 賓辭 - 繫辭'의 삼요소설(三要素說)는 우리말 문법 연구에 일깨움을 주는 바가 많다. '세상이 좁다.'는 문장에서 문장의 종결어미 '-다'를 '세상은 좁은 <u>것이다</u>'로 바꿔놓으면 '-이다'는 말하는 이의 판단사(判斷辭)인 셈이다. 판단은 두 개념의 결합 관계를 통하여 성립된다. 'A=B'라는 수학적 표시에서 등호(=)의 소속(所屬)이 A 쪽인가 B 쪽인가 A-B 쪽인가 판단해야 한다. 문장을 NP + VP의 두 요소로 굳힌 것은 굴절어인 영어에 기초한 이론이라 본다.

'신은 존재한다'는 'God is.'를 두 요소 이상으로 분석할 길이 없지 않은가.

『붙임』 1. '이라'가 '三世는 저와 아들와 孫子왜라'로 나타나는 것으로 미루어 보아 명사의 부속사(付屬辭)에 그치는 것이 아님을 알 수 있다. 문장의 종지사(終止辭)로 통합적(統合的)인 기능을 하고 있음을 엿볼 수 있다.

2. 발화(發話) '인 것은 인 것이고, 아닌 것은 아닌 것이다'를 정렬모의 『신편고등국어문법』에서는 일관되게 '아니이다'로 표기하고 있다.

문 23. 단어(word)와 어구(word phrase)의 차이는 무엇인가.

답 국어사전에 의하면 '문학-작품', '문학 작품'으로도 쓸 수 있도록 되어 있다. 하나의 단어는 한 덩이로 적는 것이 원칙이다. 어구는 단어와 같은 기능을 하기 때문에 구어(句語, phrasal word))라 할 수 있다. 한글 맞춤법 49항이 구어를 인정하고 있다. 구어(句語)로 된 지명에 New York을 들 수 있다. 이 구어를 어기(word base)로 'New Yorker'의 말이 파생되었다. (1)-(3)의 예에서 보는 것처럼 명사형(名詞形)은 동사로도 일어날 수 있고, 동사구로도 일어날 수 있다.

(1) 만남이 헤어짐이다.

(2) 땅 짚고 헤엄치기

(3) 직장 잡기가 하늘의 별 따기이다.

『붙임』 Seeing is believing. / Doing every thing is doing nothing.

문 24. 단어와 어절의 서로 다른 점은 무엇인가.

답 단어란 뜻을 지닌 낱덩이 말로 단독으로 쓸 수 있는 말이다. 근대 언어학에서는 '의미를 지닌 최소의 자립형식(自立形式)'이라 정의하고 있다. 어절(語節)은 문장 성분의 최소 단위이다. 곧 구문론(構文論)의 입장에서 보면 '문법적 단위의 단어'(word as a grammatical unit)라 규정할 수 있다. 이것을 통어성 단어(syntactic word)라 한 바 있다.

사전에 실려 있는 '어느, 많이' 등은 단어이지만 '어느 책이 많이 팔립니까'처럼 문장 속에 자리 잡았을 때는 어절이 되는 것이다. 쉽게 말하여 언어 구조 속의 단어라 해도 될 것이다.

〖붙임〗 어절이 띄어쓰기의 단위가 되는 것은 맞지만, '띄어쓰기의 단위'가 아니라 문법상의 최소 단위(最小單位)이다.

문 25. 단어와 어구(語句)는 어떻게 다른가.

답 어구(語句)는 단어처럼 쓰이는 덩이 말이다. 한자말 심야(深夜)를 '깊은 밤'이라 하고 숙고(熟考)를 '곰곰이 생각함'이라 하는데 이들이 하는 일은 같다. 그런데 하나의 단어인 경우는 논외(論外)의 문제이나 하나의 어구(語句, phrase)가 되기 위해서는 그것들이 하나의 덩이를 이루어야 한다는 것이다. 하나의 덩이를 이루는 구성(構成, construction)은 내심구성(內心構成, endocentric construction)이다.

'The book I read yesterday.'는 관계절(關係節)의 한 변형(變形)이다. 구조언어학(構造言語學)에서 받아들이고 있는 Bloomfield의 문장의 정의는 '문이란, 어떠한 문법적 구조에 의해서도 보다 큰 언어형식에 포함되지 않는, 독립된 언어형식이다'로 표현된다. 제한적 관계절(restrictive relative clause)이니, 비제한적 관계절(nonrestrictive relative clause)이니 하는 용어는 이 정의에 모순된다.

modifier	headword	modifier
D	N	S-group
the	people	who live next door
the	man	whose hat I took by mistake
the	freeway	that leads to Hollywood

modifier	headword	modifier
D	N	S-group
the	student	you told me about
the	book	he was reading
the	girl	we saw

다음의 예를 보면 (1)의 관계절 'The boy who broke the window'가 'boy'의 의미를 제한한다. 선행사(先行詞)의 사용 범위를 제한하는 관계절이라 하여 제한적 관계절(制限的關係節, restrictive relative clause)이라 부르고 있는 것이다. (2)의 경우는 쉼표(comma)가 있음으로 해서 비제한적 관계절(非制限的關係節, nonrestric relative clause)로 보는 것이다. 그 이유는 간단하다. 명사구(NP)의 구성요소로 본다면 일상의 발화(發話, utterance)에서 명사처럼 하나의 단위체(單位体)로 나타나야 한다는 것이다.

(1) That is the boy who broke the window.

(2) That is the boy, who broke the window.

그런데 물음 'Who?'에 대하여 'the boy who broke the window'와 같은 표현이 일상적으로 실현(實現)되지 않는다는 것이다. 하나의 NP라면 명사처럼 하나의 언어형식(言語形式)으로 나타나야 하는 것이다.

영어의 제한적 형용사절(restrictive adjective clause)과 비제한적 형용사절(nonrestrictive adjective clause)은 우리 한국어 문법으로 대응해 보면 '수식(修飾)하는 절(節)'이란 측면에서는 관형절(冠形節)과 비슷하나, 관형절이 전치 수식(前置修飾)임에 반하여, 관계절(關係節)은 후치 수식(後置修飾)이라는 점에서 다르다.

관계사(關係詞)에 의한 수식어구(modifier)의 경우 다음의 (3을 제한적 용법(restrictive use)이라 하고 (4)를 비제한적 용법이라 하는 것이다. 선행 명사에 후속되는 관계사 앞에 반점(comma)의 유무(有無)로 가름되는 것으로 보고 있다.

(3) The graduates <u>who were trained in chemistry</u> got good jobs.

(4) The graduates, <u>who were trained in chemistry</u>, got good jobs.

관계사(關係詞)를 다른 이름으로 종속사(從屬詞, subordinator)라 일컫기도 하는데 이것이 종속절(從屬節, subordinate clause)을 주절(主節, principal clause)에다 연결시키는 것이기 때문이다. 종속절(從屬節)을 선행(先行)하는 명사에 연결하는 것이 아니란 것이다. 영문법에서는 명사 앞에 놓여 명사를 꾸미는 절(節)이 없다. 명령문인 'Take it or leave it.'과 같은 구조가 명사를 수식하게 될 경우에는 형용사 상당어구(形容詞 相當語句, Adj-equivalent)로 바뀌어 'a <u>take-it-or-leave-it</u> proposal'처럼 단어화(單語化)시켜야 가능하다는 것이다. 덧붙일 말은 영어에서는 제한적 용법과 비제한적 용법의 두 유형(類型)으로 나누고 있으나 독일어에서는 관계대명사의 생략이 불가하며, 비제한적 용법으로만 쓰인다는 사실이다. 이와 같은 점은 아래의 (5)-(7) 예시로 알 수 있다.

(5) the man you saw : der mann, den Sie sahen

(6) the hat he bought : der Hut, den er kaufte

(7) the book he found : das Buch, das er fand

(8) The book I read yesterday is interesting.

→ Das Buch, das ich gestern gelesen habe, ist interessant.

[붙임] 1. 위에 든 'A linguistic Approach To English'(1959)에서 보인 예시이다. 이에 근거하여 보면 'the man who live next door'는 NP 곧 명사구(名詞句)이다. 달리 말하면 하나의 어구(語句, phrase)가 된다는 것이다.

2. Bryant, Margaret M., 『A functional English grammar』, D.C. Heath and company, 1959, pp.184～185.

문 26. 통어적 구조란 무엇인가.

답 통어적 구조는 문(sentence)만이 아니다. 문법에서 말하는 이른바 구(phrase)나 절(clause)도 포괄되는 개념의 말이다. 통사적(統辭的) 또는 통어적(統語的)이란 이름의 구조(構造, structure)를 말하는 것이다. 단어구조 — 줄여서 어구조(語構造, word structure)라 함 — 의 구성요소(構成要素)가 형태소(形態素, morpheme)인데 비하여, 통어적 구조(syntactic structure)의 구성요소는 단어와 단어 사이에서 이루어진다고 된다. 단어와 단어가 어울리어 하나의 집합체(集合体)를 이루게 되는 경우, 거기에는 연결부(=커플링, coupling)가 있게 마련이다. 긴 수도관(水道管)의 중간 중간에 이음매가 있듯이, 불변어(不變語)인 명사(名詞)의 경우엔 조사(助辭)를 취하게 되고, 동사나 형용사처럼 가변어(可變語)인 경우에는 단어 자체의 어형변화(語形變化)에 기대게 된다. 예(1)의 세 단어를 재료로 하여 이를 구조화(構造化)해 보면 (2)-(7)과 같은 짜맞추기(combination)가 가능하다.

(1) ①봄, ②날씨, ③따스하다,

(2) ①-②-③ 봄 날씨가 따스하다.

(3) ②-③-① 날씨가 따스한 봄

(4) ③-①-② 따스한 봄의 날씨

(5) ①-③-② 봄의 따스한 날씨

(6) ②-①-③ 날씨가 봄처럼 따스하다.

(7) ③-②-① 따스한 날씨의 봄

대충 이 정도로 설명해도 될듯하다. 위에서 예시된 것들 전부가 통어적 구조에 속한다. 명사 뒤에 붙은 '-가, -의, -처럼'과 같이 명사의 놓이는 자리를 표시하는 말들을 포괄적으로 조사(助辭)라 부른다. 이들은 (8), (9)와 같이 구분하여 부른다.

(8) 주체(主体)의 자리에 있게 하는 조사= 주격조사(主格助辭)

(9) 명사 수식의 자리에 있는 조사= 관형격조사(冠形格助辭)

'-처럼'은 명사 '봄'으로 하여금 부사의 노릇을 하게 했으므로 부사격 조사라 할 수 있으나 단순히 부사의 자리에 놓이게 하는 형식소(形式素, formatives)가 아니라 [+의미(意味)]의 자질을 지니고 있기 때문에 보조조사(補助助辭)라 하여 격조사와 구별을 하고 있다.

문 27. '가지 많은 나무 바람 잘 날 없다'는 7개의 단어인가, 7개의 어절(語節)인가.

답 우선 밝혀 둘 것은 단어라는 것은 개념을 바탕으로 한 말의 단위체(單位体)라는 것이다. '아이, 매우, 그, 착하다…'를 놓고 말할 때 네 개의 어절이란 표현을 하는 사람은 없다. 그러나 그 단어들을 짜맞추어 '그 아이가 매우 착하다.'와 같이 구조화하였을 때 4개의 어절로 되어 이루어져 있다고 할 수 있다. 이렇게 보면 기능에 묶여 있는 단어를 두고 이르는 용어임을 알 수 있다. 어절이란 용어를 사용하지 않고 있는 북한에서는 '①사람 ②사람이 ③사람을'을 다 단어라 하고 있는데 엄격히 말하면 ①은 개념적 단어(概念的單語)이고 ②, ③은 기능적 단어(機能的單語)인 것이다. '가지(가) 많은 나무(가) 바람(이) 잘 날(이) 없다.'는 형식상으로 보아 7개의 어절이다. 어절(語節)이란 용어는 일석 이희승(一石 李熙昇)의 문법용어에서 유래한다.

2. 활용론

2.1. 체언 · 용언의 개념

문 1. '체언 · 용언'이란 말이 문법용어인가.

답 단어를 기준으로 일컬을 경우 쓰이는 용어에 '어군(語群), 구절(句節), 어구(語句), 어사(語辭)' 등의 용어가 사용된다.

그런데 명사 종류의 말을 체언(体言)이라 하고, 동사 종류의 말을 용언(用言)이라 칭하고 있다. 물론 이 용어들은 일본 문법에서 차용해 온 용어로 일본과 한국 이외에 쓰는 곳이 없다. 버리고 싶은 말이다. 본디 '체용(体用)'이란 말은 사물의 실체(實体)와 작용(作用)을 뜻하는 한문의 술어였다. 그것을 고정적(固定的)인 것을 체(体)로, 가동적(可動的)인 것을 용(用)으로 받아들여 문법에 적용시킨 것이 바로 일본이다. 아무도 문제시하지 않고 따르고 있다. 이 문법 용어에 따른다면 「言」아래에 어사(語詞)가 위치하게 된다.

언어(言語)는 'language'를 번역한 말로 어떤 의미를 어떤 말소리로 표현한다는 체계 있는 사회적 소통의 재료(材料)이다. 그래서 언어공동체(言語共同体)의 중요한 재산(財産)이다. 이 재산은 머릿속에 간직되어 있다. 이것이 있기 때문에 입을 통하여 이 언어를 물리적으로 표현할 수 있게 된다. 입을 통하여 표현된 말이 바로 '말하기, 발언, 담화, 연설…' 같은 것으로 소리의 말(speech)이다. 소리의 말을 「言」이라 하는데, 言이 어찌 단어나 어류(=품사)의 상위개념(上位概念)이 될 수 있는가 하는 것이다. 버리고 싶은 용어이다.

【붙임】 1. 체언이란 용어는 실체(實体)가 있는 말에서 비롯하였으나 오늘날은 모든 이름말(naming word)이 다 이에 속한다.

2. 月印千江(달이 무수한 강을 비추다)에서 '달'은 体요, '비추다'는 用이다.

우리 문법에서는 대를 이어 『우리말본』을 토대로 체언을 임자씨로 용언을 풀이씨 개념으로 보고 있으나, 이 용어의 본 고장인 일본에서는 체언을 조사를 취하여 문법성을 나타내는 불변어(不變語), 용언을 어미변화로써 문법성을 나타내는 가변어(可變語)로 받아들이고 있다.(文化廳 國語시리즈, 日英辭典 참조)

→ 불변어(invariable word), 가변어(variable word)

문 2. 체언(体言)과 용언(用言)의 개념(概念)은 무엇인가.

답 개념 규정이 확립되어 있지 않다. 이 용어의 원산지인 일본(日本)의 규정과 『우리말본』의 규정이 같지 않다.

처음엔 개념어(概念語)로서 사물의 본체(本体)를 나타내는 단어와 사물의 작용을 나타내는 단어로 유별(類別)한 데서 왔다. 그런데 오늘날 이 문법용어의 고장인 일본에서는, 같은 개념어(概念語)로서, 어형(語形)에 활용이 없는 단어-비활용어(uninflected word)와 활용이 있는 단어-활용어(inflective word)로 구별하여 말할 때 쓰는 용어로 뜻매김이 되어 있다. 『우리말본』의 개념은 이와 다르다. 문장 구성의 주요 재료(主要材料)가 되는 두 어종(語種)으로 보고 체언을 임자씨(主体詞), 용언을 풀이씨(說明詞)로 보고 있는데 이는 일본 문법학자 야마다(山田孝雄)의 분류법과 일치한다.

비유적으로 말하면 품사를 물품(物品)으로 보느냐 용품(用品)으로 보느냐의 접근의 방법이다. 단어를 그 본질인 개념으로 분류하는 것은 물품적 접근이고, 쓰임[기능]으로 접근하는 것은 용품으로 보게 되는 것과 같다. 우리가 명사니 동사니 하는 것은 그 분류(分類)의 원리가 개념에 의한 것임을 그 품사의 명칭(名稱)으로 미루어 알 수 있다.

여기 한 포기의 나무가 있다. 이 나무가 홀로 선 나무일 수도 있고 숲속의 나무로 자리 잡고 있을 수도 있다. 철학에서 말하는 개인주의

(individualism)과 전체주의(wholism)에 비유하여 이야기할 수도 있다. 자생(自生)과 공생(共生)의 두 길에서 살고 있다. 명사류(명사·대명사·수사를 아울러 일컬음)가 예외 없이 주어의 직분을 수행하는 게 아닌데 '임자씨'로 묶어 버리는 데 문제가 있다. 동사나 형용사도 이와 같다. 서술어가 되기도 하지만, 영어의 분사(分詞)처럼 비서술어로 쓰이는 경우도 많기 때문이다.

문 3. 체언(体言), 용언(用言)이란 용어를 한결같이 그대로 지니게 된 배경은 무엇인가.

답 체언은 명사, 대명사, 수사를 포괄하는 상위개념(上位概念)으로, 용언은 동사, 형용사를 포괄하는 상위개념으로 보고 있다. 그런데 실상은 명사나 동사는 개념어(概念語)로서 의미 범주(意味範疇)를 달리하는 단어일 뿐이다. 그것들이 문장의 성분어(成分語)로 자리잡기 위해서는 그 자리에 맞는 구색(具色)을 갖추고 나타나야 한다. '물이 흐른다.'에서 '물'이 '-이'를 취하고 '흐르-'가 '-ㄴ다'를 취하여 문장이라는 언어형식이 되는 것과 같다. 그런데 예전 문교부의 『국어 문법 지도 지침』, 『학교 문법 통일에 대하여』(歷代韓國文法大系 第1部 제37冊 참조)로 말미암아 오늘날의 '학교 문법'에서 받아들이고 있는 개념으로 이어지고 있다. 이 용어의 본고장인 일본에서는 기능상의 분류에서 벗어나 '활용이 없는 어류(語類)', '활용이 있는 어류(語類)'로 변별되어 쓰이고 있다.

문 4. 그렇다면 이 문법용어를 버리는 것이 마땅하지 않은가.

답 옳은 말이다. 이 용어가 빚은 폐단을 생각하면 폐기하는 것이 마땅하다. 이 용어는 본래 체용(体用) 곧 '事物의 本体와 그 作用'에 근거하고 있다. 이 용어는 19세기 초 일본의 품사에 기초하고 있다.

[붙임]

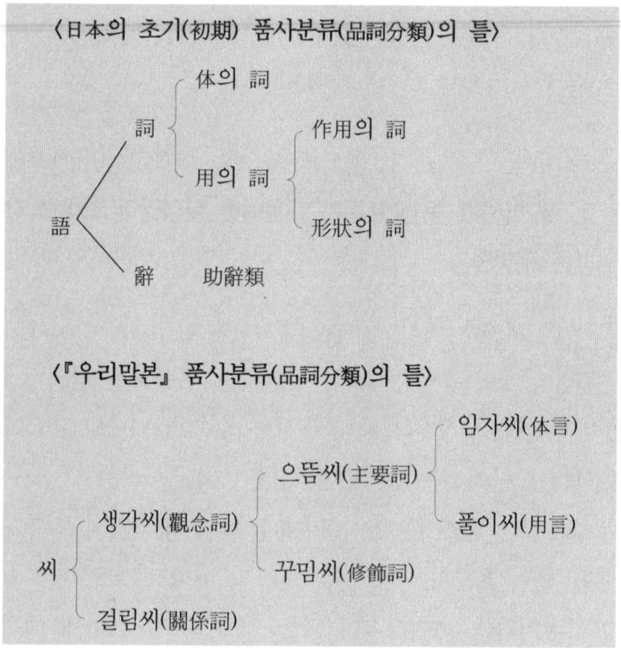

문 5. 체언 · 용언의 개념을 재정립(再定立)하면?

답 일본과 한국 문법에서만 사용되는 이 문법용어의 영어 번역어는 'indeclinable word'와 'declinable word'이다. 다시 우리말로 옮기면 '어형변화를 하지 않는 단어'와 '어형변화를 하는 단어'로 풀이된다. 그런데 단어의 기능(=하는 일)에 근거한 이름인 이 용어가 '임자씨'와 '풀이씨'의 개념으로 뜻매김되어 현재 교육에 일반화되어 있다. 극단적으로 말하면 명사나 대명사, 수사는 주어가 되는 어류(語類)이며, 동사나 형용사는 서술어가 되는 어류(語類)라 규정한 『우리말본』에 붙좇아, 이들을 포괄하는 상위개념(上位槪念)으로 받아들이고 있다는 놀라운 사실이다. 체언과 용언은 대응(對應)되는 개념을 지니고 있는 용어로 보고 있다. 이것은 문장구조를 전제(前提)로 설정한 용어인데, '명사구 주어, 동사구 서술어'의 근거를 변형문법에서 이르는 핵문(kernel sentence) 「NP + VP.」가 연명(延命)시켜 준 것이다. 체언을 'substantive'로 보는 견해는 낡은 시대의 해석이다. 명사나 동사는 같은 관념사(觀念詞)로서 그 개념이 다를 뿐, 취하는 형태(形態)에 따라 기능(機能)을 달리하게 된다. 예컨대 주술관계(主述關係)가 문장으로 발전하려면 완결성을 지닌 판단의 형식이어야 한다는 것이다. '水深'은 '물의 깊이'로는 단어 구조이며, '水深'은 문장 구조이다. 'sun-rise, sun-set'은 단어 구조이며, 문장 구조가 되기 위해서는 'The sun rises.'로 호응이 되어야 하는 것과 같다. 명사나 동사가 문장 구성의 주요단어(主要單語)인 것은 분명하다. 그러나 구문론(構文論)에서의 직분은 명사인 경우는 조사의 첨용(添用)으로, 동사인 경우에는 어미의 변화로 결정된다. 격변화(格變化)가 소멸된 영어의 명사는 품사성(a part of speech)을 그대로 지닌다. 그러나 격변화가 살아 있는 인칭대명사인 경우 'I ~my ~me'에서 제1격은 주어가 될 수 있어도 제2격이나 제3격은 주어가 될 수는 없다. 그처럼 우리의 명사는 조사의 첨용을 받아야 비로소 기능이 결정되는 것이다. 동사나 형용사의 경우도 이와 다르지 않다. 문장의 끝자리에 놓이는 마침표(.)는 시각상의 효과일 뿐, 종결어미가 그 기능을 수행하고 있기 때문에 덤으로 붙이는 것이라 볼 수 있다. 단락(段落)의 표지로 이해하는 것이 바른 길이다. 명사와 동사의 구별을 의미면(意味面)으로 할 수는 없다.

용비어천가 제26장에 나오는 '가샴 겨샤매 오늘 다ᄅᆞ리잇가'의 '-ㅁ'은 활용어미(inflectional ending)이며, 전성어미(derivational ending)가 아니다. 명사형 활용어미로 봐야 할 것이다. 모든 접사(接辭)는 예외 없이 첨가사(添加辭)이라는 것이 언어 일반의 논리이다.

『붙임』 1. 어미는 글자 그대로 단어의 말미 형태소(末尾形態素)이다. (ending: the part of a word, constituting a grammatical inflection or formative element.)

2. 동명사(gerund)는 동사의 -ing 형으로 형성된 명사를 일컫는다. 분사형(分詞形) -ing나 -ed는 명사를 수식하는 기능을 한다.

3. 오늘날의 문법체계로 보아 '얼음(氷), 물음'의 '-음'을 접미사로 처리하는 것은 잘못된 것이다. 어미는 첨사가 아니라, 어형변화가 있는 단어의 구성요소(構成要素)이기 때문이다.

2.2. 활용의 개념

문 6. 활용(活用)의 기반(基盤)은 무엇인가.

답 활용어(活用語)란 용어가 '어미변화(語尾變化)가 있는 말'과 동의어(同義語)로 쓰이기 때문에 '활용=어미변화'로 해석하고 있는데, 어미 그것만으로 언어형식이 되지 못하기 때문에, 단어 구조(word structure)이든 문장 구조(sentence structure)이든 그 구조에 기반(base)을 두어야 한다는 것이 철칙이다. 예외 없는 원칙은 없다고 하지만, 우리말의 동사와 형용사는 그 짜임이 「어간 + 어미」로 최소한 두 형태소로 구성되어 있다. 어간(stem)은 의미부(意味部)요, 어미(ending)는 형식부(形式部)이다. 이처럼 단어를 바탕으로 한 활용은 형태론적 활용(形態論的 活用)이다. 이와는 달리 문장을 중심으로 하여 (1)-(3)처럼 그 문장을 종결하는 꼴의 어미변화와 같은 것은 통어론적 활용(統語論的 活用)이다.

(1) 그 학생이 책을 읽<u>는다</u>.

(2) 그 학생이 책을 읽느냐.

(3) 그 학생이 책을 읽는구나.

………

그래서 '어미'라는 이름에는 ① 단어의 말미, ② 문장의 말미를 의미하는 두 가지의 다른 개념이 있다 한 것이다. 종지부(終止符)를 찍게 하는 종결어미의 짜임은 그 문장의 의미 구조(意味構造)의 지배를 받아 형성된다. 동사·형용사라는 단어 차원의 어형변화가 아니다. 화자(話者)와 청자((聽者) 사이의 여러 가지 관계로 해서 복잡하게 구성하게 된다. '선생님께서도 가시었사옵니까.'를 단어의 활용으로 보는 데서 혼란을 일으키게 된 것이다.

활용의 기반을 기본형에 두는 경우는 단어의 어미(word ending)에 한정되는 것으로 보아야 한다. 어느 활용어가 서술어의 자리에 놓이게 될 경우엔 이것에서 벗어나 문장의 어미[文尾, sentential ending]를 취하게 된다. 다시 말하면 '일을 한다'의 '하-ㄴ다'를 기본형에 '-ㄴ-'이 들어갔다는 해석이다. 단어의 기본형 '-다'에 갈음되는 어미는 사형어미(詞形 語尾)이다.

'해라 체(体)'의 형태통사론적 단어(morphosyntactic word)의 활용 기반은 평서형(平敍形)에 두어야 한다. 나머지는 평서형의 변형(變形)이기 때문이다.

(4) 현재 : 한다, 하느냐, 하는구나, 하여라, 하자, 하마, 하지만, 하더니…

(5) 과거 : 하였다, 하였느냐, 하였구나, x, x, x, 하였지만, 하였더니…

이른바 선어말이미란 '한다'를 하-ㄴ-다'로 분석한 데서 온 것이다.

'-는-(-ㄴ-)'을 현재시제(現在時制)의 형태소로 본 것이다. 그렇다면 '하는가, 하{였}는가, 하{겠}는가, 하였{겠}는가'에서도 '현재'의 형태소가 적출되어야 한다. '하시었는가'에서도 같다. 첨가 형태소는 첨삭(添削)이 가능한 것인데 '-ㄴ다'를 분석하는 것은 무의미한 작업이다. 더구나 존칭의 '-시-'는 문법 기능소가 아니라 어휘 구성소인 것이 분명하다.

『붙임』 1. 활용 어미(inflectional ending)는 단어 어미로 그 단어의 필수적인 성요소(構成要素)인데 반하여, 시제 표현의 '-었-' 따위는 어소(=단어 구성소)가 아니라 문소(文素)이다. 대우법(待遇法) 표현도 이와 같다.

2. 활용법이 단순한 영어는 크게 정법(定法)과 부정법(不定法)의 두 용법이 있고, 그 활용형도 몇 개 되지 않는다.

3. 진단학보 제21호(1960.10.30.)에 실린 이숭녕(李崇寧) 교수의 논문 'Volitive Form으로서의 Prefinal Ending「-(o/u-」의 介入에 對하여'가 확대재생산 되어 교착성 어미에까지 이 용어를 적용하여 오늘에 이르게 된 것이다. final ending이란 해괴한 용어를 語末語尾라 하는데, 어미 자체가 단어의 끝자리 형태소(a final morpheme of word)이기 때문에 어말(語末)이란 불필요한 군말이다. 굴절어에서 서술 동사가 시제(tense), 법(mood)을 활용어미로 표현하게 되어 있는 점에서 원용한 것이나 우리의 선어말 어미란 활용의 범주 바깥에 있는 첨가성 기능소이다.

문 7. 활용의 개념은 무엇인가.

답 세계의 언어를 형태적으로 분류하여 고립어(孤立語, isolating language), 교착어(膠着語, agglutinative language), 굴절어

(屈折語, inflectional language)로 나누게 되는데, 위의 용어에서 보면 중국어는 고립어이며, 한국어나 일본어는 교착어이며, 인구어(印歐語)는 굴절어이다. 원칙적으로 우리말이나 일본어는 굴절어가 아니기 때문에 굴절(inflection)이란 용어를 써서는 안 된다. 그런데 일본이 서양 문물을 받아들이는 과정에서 동사의 어미변화가 굴절적이라 하여 'inflection[屈折]'을 「活用」이라 번역하여 어미(語尾)를 지닌 단어를 용언(用言)이라 하게 된 것이다. 이 지구상에 「用言」이란 문법술어는 일본과 한국뿐이다. 인구어(印歐語)의 하나인 영어를 보라. 'I, my, me; go, went, gone'처럼 명사 계열에도 동사 계열에도 굴절이 있다. 그래서 굴절어인 것이다. 그런데 우리말을 보자.

'사람이, 사람을, 사람의' 계열은 교착형(膠着型=添加型)으로 보고, '가는, 가게, 갈, 가고, 가니…'는 활용형(活用形)으로 본 것이다. 일본에서 그리 본 것을 우리가 채택하게 된 것이다. 주시경(周時經) 문법에 기반을 둔다면 「활용형」이란 있을 수 없다. 서양문법에서의 inflection(굴절)이란 용어 속에는 명사의 변화인 'declension'과 동사의 변화인 'conjugation'이 포괄되고 있다. 그러니 실상은 'conjugation'을 활용(活用)이라 하고 있는 것이다. 굴절어에서는 이른바 '어간'과 '어미'는 밀착(密着)되어 있어 분리(分離)될 수 없는 성질을 지니고 있다. 그런데 한국어 동사의 '어간'과 '어미' 사이엔 접요사(接腰辭, infix)라는 형태소가 끼어들 수 있다. 우리말의 동사·형용사가 철저하게 복합사(複合辭, complex form)로 이루어져 있기 때문이다. '먹다~먹히다'에서 파생접사의 개입을 볼 수 있고, '높다 ~높았다'에서는 시제(時制)의 접사가 개입되어 있음을 볼 수 있다. '먹었다'를 바탕으로 한 활용 '먹었다 ~먹었고, 먹으면, 먹었으니…' 등은, 단어 '먹다'의 활용이 아닌, 서술어로서의 활용형이다. 일본의 문법학자 도끼에다[時枝]의 입자형 구조(入子型構造, nested structure) 이론은 자료(data)로 참고할 가치가 있다.

「어형변화=활용」라는 개념을 긍정적으로 받아들인다면 「어형변화어= 활용어(活用語)」라는 논리가 성립된다. 이 활용어를 '용언(用言)'이란 이름으로 수용하고 사용하고 있다. 활용은 결과적으로도 활용이다. 여러 어류(語類)로 활용될 뿐더러 서술어로도 활용되는 것인데, 용언이 어떤 형태를 취하든 서술 기능(敍述機能)에 묶여 있다는 강변(强辯)은 언어 사실에 맞지 않다. 단어 '물음, 달리기, 들-것, 물-것, 먹을 것, 마실 것, …'과 같은 쓰임에서 실증(實證)되어 있다. 용언=풀이씨」라는 『우리말본』의 굴레에 갇혀 있기 때문이다.

활용 이론이 우리 문법에 도입됨으로써 생긴 득실(得失)을 계산해 보아야 한다. 언어형식(言語形式)에는 여러 단계의 것이 있다. '단어는 최소의 자립형식(自立形式)으로 언어구조의 기본 단위이다'라는 전제 아래에서 활용론이 도입된 것이다. 그런데 절대적인 원리가 될 수는 없다. 영어와는 달리 우리말의 명사(名詞)는 자립어(自立語)이지만 그 문법상의 기능(機能)은 격조사(格助辭)나 보조조사(補助助辭)의 도움을 받아야 비로소 확대된 구조(構造)의 구성요소(構成要素)가 될 수 있다. 「물이 깊다」와 같은 틀[모형]의 교착어(膠着語) 특성에 맞는 토대 위에서 탐구되어야 할 것이다. 한자 복합 구성인 「水深」은 어떤 형식소(形式素)를 취하느냐에 따라, 단어 구조(單語構造)도 되고 문장 구조(文章構造)로도 된다. 곧 '물의 깊이'로도 되고, '물이 깊다'로도 된다는 것이다. '<u>뿌리 깊은</u> 나무, <u>샘이 깊은</u> 물'에서 밑줄 그인 부분을 문장에 값하는 절(節)이라 하는 이가 있으나 큰 오판이다. 문장절(sentence-equivalent clause)은 문장으로 되돌릴 수 있는 성질의 절(節)이다. 그런데 밑줄 그은 절은 단어에 값하는 절(word-equivalent clause)이다. 서술법(敍述法)의 문장 어미(sentential ending)를 지니고 있지 못한 때문이다.

문 8. 어미변화와 활용의 차이는 무엇인가.

답 언어를 유형(類型)에 따라 분류하면 우리말은 교착어(agglutinative language)에 속하며 서구어는 굴절어(inflectional language)에 속한다. 교착어는 실질적 의미부인 어간(語幹)과 문법적 의미부인 어미(語尾)로 나눌 수 있는 모습의 언어이고, 굴절어는 의미부(意味部)와 형식부(形式部)로 나눌 수 없는 언어이다.

'inflection'이란 말이 굴절(屈折)로 번역되는 말로서 어형의 변화(a change in the form of a word)를 의미한다. 굴절(inflection)은 명사(名詞)에도 있고 동사에도 있는데, 명사 종류의 어형변화를 곡용(曲用, declension)이라 하고, 동사의 어형변화를 활용(活用, conjugation)이라 하였다. 그러므로 inflection이란 용어는 격변화(格變化)나 어미변화(語尾變化)가 함께 포괄되는 개념이다. 'declension'은 퇴화(退化)하여 대명사(代名詞)에 잔류(殘留)하고 있는 정도이다. 그래서 'declension'이나 'conjugation'이란 용어는 오늘날 드물게 사용되고 inflection이란 용어가 대표적인 용어로 사용되고 있다. 교착어(膠着語)인 일본어(日本語)에서 이 굴절형(屈折形)의 틀을 도입하여 활용형(活用形)이란 용어를 채택하게 되었다. 엄정하게 말하여 '동사의 활용' '형용사의 활용' 또는 '서술어의 활용'이라 표현해야만 한다. 어미변화(語尾變化) 자체를 활용(活用)이라 규정할 수 없는 이유를 일상용어(日常用語) '活用'에서 찾아볼 수 있다. 일상용어 '활용'의 의미가 '변통하여 쓰기' 실용적으로 사용함이다. '활용'의 개념은 기능성(機能性)을 말하고, '어미변화[끝바꿈]'는 형태성(形態性)을 뜻하는 것이다.

『우리말본』은 '어미변화=활용'으로 보았다. 이 기술은 「활용(活用)이 있는 말이 용언이다」를 전제로 하여 어미에 독자적인 기능을 준 해설이다. 지엽적인 속성에서 잘못 추리(推理)한 것이다. 「동사・형용사에는 활용이 있다」로 접근해야 '동사의 활용, 동사의 어미변화,

형용사의 활용, 형용사의 어미변화'라는 논리성이 확보될 수 있다. 어미변화 자체가 무슨 활용인가. 동사 · 형용사의 어미변화 체계가 바로 활용이며, 이 갈마들기를 통하여 '변통하여 쓰임'의 뜻인 활용으로 이어지는 것이다.

[붙임] 1. 어미(ending)와 접미사(suffix) : '의에 죽고 참에 삶이 선비의 정신, 참에 살고 의에 죽음이 지사(志士)의 정신'의 '-음(-ㅁ)'은 어미요, '행복한 삶, 친구의 죽음'의 그것은 접미사로 칭하고 있다. '어미'라는 용어를 쓰지 않는 이는 앞엣것을 활용 접미사(inflectional suffix)라 하고 뒤엣것을 파생 접미사(derivational suffix)라 하기도 한다. 품사의 변동이 없을 경우와 품사를 달리하는 경우에 변별적으로 사용하는 말이라 할 수 있다.

2. 15세기어(世紀語)의 첨용(添用;曲用; declension) 및 활용(活用; conjugation) 형(形) 일람(一覽) 〈南廣祐 編, 『古語辭典』 부록 Ⅱ〉

문 9. 어형변화란 무엇인가.

답 단어를 불변어(不變語)와 가변어(可變語)로 구별하는 경우가 있다. '하늘, 땅, 사람'과 같은 단어는 그 단어의 모습이 일정(一定)하여 고정도어 있다. 이와 달리 '믿다[信]'와 같은 단어는 '믿는, 믿게, 믿음 ; 믿는다, 믿고, 믿으니' 따위로 '기쁘다'는 '기쁜, 기쁘게, 기쁨; 기쁘다, 기쁘고, 기쁘니' 따위로 단어의 형태가 변한다. 이러한 어형변화의 체계를 문법에서 활용(活用)이라 한다. 활용이 있는 단어들을 활용어(活用語)라 일컫고 있는데 이것은 활용론(活用論)을 전제로 해서 성립되는 이론(理論)이다. 주시경 문법에 따른다면 실사(實辭)인 '믿-'이나 '기쁘-'가 하나의 단어이기 때문에 활용의 범주(category)로 볼 수 없고, 어미는 조사(助辭)와 같이 첨가사(添加辭.

附加辭)로 보게 된다. 어미변화(語尾變化)의 체계가 단순한 굴절어(inflecting language)의 활용 이론을 교착어(agglutinating language)에 도입한 잔본은 일본문법(日本文法)에 있다.

굴절어에서는 단어의 실질적 의미부(意味部)인 어간과 문법적 의미를 보이는 어미의 분리(分離)가 불가능하다. 굴절어는 단어 그 차체가 문법적 기능을 수행하는 언어(言語)이다. 그런데 교착어는 실사(實辭)에 허사(虛辭. 토)가 첨가(添加)되어 비로소 문법적 기능을 하게 되는 언어이다. 활용의 체계도 세우지 못하고 있는 것이 오늘의 현실이다. 어미와 접미사도 분간치 못하고 있는 것이 바로 그 예시다.

문 10. 활용에 의한 변형의 영어 표현은 무엇인가.

답 형태론적 변형인 명사형은 'nominalized form', 관형형은 'determinative form', 부사형은 'adverbial form'으로, 문장 어미(sentential ending)인 경우 연합문(連合文)의 연결 어미는 'non-final ending', 종결 어미는 'final ending'으로 옮기면 될 것으로 본다.

〖붙임〗 근원이 같은 '-음(-ㅁ)・-기'가 전성명사(轉成名詞) 되게 할 경우엔 'nominalized suffix'라 하고, 명사형일 경우엔 'nominalized ending'으로 부르고 있다. 명사형들이 경쟁하듯이 명사화(名詞化) 되고 있는 추세이다.

문 11. 활용론(活用論) 도입의 공과(功過)는 무엇인가.

답 학문(新學問)이란 구학문(舊學問)에 대립되는 말로 서양문화의 기반 아래 성형된 학문을 의미한다. 우리나라가 쇄국(鎖國)에서 벗어나 문호를 개방함으로써 서양과 접촉하게 되었는데 어느 분야를 가릴 것 없이 거의 다 이웃 일본을 거쳐 간접적으로 수용하게 된 것은 두 말 할 것 없는 사실이다. 그런데 우리 민족으로 하여금 일본 일변도로 흐르게 된 근본 원인은 1910년 합방(合邦)이라는 이름 아래 우리나라가 일본에 병합(倂合)된 때문이다. 선진문화를 받아들이기에 가장 쉬운 길이 가까운 일본으로 유학 가는 것이었다. 우리나라 모든 분야의 학문 개발이 다 그러했다 하여도 지나친 말이 아니다. 일본 통치 아래서 외국 나들이를 하지 않은 인사로 이름 있는 국어학자가 있는가. 경성제대(京城帝大)에서 우리말을 전공한 분들을 빼고 나면 거의 없을 것이다. 우리말 연구의 학자로 최현배(京都帝大, 教育), 김윤경(立教大, 史學), 정렬모(早稻田大, 國漢文) 선생을 들 수 있는데 이분들은 다 비전공(非專攻)인데도 국어 문법으로 이름난 교수들이다. 민족과 민족어를 사랑하는 애국심의 발로(發露)로 우리말을 연구하게 된 것이다. 조선어학회 수난으로 고통을 겪은 분들의 길과 다를 바 없다. 신학문과 접촉하여 그 학리(學理)를 우리 말글에 접목한 지사 학자(志士學者)였다 할 것이다.

1) 우리나라의 문법서

20세기 전반에 50 종에 이르는 책이 출판되었는데 대표적인 것으로 두 책을 꼽는다면 주시경의 '국어문법'(國語文法, 1910)과 최현배의 『우리말본』(1937)을 들 수 있을 것 같다. 앞의 책은 단어의 기준을 형태소(morpheme)에 두었으며, 오늘날처럼 최소 자립 형식(minimal free form)으로 보지 않았다. 주시경 문법은 뒷날 분석적 체계에 따른 대표적 문법서로 꼽히고 있는 저서이다.

최현배의 『우리말본』은 학술적 무게를 지닌 우리나라 최초의 문법서로 대표되는 저서이다. 그의 문법학의 학통은 일본의 야마다 문법에 있다.

2) 『우리말본』의 품사관(品詞觀)

단어를 어의(語義)나 어형(語形)에 앞서 문법상의 기능을 우선으로 보고 어류(語類)를 분류하였다. 품사분류의 틀을 견주어 본다.

우리말본	아마다 문법
詞→觀念詞→主要詞→体言[임자씨]→名　詞 代名詞 數　詞 用言[풀이씨]→動　詞 形容詞 指定詞	語→觀念語→自用語→概念語-体言 陳述語-用言

체언의 하위개념(下位概念)으로 명사·대명사를, 용언의 하위개념으로 동사·형용사를 보고 있다. 이러한 체계가 「동사·형용사·지정사는 언제나 서술어[풀이말]가 되는 품사이다」로 구속시키게 된 것이다. 활용이 있는 단어가 용언(用言)이라는 주장과는 달리, 용언의 본질(本質)을 서술하는 기능(機能)에 두고 있는 것이다. 이리하여 활용을 서술 기능의 변화로 보게 되고, 드디어 허웅 교수의 '어미의 이중 기능(二重機能)' 주장까지 몰고 오게 된 것이다. 허웅 교수의 주장에 따른다면 동사·형용사로서의 활용은 없고, 용언으로서의 활용만 있다는 결론에 다다르게 된다 할 것이다. 이러한 오류는 ① 품사 분류 기준 잡기의 잘못, ② 활용 체계(活用体系)의 미비(未備)에서 온 것으로 보아야 한다.

가) 단어와 문장은 각각 언어형식이다. 비유컨대 지구가 자전(自轉)하면서 태양을 중심으로 공전(公轉)하는 존재임과 같다. 언어습득의 과정을 통해 보면 단어 습득에서 단어 연상(word association)으로 이어진다. 품사란 단어를 문장 구조의 바탕에서 단어를 유별화

(類別化)한 것이다.

나) 논리학에서 개념론(槪念論)이 먼저이고 판단론(判斷論)이 나중이다. 곧 개념이 먼저이고 명제(命題)는 개념의 결합으로 성립되는 것으로 본다. 비유컨대 나무가 먼저이고 숲이 나중인 것으로 본 것이다. 문법학은 언어 논리학이라 이를 수 있다.

다) 품사를 개념의 결합체인 문장 구조를 통하여 같은 기능(機能)을 맡는 단어의 무리로 보았다. 이러한 견해는 문장 구조(sentence structure)가 단어 구조(word structure)보다 앞서 있다는 것을 전제로 한 것이다. 명사, 동사, 형용사, 등의 이름[名稱]은 개념에 따른 것이다.

라) 동사·형용사의 활용에는 단어로서의 활용과 서술어로서의 활용이 따로 있다. 관형형(冠形形), 부사형, 명사형은 단어 급(level)의 어미변화(語尾變化)이고, 문장의 종결형(終結形)은 서법(敍法)에 따른 문장 급의 어미변화이다. 이 둘을 혼동하고 있는 것이다. '비가 오는 날' 의 '-는'은 주술 관계(主述關係)를 단어화(單語化)시켜, 주요어(headword)인 '날'의 꾸밈말(modifier)이 되게 한 것이다. 이 구성을 '문장 구조+명사'로 보아서는 안 된다.

마) 주시경 문법에서는 「활용」이란 말[用語]을 사용할 수가 없다. '먹(食)- 크(大)-'가 동사, 형용사로, 오늘의 동사·형용사에서 어미가 제외된 것이기 때문이다.

바) 주시경 문법은 첨가어(添加語)의 특성에 따른 문법 구조를 선택하였다.

명사[임]나 동사[움] 형용사[엇]의 개념(concept)을 실질형태소(full morpheme)에 두었다. 이에 따르면 명사나 동사·형용사는 단어의 의미적 부류(意味的分類)에 의한 한 갈래일 뿐, 어떤 문법적 단위의 언어형식이 못 된다. 곧 그대로로는 주어도 서술어도 될 수 없는 단순한 단어이라는 것이다. 이들이 문장에 참여하려면 조사(助辭)나 어미(語尾) 또는 종지사(終止辭)를 취해야 한다고 본 것이다. (조사나 어미, 종지사 등은 옛적에 「토」라 이르던 것이다.)

교착어(膠着語)의 특징이 실질적 의미를 나타내는 실사(實辭)에 문법적 기능을 하는 의존형태소(依存形態素)가 달라붙어 구조화(構造化)되는 언어라는 것이다. 문장 성분의 구성이 실질적인 의미부(意味部)와 문법적 관계를 보이는 형식부(形式部)로 짜이게 된다.

(1) 얕은 내도 깊게 건너라

주시경 문법에서는 우리말의 이러한 교착성(膠着性)에 기초하여 품사를 실사 계통(實辭系統)과 허사 계통(虛辭系統)으로 나누어 처리하였다. 자립형식(自立形式)이니 의존형식(依存形式)이니 하는 것에 얽매이지 않았다. 주시경 문법의 허점(虛點)은 활용론에서 말하는 명사형, 부사형, 관형사형의 어미[詞形 語尾]를 놓친 점이다. 곧 '어떠하다, 크다'는 두 개의 품사인데 '어떠한 어떠하게'는 하나의 품사로 본 것이다.

[붙임] 주시경 연구(김민수, 탑출판사, 1977)

주시경의 품사 분류는 9 품사이다

1. 명사[임] : 이름으로 칭하는 종류의 말. naming word이다.
2. 형용사[엇] : 오늘날의 '형용사'의 어간(語幹)
3. 동사[움] : 오늘날의 '동사의 어간(語幹)
4. 조사[겻] : 오늘날의 격조사(格助詞)
5. 접속사[잇] : 접속조사(接續助詞)와 연결어미(連結語尾)
6. 관형사[언] : 관형사와 형용사 · 동사의 관형형
7. 부사[억] : 부사와 '어떠하게'형(形)

8. 감탄사[놀] : 감탄사

9. 종지사[끝] : '이다'와 종결어미

품사의 배열 순서에서 형용사를 동사보다 앞세웠다. 영문법(英文法)에서 형용사에 이어 동사를 세운 바와 같다. 영어의 형용사 용법이 첫째 번이 수식 용법이고, 둘째 번이 서술 용법이다. 서술 용법이 되기 위해서는 be를 동반해야 한다. 이에 근거하여 형용사와 동사의 서술형을 두 요소 곧 형용사 어간 + 종지사(동사 어간 + 종지사)로 처리한 것으로 추리된다.

이러한 허점과 단어는 자립형식(自立形式)이라는 논리에 따라 '어간 + 어미' 단어관(單語觀)이 확립되었다. 그리하여 어형변화가 어종(語種)의 단어를 용언이라 하게 되었고, 이 어종의 단어는 조건없이 '풀이말이 되는 것이라 하여 「풀이씨」라 칭하게 된 것이다. 동사 · 형용사의 기본형을 서술 기본형으로 잘못 받아들인 것이다. 만일 옥편의 자훈(字訓)으로 잡았다면 용언의 주기능(主機能)이 서술어에 있다고 하지 못했을 것이다.

『우리말본』은 서양 문법의 영향을 받은 바 있다. 동사 형용사의 활용론을 세우고 첨사(添辭)인 보조어간(補助語幹)을 세움으로써 문법 기술을 간결하게 한 공이 크다. 그러나 활용의 세부 체계(細部体系)를 바르게 잡지 못한 데서 혼란이 일어난 것이다.

마땅히 주시경 선생의 '언, 억'을 거울삼아 단어적 어미 활용과 문장적 어미 활용을 따로 잡아 활용의 기반(基盤)을 달리했어야 하는 것인데, 모든 활용어미에 서술력(敍述力)이 있는 것으로 기술함으로써 문법상의 혼란을 초래하게 된 것이다. 일부의 사람들은 『우리말본』의 선을 넘어 '부사형'을 죽여 버렸다. 『우리말본』을 처음에서 끝까지 정독하지 않은 탓인지 모른다. 학리(學理)를 구명(究明)하는데 성역(聖域)이 있어선 안 된다.

2.3. 활용어의 기본형(基本形, basic form)

문 13. 활용어의 기본형(基本形, basic form)이란 무엇인가.

답 활용어[=用言(declinable word)]은 어미변화(語尾變化)가 있는 말을 의미하는데, 그 가운데 기본(基本)으로 삼은 형태를 말한다. 이 기본형은 단어를 대표하는 형태일 뿐, 어떤 기능(機能)도 주어져 있지 않다. 이 기본형이 서술형이 아니란 사실은 단어의 풀이를 통해서 확실히 확인할 수 있다.

『우리말본』이 '풀이씨의 모든 변화의 밑몸[基体]이 되며, 또 그 모든 변형의 대표형이 되는 것'이라 하여, 그래서 사전(辭典)에 이 대표형(代表形)만 올리는 것이라 한 바 있다. '풀이씨의 모든 변화의 밑몸'에 대한 해석이 '활용어의 모든 변화의 밑몸'으로 보지 않고, '서술어의 모든 변화의 밑몸'으로 확대해석(擴大解釋)한 데서 큰 혼란이 일어나게 된 것이다.

『우리말본』「씨의 몸바꿈(品詞의 轉成, 轉身)」에서 '풀이씨의 일반적, 규칙적 끝바꿈꼴에서의 몸바꿈'의 보기로 '놀음, 웃음, 잠'을 들어 활용형인 명사형이 그대로 명사(名詞)로 전신(轉身)한 것이라 규정한 바 있다. 나머지에 대해서는 말할 필요가 없다. 여기서 주목할 바는 '모든 변화'의 범주 안에 <u>단어로서의 변화</u>가 있다는 것을 보여 준 사실이다. 이에 따른다면 용언의 활용이 서술사(敍述詞=풀이씨)로서의 활용이 아니라, 활용어(活用語=어미변화가 있는 단어)의 활용을 말한 것임을 확인할 수 있다. 총독부의 '조선어사전(朝鮮語辭典)', 문세영의 '조선어사전(朝鮮語辭典)'에서 출발하여 끊임없이 늘어나는 명사형 활용형의 명사화(명사화(名詞化)를 무엇으로 설명할 것인가.

기본형은 추상형(抽象形)이라 거듭거듭 말한 바 있다. 단어 '덩달다, 덮어놓다'가 기본형으로 사전에 올라 있다. 「덩달다」동는 아예 쓰이지 않는다. 오직 '덩달아(서)'형으로만 쓰일 뿐이다. '덮어놓다'[동]와 '덮어놓고'[부]는 의미자질이 다르다. '덩달아, 덮어놓고'의 용례에서 부사형(副詞形)의 실체(實体)를 확인하고도 남는다.

[붙임] 1. 동사의 기본형은 '노래를 하다(가) 춤을 추었다'와 같이 쓰이는 경우 이외에는 없다. 일기장에서 과거형으로 기본형을 쓴 예를 볼 수 있는데 이는 글말에서의 표현이다.

2. basic form: An abstract unit set up in order to account for the relationship of a range of morphological or syntactic forms; for example, take can be seen as the basic form from which such forms as took, takes, and taken are derived. (국제 언어학 백과사전 4.)

3. 기본형이 서술 기능을 지닌 형태라 가정하더라도 이에 갈음하게 되는 어미와 더불어 이중 기능을 한다는 논리는 성립될 수 없다. 형태소가 다른데 어찌 이중 기능이 성립될 수 있겠는가. 『우리말본』을 오독(誤讀)한 결과이다.

4. '자다[寢]'의 활용형 '잠'에는 (1)전성명사(轉成名詞)인 '잠'과 (2) 종결어미로 '오늘 일찍 잠.'의 두 용법이 있다. 앞엣것은 단어적 활용형이요 뒤엣것은 문장적 활용형이다.

문법적 처리에서 앞의 '-ㅁ'은 접미사로 다루고, 뒤의 '-ㅁ'은 어미로 다룬다. 품사를 달리한 '-ㅁ'은 첨사(添辭)로 보고, 활용형의 '-ㅁ'은 단어의 구성요소(構成要素)로 본다. 이 둘은 근원적으로 같은 것이다. '참으로, 거짓으로'에서 앞의 '-으로'를 접미사로, 뒤의 '-으로'를 조사로 보는 그것과 똑같은 처리 방식이다. '진실(眞實)로'와 '허위(虛僞)로'의 '-로'가 다르다는 것이다. 말에서 문법을 얻는 것이지 문법에서 말을 얻는 게 아니다.

문 14. 동사 · 형용사의 기본형 설정 배경은 무엇인가.

답 기본형(基本形, basic form)은 사전에 실려 있는 꼴을 이르는 말이다. 활용어(活用語, inflective word)의 기본이 되는 어형(語形)으로 잡은 추상형(abstract form)이다. 참고로 영어의 동사 원형(原形, root form)을 되새겨 볼 필요가 있다.

「원형이란 사전에 있는 그대로의 형태로서, 옷 마르는 천과 같으니, 마르는 대로 저고리도 되고 바지도 된다. 즉 부정사(不定詞)이다.」〈박술음(朴術音), 『학습영문법(學習英文法)』, 을유문화사, 1981〉

「한정법(finite mood)은 동사를 술어(述語)로 사용할 때의 서법이고, 부정법(infinite mood)은 명사, 형용사('명사를 꾸미는 말'의 뜻임), 부사의 직분으로 사용할 때의….」〈최재서(崔載瑞), 『종합영문법(綜合英文法)』〉

다음 (1)과 (2)는 사전상의 풀이로 이는 (3)과 (4)에서 확인할 수 있듯이 단어의 뜻풀이에 불과하다.

(1) 가다[동] : 한 곳에서 다른 곳으로 장소를 이동하다. 『표준국어대사전』

(2) go vi. : move from one place to another.(新進, 『英英韓辭典』, 1974)

(3) 가다 : ('가다'는) 한 곳에서 다른 곳으로 이동함(을 의미한다.)

(4) go : ('go' means) to move one place to another.

그런데 『우리말본』에 얽매인 분들이 이 기본형을 두고 종지형[敍述形]으로 잘못 이해하고 있는 것이다. 그리하여 모든 활용형은 서술형을 기반으로 변형이란 전제 아래 '두 기능법의 씨끝'이란 주장을 펴게 된 것이다. 이 주장이 규범문법에 적용되고 있다.

『붙임』 어휘적 어미(語彙的 語尾), 통어적 어미(統語的 語尾)

문 15. 기본형 어미 '-다'와 서술형 어미 '-다'의 자질(資質)은 어떻게 다르가.

답 기본형의 '-다'는 단어의 어미이며, 서술형의 '-는다 · -다'는 문장의 어미이다. 'word ending'과 'sentential ending'은 기능면에서 판연히 다른 것이다. 어느 사전에도 '읽다동'의 풀이에 '문장으로 끝맺게 하는 어미'라는 주석은 없다.

문 16. 용언의 활용과 동사 · 형용사의 활용은 같은 개념인가.

답 문법 해석에 따라 다르다. '동사 · 형용사=용언(풀이씨)'으로 보는 이는 동의개념(同義概念)으로 볼 것이다. 실제로 한글학회 측은 동사 · 형용사의 활용을 '풀이씨의 끝바꿈(用言의 活用)'이라 하고 어떤 경우나 '풀이하는(서술하는) 노릇을 버릴 수 없는 것으로 보고 있다.

'풀이씨의 끝바꿈'을 달리 표현하면 '설명사(說明詞)의 활용(活用)'이 되는데 이러한 활용체계는 존재하지 아니한다. 문제는 동사 · 형용사가 서술적 기능 이외에 단어적 존재로서 다른 어류(語類)로 변통(變通)되기 위한 단어적 활용(單語的活用)이 있다는 사실이다. 이런 현상은 명사가 이런 저런 조사를 취함으로써 그 기능을 달리하는 것처럼, 동사나 형용사도 어미를 달리함으로써 관형사적으로 부사적으로 명사적으로 쓰이는 것이다. 그럴 때 '○○'으로 바뀌어 쓰이게 되는 꼴이라 하여 '○○형'이라 이름하는 것이다.

야마다 문법이나 『우리말본』은 용언을 동사 · 형용사의 상위개념(上位概念)으로 보았다. 구문론(構文論)을 배경으로 한 이 체언-용언이 뒷날에 와서 오언(五言= 体言, 用言, 修飾言, 獨立言, 關係言)으로 비약하였다. 편수 자료에서는 언(言)을 일괄한(一括, 하나로 묶은) 명칭으로 보았다. 여기서 확인해야 할 것이 언(言)과 사(詞)가 상위개념(上位概念)-하위개념(下位概念)의 관계냐 동위개념(同位概念)이냐 하는 것이다. 고등학교 문법에서 보이는 '용언 : 동사 · 형용사'의 표현 콜론(:)은 '즉'의 뜻으로 받아들이게 된다.

'용언의 활용, 동사의 활용, 형용사의 활용'이란 표현을 자유스럽게 하고 있는데 이에 대한 검토가 필요하다. '용언의 활용과 동사의 활용', '용언의 활용과 형용사의 활용'을 같은 것으로 볼 수 없다는 것이다.

(1) 꽃이 핀다. 꽃이 붉다.
(2) 꽃이 피느냐. 꽃이 붉으냐.
(3) 꽃이 피는구나. 꽃이 붉구나.
…… ……

위의 (1)-(3)에 든 활용은 용언의 활용(=풀이씨의 끝바꿈)으로 보게 된다. 그러나 아래에서 보이는 활용형은 동사나 형용사 본연의 품사적 활용(品詞的 活用)이다.

(4) 넘어지게 된 집을 어떻게 바로잡겠소? (어찌꼴)
(5) 노래하는 동무, 간 사람, 올 사람 (매김꼴)
(6) 일하기를 좋아하는 국민은 일어난다. (이름꼴)
(7) 백화(百花)가 찬란하게 피었다.
(8) 푸른 것이 버들이요, 누른 것이 꾀꼬리라.
(9) 사람은 젊을 적에 부지런히 일하여야 한다.
(10) 부모의 은혜는 높기가 하늘과 같고, 깊기가 바다와 같다.
(11) 말하기, 듣기, 쓰기, 읽기 …

활용을 하나의 기반(基盤)에서 다루는 일은 잘못이다. '마침법의 끝바꿈'과 '감목법의 끝바꿈'을 혼돈해서는 안 된다는 것이다. 이 혼돈의 결과가 『옛말본』에서 보인 '두 가지 기능의 씨끝'으로 번지게 된 것이다.

(12) 꽃이 피는 봄이 좋다.

(12) 문장에서 어미 '-는'이 두 기능을 한다고 우긴다. 이 짜임은 '꽃이 피-'에서 주술 구성(主述 構成)이 이루어지고, 이 주술 구성이 관형형 어미 '-는'을 취하여 '꽃이 피는'이라는 덩이의 관형절을 이루게 된다. 그래서 위 문장의 틀은 '<u>꽃이 피는 봄이 좋다.</u>'로 귀착된다. 모든 동사·형용사가 그렇듯이 그 단어 구성(單語構成)이 이원적(二元的)인 것은 그 단어의 기능을 변통성 있게 운용하기 위해서이다. 문법사전에 하나의 형태소(形態素)가 두 기능을 한다는 풀이는 없다. 개념어(概念語) '동사·형용사'의 독자적 세계를 부인하고, 주어와 공기관계(共起關係)에 있는 틀에서 '동사·형용사'를 대하는 편견에서 벗어나야 우리 문법이 바른길로 가게 된다고 보는 터이다.

눈뫼 허웅이 '씨끝[語尾]'를 가름하여 '두 기능법의 씨끝, 한 기능법의 씨끝'으로 본 독단론(獨斷論)이 학교문법에까지 스며들어 '너른 들[廣野]'이 '(들이) 너른 들'로, '가는 가람[行人]'이 '(사람이) 가는 사람'으로 언어구조를 재단하는 지경에까지 이르게 되었다. 학구(學究)의 부정(不精)이 얼마나 큰 오류(誤謬)를 초래했고 우리말을 얼룩지게 하였는가. 학자의 가는 길이 '눈 내린 들판에 남기는 발자국'처럼 신중해야 한다는 것을 느끼게 한다.

[붙임] 『우리말본』, 1980, pp289~290에서 그대로 인용함.

「… 감목법의 여러 가지 꼴은 그 움직씨가 풀이가 되는 동시에 그 맘목을 바꾸어서 , 혹은 어찌씨, 혹은 매김씨, 혹은 이름씨 같이 쓰임을 말하였거니와 : 이는 그 원칙을 말함이요, 다른 경우에는 그 움직씨가 임자말의 풀이되는 형식을 밟지 아니하고, 바로 그 감목을 바꾸어서 쓰이는 일이 있느니라. …」

문 17. 형용사의 경우 기본형이 바로 서술형 아닌가.

답 '하늘이 높다.'에서 서술어인 '높다.'는 사전의 형용사 '높다'는 겉보기로는 같다. 그러나 의미 자질(意味資質)이 같지 않다. 다음 (1)과 (2)를 살펴보면 이를 확인할 수 있다.

(1) (보기) 높다[형] 아래에서 위까지의 길이가 길다. 높은 산
(2) (하늘이) 높다. 【서술】 높은 상태인 것으로 여긴다.

사전적 의미(辭典的意味)는 개념 중심의 낱말 뜻풀이이며, 서술적 의미(敍述的 意味)는 사전적 의미에 판단적 의미(判斷的 意味)가 보태어진 것이다. 활용어의 기본형(基本形)은 추상형(abstract form)으로 보는 것이 공통된 문법 해석이다. 영어 동사의 기본형과 현재형은 같은 꼴을 지니지만 기본형은 추상형으로 현재형은 구체형(具体形)으로 구분 짓는다.

문 18. 동사 「말미암다」는 '말미암는다'는 쓰이지 않은데 기본형으로 세운 이유는 무엇인가.

답 동사 「말미암다」는 '-으로 말미암아' 또는 '-으로 말미암은' 형으로 쓰이고 '말미암는다'는 쓰이지 않는데 기본형으로 세운 이유는 무엇일까. 기본형(基本形)이란 활용형(活用形)이 있는 말의 으뜸꼴로 세운 추상형(抽象形)으로 실제로 어떤 기능을 지니고 있지

는 않다. 형용사는 기본형과 현재형이 같은 형태이지만, 동사의 경우는 기본형과 현재형이 다르다. 시공(時空)을 벗어난 동작은 존재할 수 없기 때문이다. '일곱 시에 비가 내리다'와 같은 표현은 '일곱 시에 비가 내렸다'는 표현으로 시제 표현이 없는 것이 아니다. 글말에서는 사용되지만 입말에서는 사용되지 않는다. 기본형의 끝자리 형태소를 '-다'로 설정한 것은 종결어미 '-다'가 불특정 다수인을 대상으로 한 서술형식이기 때문이다.

『붙임』 '가로다, 다그다, 덩달다, 말미암다, …' 따위를 활용의 기반으로 잡은 것은 잘못된 추리에 의한 것이다. 예컨대 '말미암다'를 기본형으로 처리된 이 단어의 용법은 '말미암은, 말미암아, 말미암음'의 세 형태로 관형사형(冠形詞形), 부사형(副詞形), 명사형(名詞形) 뿐이다. 이들은 서술성이 없는 분사형(分詞形)의 어미로 처리하여 조사(助詞)처럼 분립(分立)시켜 사전에 올려야 할 어휘들이라 본다.

문 19. 「관(關)하다, 대(對)하다, 의(依)하다, 위(爲)하다, 인(因)하다, 통(通)하다…」 따위는 왜 사전에 실려 있지 않은가.

답 국정의 '표준국어대사전(1999)'에는 이런 말들이 기본형(基本形)도 활용형(活用形)도 등재(登載)되어 있지 아니하다. 그 이유는 한자(漢字)를 어기(語基)로 한 혼종어(混種語)로 본 데 있지 않았을까 하는 측면이 있다. 형용사 '족(足)하다'도 이 부류에 속하는 단어이다. 그러나 어휘 사용의 현장에서 보면 '무엇에 대하여, 무엇에 대한, 무엇에 관하여, 무엇에 관한'들이 널리 사용되고 있다.

『붙임』 1. '노크-하다, 키스-하다'가 올림말이 된 것과 대조적이라 할 것이다.

2. 링컨의 게티즈버그 연설의 마지막 구절 속의 'government of the people, by the people, for the people'은 세계적으로 널리 회자(膾炙)되고 있는 명구(名句)로 우리는 '국민의, 국민에 의한, 국민을 위한 정부'로 번역하고 있다. 영어로는 전치사구(前置詞句, prepositional phrase=modifying phrase)이다. 우리 문법 연구에서 선행하는 체언에 연결되어 나타나는 '안에, 밖으로, 말고, 없이' 등 반자립 형식(semi -free form)의 부속어(付屬語)의 명칭을 후치사(後置詞)로 적당하다 한 바 있다.(『國語學槪論』, 語文學硏究會, 首都出版社, 1975. pp.121~122)
3. 북한의 사전에는 '관(關)하다, 대(對)하다'가 실려 있고, '덩달아 [부]'는 부사다.

[문] 20. '관(關)하다'[동]를 기본형으로 세울 필요가 있는가.

[답] '-에 관한, -에 관하여'의 꼴로만 나타나기 때문에 '관하다'로 기본형을 세울 이유가 없다. '하다' 앞에 놓여 혼종어(混種語)를 이루는 외자 한자(漢字)가 수없이 많다.

'可, 加, 除, 免, 任, 臨, 補, 期, 責, 通, 過, 薄, 定, 正, 緊, 甚, 極, 當, 對, 論, 反, 隔, 爲…'

[붙임] '불구(不拘)하고'처럼 단일형으로만 쓰이는 꼴의 용언에 기본형(基本形)을 설정할 필요가 없다. '가로되 · 가라사대'를 올리고 '가로다'는 폐기하는 게 마땅하다. '다그다'도 '다가-'로 올려 복합형 선행동사(先行動詞)로 처리함이 마땅하다.

문 21. 기본형 「가로다」와 동사 「가라사대」의 사전 등재 기준은?

답 용언의 기본형을 '하다' 형에 맞추어 표시하는 원칙 때문이다. 기본형이 추상형(抽象形, abstract form)이기 때문에 그리 세울 수는 있다. 그러나 사전이 '가라사대'는 싣고 '가로되'를 싣지 않은 것은 원칙이 없는 처리이다. '왈(曰)'을 고유어로 나타낸 말인데 직접인용(直接引用)에 사용되며, 활용어라 볼 수도 없다. 영어에서는 'said'로 번역되고 있다.

【붙임】 '덩달아, 번갈아, 적어도, 번질나게, 덮어놓고, 하고한…' 등은 활용어에서 벗어난 전성어(轉成語)로 처리되어야 할 단어들이다.

문 22. 「귀먹다, 눈멀다」의 서술형(敍述形)은?

답 사전에는 둘 다 동사로 처리하고, 주로 관형형 용례를 보이고 있다. 서술형인 경우는 기본형을 그대로 쓰인 꼴로 보이고 있다. '듣기가 어렵게 되다, 사물을 보지 못하게 되다'의 경우 '자네 귀먹었구나, 당신 눈멀었어요.'로 표현한다. 이 경우 '-었-'은 과거 시제의 {-었-}이 아니다. '귀 먹어 있구나, 눈 멀어 있어요'의 축약(縮約)으로 해석된다. 동사의 기본형은 현재형으로 쓰이지 않는다.

2.4. 어미의 개념

문 23. 어간 · 어미의 개념은 무엇인가.

답 동사 · 형용사의 기본형 '읽다 · 맑다'의 단어 변형에 있어 변치 않는 부분이 어간이고, 변하는 부분이 어미이다. 그러므로 활용어(活用語)를 떠나서 어간 · 어미라는 용어는 사용하지 않는다.

동사 · 형용사의 어미(語尾)는 단어 어미(word ending)이며, 서술어미(敍述語尾)는 문장 어미(sentential ending)이다. 문장을 마무리하는 어미가 종결 어미이다. 흔히들 동사 · 형용사의 추상형(抽象形)으로 내건 기본형(基本形)과 서술형(敍述形)을 혼동하고 있다. 기본형은 그 단어의 기본 형태를 내보이는 대표 어형(代表 語形)일 뿐, 아무런 기능도 주어져 있지 않다. '있다'와 '있다.'를 혼동해서는 안 된다.

『붙임』 1. 주시경 문법에서 오늘의 동사 · 형용사의 실사(實辭)만을 「움」, 「엇」으로, 종결 어미를 「끗」으로 본 분석 방법에 주목할 이유가 충분히 있다. 아울러 일본의 도끼에다 문법(時枝文法)를 검토해 볼 필요가 있다. 이 두 분은 서술어의 어미가 주술 관계(主述關係)를 통합하여 문장화(文章化)하는 것으로 보고 있다. 코멘트하기 조심스러운 일이지만 일본의 문법학자 도끼에다의 입자형구조(入子型構造)의 이론이 주시경 문법(周時經文法)의 영향으로 이루어진 것이 아니었을까 하는 추리이다. 일본 문법에는 일찍이 없었던 새 이론을 제시함 점과 그가 경성대학(京城大學)의 조선어 교수로 재직하였다는 사실에 기초하여 추측해 본 말이다.

2. 단어의 구성요소로 어근(語根), 어기(語基), 어간(語幹), 접사

(接頭辭·接中辭·接尾辭) 등이 있다. 『우리말본』에서 보조어간(補助語幹)에는 접사 성질의 것도 있고, 어미 성질의 것도 있다. 곧 '닫다→ 닫히다'처럼 새로운 단어를 마드는 요소도 있다. 반면에 시간 보조어간(時間補助語幹)처럼 새말 마들기와는 관계없는 것들도 있다.

잡다→ 잡히다, 잡히었다 (catch → is caught → was caught)

잡다→ 잡는다, 잡았다 (catch → catch → caught)

우리말의 '잡히다'는 하나의 버젓한 단어이다. 영어에선 '잡히다'의 뜻을 지닌 단어가 없어 두 단어를 아울러 피동태(passive voice)로 나타낸다.

3. 보조어간(補助語幹)이란 용어는 적절치 않다. 사동·피동 보조어간은 접중사(infix)이다. 굳이 '보조'를 넣어 이름 붙인다면 보조어근(補助語根)이라 해야 할 것이다.

   과거시제(過去時制)의 '-었-·-았-' 등을 선어말어미(先語末語尾)라 하여 어미의 울안에 가두는 것 또한 모순이다. 앞에서 언급했듯이 어미는 (1) 활용체계 속에 있는 형식형태소로서 기본형 '-다'에 갈마드는 요소로 제한하는 것이 타당하다.

4. 활용의 기반은 활용어미를 제외한 부분에 있다.

   읽다→ 읽는다, 읽으며 ; 읽는, 읽게, 읽음

   읽었다→ 읽었는가(종결), 읽었으며(연결), 읽었게(종결), 읽었음(종결)

   활용의 기체(基体)가 바로 어간(word stem)이다.

5. 시제의 형태소는 어휘형태소(語彙形態素)가 아니라 문장 구조를 통해 나타내는 통어상의 성질이라 본다. 영어의 동사 변화처럼 형태론적으로 다룰 수 없으며 통어론의 측면에서 다루어야 할 사항이다.

문 24. 어미(語尾)의 기능은 무엇인가.

답 동사 · 형용사의 변하는 부분이 어미라는 것이다. 이 어미의 갈마들기로 해서 이런저런 기능을 하게 되는 것이다. 예컨대 (1)-(3)에서 보듯이 형용사 「오래다」가 어미에 따라 여러 기능을 하고 있다.

(1) 만난 지 오래다.(서술형)

(2) 오랜 세월 함께 지냈다.(관형형)

(3) 오래도록 앉아 있어라. (부사형)

어미변화(語尾變化, ending change)란 어미를 '바꾸다, 변하다, 고치다, 교환하다'의 뜻이다. 'transform'이 '모양이나 성격 또는 기능을 일변(一變)시키다'의 뜻이다.

문 25. 조사 · 어미는 무슨 지표(指標, marker)인가.

답 쉽게 구조 지표(構造指標, structural marker)라고 하나, 같은 자질의 것이 아니다. 구조(structure)에는 단어 구조(word structure)도 있고, 문장 구조(sentence structure)도 있기 때문이다.

(1) 사람이 호랑이를 잡았다.

(2) 그는 비행사이다.

(3) 가을 하늘이 맑다.

(1)-(3)의 예에서 '-이, -를, -다'는 각각 주어, 목적어, 서술어가 되게

하는 기능을 수행하고 있다. 이런 것들은 단어의 자격(資格)을 바꾸는 것들이 아니므로 기능적 표지(機能的 標識, functional marker)로 보게 된다.

(4) <u>하늘의</u> 무지개, <u>맨손으로</u> 잡았다, <u>외국에</u> 갔다

(5) 기쁜(=기쁘ㄴ) 마음, <u>기쁘게</u> 생각한다

(6) 의에 죽고 참에 삶(=살ㅁ)이 우리의 정신

그러나 (4)-(6)에서 보인 조사나 어미는 단어적 표지이므로 형태적 표지(formal marker)라 할 것이다. 관형형 어미, 부사형 어미를 기능적 표지로 본다고 가정하면 관형어(구)니 부사어(구) 등의 용어를 쓰면 논리적 모순에 빠지게 될 것이다. 주시경 문법(周時經文法)과 도기에다[時枝]의 「입자형 구조(入子型 構造)」의 이론을 참고하면 더 분명하게 접근할 수 있을 것이다.

문 26. 단어성 어미(word ending)와 문장성 어미(sentential ending)의 차이는 무엇인가.

답 단어성 어미(單語性 語尾)란 그 단어를 융통성 있게 쓰이도록 어성(語性)을 다르게 하는 어형(語形)이며, 문장성 어미는 대우법(待遇法)이나 연결법, 종결법 등에 의한 구문론(構文論)에 상관되는 어미이다. 널리 사용되고 있는 '관형형, 부사형, 명사형 ; 종결형, 연결형, 존대형…' 따위의 '형(形)'은 활용형(活用形)의 '-형(形)'이며, 기본형(基本形)이란 그 단어를 대표하는 추상형(abstractive form)을 의미하는 것이다. 활용의 기반(基盤)이 단어일 수도 있고 구절(phrase)일 수도 있고 문장일 수도 있다. 활용어(inflecting word)를 몰아쳐서 「풀이씨」라 우기며, 모든 용언(=활용어)에 서술 기능이

있다는 주장은 억설(臆說)의 억설이다. '○○형'은 기능의 단위(單位)가 아니며 현태상의 분류이다. 다시 말하면 '관형사형, 부사형, 명사형'은 틀[frame]을 의미하는 것일 뿐, 관형사, 부사, 명사의 기능을 수행한다는 것이 아니다. 허웅이 그의 옛말본에서 '두 기능법의 씨끝'이란 표현을 사용했다. '씨끝'은 그 자체가 기능의 단위체(單位体)가 될 수 없을 뿐더러 자리매김의 형식형태소에 불과한 것이다. 국정 문법 교과서의 '부사형' 부정(否定)이 원인이 여기에서 시작되었다.

문 27. 『고등학교 문법』에서는 '용언의 활용' 아래 '어간·어미'를 규정하였는데 모순이 없는가.

답 '설명사(說明詞)의 활용(活用)'이란 말이 적절치 못하다고 한 바 있다. 그와 같이 '설명사의 어간', '설명사의 어미'란 말이 적절한가. '동사의 활용, 형용사의 활용'이 맞는 말이며 활용할 때 어의(語意)의 부분으로 변치 않는 부위를 어간(語幹), 기능부로서 변하는 부위를 어미(語尾)라 하는 것이다. 어미란 용어는 '단어의 말미(末尾)' 란 뜻으로도 쓰이고 '문장의 말미(末尾)'란 뜻으로도 쓰이기 때문에 사미(詞尾)와 문미(文尾)로 구분되어야 할 것이다.

문 28. 접속어미인가, 연결어미인가.

답 『우리말본』의 마침법[終止法]과 이음법[接續法]에 근거하여 종지법의 어미를 종결어미(終結語尾), 이음법의 어미를 접속어미(接續語尾)라 일렀으나, 근본적인 문제는 거기에 있지 않다. '접속(接續)'이란 말은 둘을 하나로 잇는 것이다. 곧 양자적 결합(兩者的結合)의 기능을 할 뿐이다. 예컨대 '너와 나', '걸어-가다, 타고-나다, …'와 같은 데서 '-와, -어, -고'와 같은 것은 두 단어를 하나로 이어

묶는 기능을 한다. 이런 기능의 조사를 접속조사(接續助詞)라 하고, 이런 어미를 접속어미(接續語尾)라 보면 된다. 이에 비해서 연결 어미는 단어 접속(單語接續)의 기능을 하는 어미가 아니다. 연결 어미의 바른 이름은 '서술 연결 어미'이다.

구체적인 예로 설명하면 아래의 예 (1)에서 '하면서'는 '서술+연결 기능'을 하고 있다. 이것을 둘로 나눠 보면 (2)로 되어 '하고 있다+ 그러면서→하면서'로 구조화된 것이다. 다시 부연하여 설명하면 (3)에서 ㉮의 '와서'의 '-아서'는 서술 연결형으로 ㉮-㉯를 잇고, ㉯의 '떨어지면'의 '떨어지-'는 주어 '잎들이'의 서술사(敍述辭)가 되면서 어미 '-면'은 ㉮, ㉯를 통합하여 ㉰에 연결하는 기능을 하게 된다는 것이다. 연결 서술 어미 사이의 포섭 관계(包攝關係)는 문맥에 의하여 좌우된다.

(1) 사람들이 이야기를 하면서, (사람들이) 일을 하고 있다.

(2) 사람들이 이야기를 하고 있다+그러면서 (사람들이) 일을 하고 있다.

(3) ㉮가을이 와서 ㉯잎들이 떨어지면 ㉰경치가 달라질 것이다.

2.5. 선어말어미

문 29. 선어말어미(先語末語尾)의 실체가 무엇인가

답 동사, 형용사는 구성요소(構成要素)로 어미를 필수적으로 동반한다는 전제 아래 활용론(活用論)이 채택된 것이다. 주시경 문법의 단어분류학(=기난갈)에 의하면 오늘날의 동사, 형용사의 어미 '-다'는 제외되어 있다. 첨가어(添加語)에 속하는 우리말의 조직이 실사(實辭)와 허사(虛辭)의 결합으로 이루어진다고 본 것이다. 「우

2) 보조어간(補助語幹)과 선어말어미(先語末語尾)

『우리말본』이 보조어간이란 이름으로 든 10 종류의 것을 활용과 결부시킨 데서 문제가 생겼다. "도움줄기 '-더-' 다음에 오는 씨끝"이란 기술이 말썽의 꼬투리가 된 것이다.

(1) 꽃이 붉더라. /그 신이 내게 크겠더라.

보조어간이나 선어말어미는 선택적인 사용법으로 보아야 한다. 선택적이란 필요조건(必要條件)에 따라 취사선택(取捨選擇)이 가능하다는 것이다. (2)에서 선어말어미를 삭거(削去)하면 어떤 꼴로 남게 되는가. '가겠는가'는 어찌되는가. '가겠는가'에서 선어말어미를 지우면 남는 것은 '가가'이 된다. '-는다, -더라' 등은 유착(癒着)된 어미이다. 이러한 분석은 고가연구(古歌硏究), 여요전주(麗謠箋注)의 분석법과 다른 바 없다.

(2) 꽃이 붉{더}라 / 그 신이 네게 크{겠}{더}라

어간과 어미는 형태상으로는 고정된 부분이냐 변화되는 부분이냐로 구별된 용어이기 때문에 논리상으로 '보조어간'이란 용어가 아무런 의미가 없는 용어이다.

보조어간을 영어로 표현하려면 'additive stem'이라 번역할 수밖에 없는데 어간을 본 어간과 보조어간으로 구별화하는 이유를 알 수 없다는 것이다. 『우리말본』이 '도움뿌리와 도움줄기와 씨끝은 다 뒷가지(接尾辭)이니라'(p.174)의 규정으로 이러한 혼란이 일어나게 된 것이다. 「도움뿌리」는 보조어근(補助語根)으로 오늘날의 접사(接辭)로 해석할 수 있어 긍정적으로 수용할 수 있지만 보조어간」이란 용어는 성립될 수 없는 말이다. 언어학적으로 어근(root)과 접사(affix), 어간

(stem)과 어미(ending)는 차원(次元)이 다른 계열의 용어이다. 앞엣것은 단어 구조론에서 단어의 핵심이 되는 의의소(意義素)인 어근(語根)과 단어의 덧붙이기 구성요소(構成要素)인 접사(接辭)에 관한 것이며, 뒤엣것은 활용론에서 단어의 불변부(不變部)인 어간(語幹)과 가변부(可變部)인 어미(語尾)에 대한 어형변화에 관한 것이다. 어간이 단어의 의미부(意味部)이긴 하지만 형태소론(形態素論)과는 관계없는 용어이라는 것이다. 용언의 어형변화는 어미변화(=끝바꿈)로 이루어진다. 실사(實辭)인 어간이 바뀔 수는 없고 형식부(形式部)인 어미가 바뀌질 수밖에 없는 것이다. 어미를 접미사의 범주에 넣을 수는 있겠지만, 새 단어를 만드는 어소(=單語構成要素)로는 보지 않는다. 그래서 파생 어미(derivational ending)과 차별하여 활용 어미(inflectional ending)라 하며 줄여서 어미(ending)라 하고 있는 것이다. 『우리말본』이 보조어간이란 이름으로 든 것이 '사동(使動),피동(被動), 겸비(謙卑), 존칭(尊稱), 시간(時間), 가능(可能), 추량(推量), 확인(確認), 관습(慣習), 강세(强勢)'의 10 종류이다. 이 가운데 사동, 피동, 존칭, 강세의 보조어간은 단어 구성요소인 접미사로 이미 처리된 것이다. 「동사의 피동형과 사동형」(한글맞춤법통일안)이란 표현은 '먹다, 먹이다, 먹히다'가 함께 사전 올림말이 되면서 자동적으로 해결된 셈이다.

3) 선어말어미(先語末語尾)의 등장과 그 배경

이 용어는 1960년으로 거슬러 올라간다. 이숭녕(李崇寧) 교수의 논문 'Volitive Form으로서의 Prefinal Ending「-(-o/u-」의 介入에 對하여'에 기인한다. 화자(話者)의 주관적 진술의 서법(敍法)을 중심으로 다룬 논문이다. 문제는 이것이 확대해석 되어『우리말본』의 보조어간과 상혼 현상(相混現象)을 일으키게 되었다는 것이다. 1984년에 고등학교 문법교과서가 국정교과서(國定教科書)로 되면서 하나로 통일되었다. 발단은 고유어 술어와 한자어 술어의 대립에서 비롯되었다. 당시 문교부의 해명은 다양한 용어와 학문적 이견(異見)을 해소하고 학생들의 학습 부담과 혼란을 줄이는데 있다고 하였다. 그리고 학문적 연구는 자유스럽게 이루어질 것이라 했다. 그런데 결과는 누더기가 된 편찬이었다. 그런데 원리와 학리(學理)를 살리지 못했다. 어느 학설에 근거한 문법 원리에 따른 것이 아니라 절충과 타협의 교과서가 된 것이다. 문법 교과서의 국정(國定)으로 체계 있는 문법 연구는 사실상 죽게 되었다. 협의진(協議陣), 연구진(硏究陣), 집필진(執筆陣)에 참여한 분들을 모두 합하면 근 30명에 이른다. 협의진에는 나의 스승인 교수님도 있었다. 이러한 포진(布陣)이 사실상 연구의 자유를 봉쇄(封鎖)한 것이다. 학문에는 성역(聖域)이 없다는 말은 늘 들어왔다. 「보조어간」과 「선어말어미」가 절충되었다. 어간이 이 국정화로 하루아침에 어미로 곤두박질하게 된 것이다.

『우리말본』의 「때 도움줄기는 대다수의 씨끝의 앞에 쓰이나니라」의 기술이 선어말어미로 몰아갔다. 선어말어미로 내건 형태소들은 화자의 심적 태도를 나타내는 어미와는 무관한 것들이다. 영어의 시제(tense)는 동사의 형태 변화에 의한 것이므로 서법(mood)에 기댈 수밖에 다른 방법이 없다. 우리말의 서법은 어미라는 말의 꼬리를 통하여 나타낸다. 그리고 서술 어미는 화자가 청자에게 보내는 전달 방법(傳達方法)이다. 이른바 선어말어미란 것은 전달방법과는 아무런 관련성이 없다. 전달 내용과 상관되는 형태소들이다. 활용의 기반(base)을 어디에 두느냐 하는 문제가 있다. 추상형(abstract form)인 기본형(基本形)에 두는 경우와 서술 방법에 두는 경우의 두 가지이다. 단어로서의 활용과 서술어로서의 활용은 같지 않다. 형태론적 활용과 통사론적 활용이 그것이다. 통사론적 활용인 경우에는 단어의 기본형에 두고, 서술어 용법의 경우에는 평서문(平敍文)의 현재형(現在形)에 두는 것이 당연하다. '용언의 기본형'이란 표현을 가끔 듣는다.

용언의 기본형, 동사의 기본형, 형용사의 기본형은 같은 개념이 아니다. (3)-(6)의 예에서 밑줄 그인 부분을 활용의 기반(base)로 보아야 한다.

(3) 가시었겠느냐 (← 가시었겠다)
(4) 가시었느냐 (← 가시었다)
(5) 가시느냐 (← 가시다)
(6) 감 (← 가다)

(7), (8)과 같은 나눔이 선어말어미의 분석이다. 선어말어미란 이름은 앞자리냐 뒷자리냐의 놓임 자리에서 붙인 이름이다. 형태소 분석을 통하여 자질(資質)로 접근할 성질의 것이다.

(7) 가시었겠느 냐
(8) 가시었겠 느냐

4) 용어의 적부성(適否性)

어미(語尾)와 어말어미(語末語尾)의 개념이 어떻게 다른가. '어미(ending)'가 정식 이름이 word-ending이며, 단어의 최종의 형태소(a final morpheme)이다. 그런데 이 어미를 어말어미(語末語尾)라니 무슨 말인지 알 수 없다. 세계 어느 나라의 문법에서도 찾아볼 수 없는 용어이다. 교과서 표기처럼 '선어말 어미'라 띄어 쓴다면 '선어말' 뜻을 밝혀야 할 것이며, '선어 말어미'라 띄어 쓴다면 '선어'의 개념을 설명되어야 한다. 만약 어말어미와 대립시킨 용어라면 '선-어말어미'이어야 논리에 맞다.

5) 시제와 서법

시제 표현은 서법과 무관하다. 영어의 동사는 기본형, 현재형, 과거

형, 과거분사형, 현재진행형 등의 굴절이 있어 시제를 서법과 분리할 수 없다. 시간에 대해서는 주관설(主觀說)과 객관설(客觀說)의 두 견해가 존재한다. 어디에 따르든 시제는 행위나 상태에 관계되는 표형이지 화자의 서법과는 결부시킬 수 없다.

6) 선어말어미(先語末語尾)의 부적절성

도움줄기[補助語幹]이란 이름이 있을 수 없다. 본 어간(本語幹)과 활용 때와 아무런 차별성이 없다.

(9) 믿는다, 믿네, 믿습니다…

(10) 믿었다, 믿었네, 믿었습니다…

선어말어미(先語末語尾)가 서법의 어미처럼 청자에 대한 심태(心態) 표현이 아니다. '당신이 직접 보시었습니까.'의 서법은 존대체의 어미 '-습니다'에 있다. {시}는 행위자에 보내는 존칭이며, {었}은 시간적 위치를 나타낸 것이다. 여기서 행위자가 바로 청자이기에 당신을 높인 것 같지만, 행동주(行動主)에 대한 대우이다. 존대법이 퇴화되어 가고 있으나 '손위, 또래, 손아래'의 세 층위는 최소한 유지될 것으로 본다. '하세요 체, 하오 체, 해라 체'의 셋만으로도 수많은 형태의 어미가 따르고 서법에 따라 다시 분화되는데 활용의 기반을 기본형에 둔다는 것은 단순함을 복잡하게 함과 같다. 선어말어미란 전달 내용과 상황성을 지니는 것이지 이인칭(二人稱)인 듣는 이와는 무관한 것이므로 어미군(語尾群)으로 묶을 수 없는 성질의 것이다.

【붙임】 1. '맞는가, 하더라, 모르리라, 믿습니까, 지것다, …' 따위로 미루어보아 분석의 대상이 될 수 없는 것이다. 융합이 되어 유착(癒着)된 형태로 처리되어야 한다.

2. {-시-}는 행위자 대우의 첨사(添辭)로, 단어의 의미부(意味部) 소속이다.

[보기] 단어 「가르치심」명.

나를 버리고 가시는 님은 십리도 못 가서 발병 난다.

가시는 걸음걸음 놓인 그 꽃을 사뿐히 지르밟고 가시옵소서.

가샴 겨샤매 오늘 다ᄅᆞ리잇가(용가:25장)

3. 겸손(謙遜) 어법의 ' -오-, -옵-, -사오-, -사옵-, -자오-, -자옵-'은 단어 '뵈옵다, 받잡다, 여쭙다' 등으로 미루어 보아 허사(虛辭)의 형태소가 아님을 알 수 있다. 활용형 '하옵니다, 하오나, 하오니, 하오면,…'으로 추리(推理)하여 의미부(意味部)에 소속되는 삽입사(挿入辭)임이 분명하다. 만일에 문법 처리에서 모든 활용의 기체(基体, base)를 어간에 두게 된다면 어미 체계(語尾体系)는 무너지게 될 것이다.

4. '하시옵고, 하옵시고'의 용법 (『한중만록』 참조)

문 30. 「하겠나이다」는 어떤 구성인가.

답 극존칭(極尊稱) 합쇼체(体)에 속하는 '-나이다'는 현재 대인관계(對人關係)에서는 쓰이지 않는 어미이다. 홍사용(洪思容)의 시 '나는 왕이로소이다'(1923)를 떠오르게 한다. 거기에 '…눈물이었나이다, 하겠나이다…'가 나온다. '이다, 하다'를 기반(基盤)으로 세울 때 '-나이다'가 어미이며, '-겠-'은 부가적 형태소(additive morpheme)이다. '-나이다'의 변형은 '-나이까'가 있을 뿐이다.

【붙임】 1. 형태소 {-었-}은 '-어 있-', {-았-}은 '-아 있-', {-였-}은 '-여 있'에서 형성된 것이다.

> 李太白은 采石江에 놀아 있고,…蘇東坡 놀아 있고, …白樂天 놀아 있고, …世祖大王 놀았으니…
>
> (春香傳)
>
> 石壁에 수멧던 / 아래 ᄀᆞ득ᄒᆞ얫다가 /내 늙고 病ᄒᆞ야 머므렛ᄂᆞ니 / 門을 열라 ᄒᆞ옛더니,
>
> 수멧던>수멋던>숨었던 / ᄀᆞ득ᄒᆞ얫다가>ᄀᆞ득ᄒᆞ얏다가>가득하였다가
>
> (허웅 주석, 龍飛御天歌)

2. {-겠-}은 '하것다'의 {-것-}의 변화로 본다. 현재엔 '내일 비가 오것다'와 같은 표현은 젊은 세대에서 사용하지 않는다. '비가 오것다→비가 오겠다'로 대체(代替)되어 사용된다. '-것다'는 추리(推理)에 의한 예단(豫斷=지레짐작)의 표현이다. 이에 비하여 '-겠다'는 심의(心意)에 의한 지레짐작의 표현이다. 미래시제(未來時制)와는 무관한 것이다. 영어 동사에 현재형(現在形), 과거형(過去形)은 있으나 미래형(未來形)이란 없다. (go ~ went ~will go)
3. 「하리라」 「하리다」는 사어미(死語尾)로 되어 가고 있다. 시어(詩語)나 노랫말 가사에는 쓰이고 있으나 일반 대화(對話)에서는 듣기 어렵다. '-리다'는 '-겠다'로, '-리다'는 '-ㄹ 것이다'로 대체(代替)되어 쓰이고 있다.

문 31. 선어말어미 {-었-}은 동사에 붙은 것인가, 서술동사[定動詞, finite verb]에 붙은 것인가?

나는 '선어말 어미'란 용어를 기피한다. 선어말 어미(先語末語尾)의 뜻

답 이 무엇인가. 어말어미(語末語尾=final ending)을 전제로 하여 선어말어미(prefinal ending)란 용어를 사용한 것이다. 영어에도 없는 이 용어를 창시한 분은 이숭녕(李崇寧) 교수이다. 이 용어는 최현배(崔鉉培) 교수가 『우리말본』에서 창시한 보조어간(補助語幹) 가운데 조어소(造語素)라 할 수 없는 것들을 포괄적으로 일컫는 용어로 받아들인 것이다. 이들을 어간의 범주에서 배제하여 어미의 범주에 넣으려는 의도에서 시도된 것이라면 그 이름을 보조어미(補助語尾)라 하는 것이 적절하다고 추정된다. 일찍이 유창돈(劉昌惇) 교수는 선행어미(先行語尾)라 이름붙인 바 있다. 이상은 '선어말 어미'란 용어에 대한 나의 견해이다.

질문의 요지는 시제 형태소 {-었-/-았-}의 놓이는 자리[分布位置]가 아니라, 그 문법적 기능의 문제이다. 앞에서 말한 바와 같이 이른바 선어말 어미란 것이 활용형(活用形)에서 어간(語幹)과 어미(語尾)의 사이에 끼어드는 어미 계열(語尾系列)의 형태소로 받아들이고 있는 것이 일반적인 통념이다. 때문에 그 놓임 자리에 대하여 질문하고 있지 않음을 알 수 있다. 질문엔 '동사에 붙는가'라 물었다. 동사는 '동작이나 작용을 나타내는 단어'이다. 이런 성질의 단어에 {-었-}이 붙었다 하더라도 동사의 구성요소(構成要素)의 일부(a part)로 보기 어렵다. 우리말과는 다른 영문법이나 독문법에 익숙한 사람들은 이해하기 어려운 상황에 있을 수 있다. 불규칙동사표(不規則動詞表)에서 보이고 있는 'see - saw'를 두고 볼 때 이들이 동사의 내부변화(內部變化)인데 이것이 동사의 변화이지 뭐냐고 말할 것이다. 그러나 동사라는 단어의 의미변화(意味變化)로는 보지 않는다. 곧 'saw ⇒ see + 〈past〉'로 보게 되는 것이다. 동사나 형용사에 {-었-}이 붙어 '읽었다 · 붉었다'로 나타날 경우 이들이 단순한 어사(語辭)인 동사나 형용사에 붙은 것이냐, 아니면 어떤 실체(實体)가 있는 동작(動作)이나 상태(狀態)에 나타나는 것이냐 하는 것은 그 언어사회(言語社會)의 구성원(構成員)이 판단할 상식(常識)에 속한다. 우리말에서 [보았대]로 나타날 경우 이것을 '(아무개가) 보았다.'로 접근하는 것이 우리의 언어 상식이다. 이러한 구구한 설명은 형태소 {-었-}이 그 분포 위치와 상관없이 인물(人物)과 사건(事件) 중심이라는 것이다. 곧 단순한 단어에 덧붙는 형태소가 아니라 서술어 기능을 하는 동사나 서술어 기능을 하는 형용사에 붙는다는 것이다. 다 알고 있는 바와 같이 '서술어'라 하는 용어는 '주어'를 전제(前提)로 한다. 따라서 이들 시제(時制)의 표시는 '주술관계(structure of predication)'라는 기초적 통어관계(basic syntactic relationship) 위에서 성립되는 것으로 보아야 한다. 영어의 불규칙동사표(不規則動詞表)는 동사의 서술적 용법(敍述的用法)에 따른 변화를 보인 것임을 거듭 밝혀 둔다.

2.6. 사형 어미

문 32. 사형 어미(詞形 語尾)는 연결사(連結辭)인가.

답 한때 활용어(活用語)의 어미(語尾)를 몰아쳐 통사론적 어미(統辭論的 語尾)라 이름하고 그것들을 하위분류(下位分類)하여 종결어미(終結語尾)와 접속어미(接續語尾)로 본 해석이 있었다. 이에 따라 종래의 관형사형 어미가 접속어미(冠形詞形 接續語尾)가 되고, 부사형 어미가 부사형 접속어미(副詞形 接續語尾)라 한 바 있었다.

주시경 문법(周時經文法)의 체계에 따른다고 하면 '가[行]'나 '높[高]'는 실질어(實質語)로 내용어(content word)이고 '가는'의 '-는'이나 '높은'의 '-은'은 구조어(structure word)로 기능어(機能語, function word)이다. 영어의 활용어는 동사뿐인 데 비하여 한국어의 활용어는 동사와 형용사이다. 동사는 활용어(活用語)의 대표라 할 수 있다. 동사의 형태(form)를 직분(職分)으로 분류하면 서술어(敍述語)로 쓰이는 경우와 비서술어(非敍述語)로 쓰이는 경우로 대별된다. 앞엣것을 정법(定法, finite mood)이라 하고 뒤엣것을 부정법(不定法, infinite mood))라 하고 있는 것이다. 한국어의 동사, 형용사의 용법 중심의 분류도 이와 다르지 않다. 곧 서술적 형태를 지배하는 어미군(語尾群)은 정법으로 서술동사로 쓰이는 어미이며, 그 밖의 것들은 부정법(不定法)으로 이른바 명사형(名詞形), 관형사형(冠形詞形), 부사형(副詞形)으로 쓰이는 어미들이다.

명사나 관형사나 부사는 고정된 어형(語形)이기 때문에 어형이 따로 없다. 그런데도 이들에 '--형'을 붙이는 것은 '그와 같은 기능을 하는 어형'이라는 뜻이다. 이에 기대어 추리해 보면 성기철(成耆徹)의 '관형사형 접속 어미'라는 표현은 관형사 기능의 활용 어미를 접속어미'로 본 것이다. 주시경 문법(周時經文法)의 형태소 중심 분석 체제에서 '착한, 착하게'를 하나의 「씨」로 처리하여 관형사(=언), 부사(=억)으로 처리한 것과는 판이한 해석이다.

『붙임』 이을환(李乙煥) 외 5인, 『국어학신강(國語學新講)』, 개문사(開文社), 1973. pp.176~179

문 33. 활용형(活用形)에서 떨어져 나와 전성된 명사(名詞)·관형사(冠形詞)·부사(副詞)는 무엇인가.

답 기쁨, 만남, 미움, 모임, 웃음, 읽기, 쓰기, 달기, 벌기, …
지난, 지지난, 세상없는, 갖은, 이런, 그런, 저런, 어떤, 다른[=딴],
하다못해, 적어도, 잘해야, 아울러[북], 되게, 굳게굳게, 크게(는),
뻔질나게[북], 덮어놓고, 되도록, 죽도록[북], 까딱하면, 걸핏하면,

그러나, 그러니, 그러므로, …

가득하게 = 가득히(對應 構造)

이러한 예시에서 보다시피 단어로서의 동사·형용사가 독자적인 존재로서 어형변화(語形變化)를 통하여 다른 어류(語類, word class)로 전성(轉成)됨을 알 수 있다. 참고로 영어의 제1분사(first participle=現在分詞)와 제2분사(second participle=過去分詞)의 단어 되기를 보자. 사전에 올라 있는 go<u>ing</u>, meet<u>ing</u>, believ<u>ing</u>, collect<u>ed</u>, brok<u>en</u> 등과 사전에 올라 있지 않은 것들과는 문법적 처리가 다르다. 그들은 단어화(單語化)한 경우에는 접미사(接尾辭)로 처리하고, 그렇지 못한 경우에는 어미변화(語尾變化)로 본다.

그런데 우리의 국어사전에서는 원칙 있는 처리가 되어 있지 않다. 예컨대 '되게(=몹시)·크게'와 같은 부사(副詞)가 존재함에도 '-게'를 접미사로 다룬 예는 없다. 연결 기능의 어미(語尾)를 논할 경우, 종결어미(終結語尾)에 대응되는 연결어미(連結語尾)에 한정할 수 없다는 것이 기본이다. 일부에서 접속어미(接續語尾)라는 용어를 즐겨 쓰나, '종결↔연결'의 대응 관계에서 연결어미라 지칭(指稱)하는 것이 자연스럽다 할 것이다.

문 34. 전성어미(轉成語尾)의 자리매김은 어디인가.

답 『우리말본』의 세 갈래 활용법[活用法]이 마침법[終止法], 이음법[接續法], 감목법[資格法]이다. 오늘날의 문법용어로 보면 그 아래에는 각각 여러 형태의 어미가 쓰이게 마련이다. 현재의 학교문법에서는 크게 세 가지로 종결형(終結形), 연결형(連結形), 전성형(轉成形)이라 이름하고 있다. 『우리말본』의 자격법 어미 — 부사형·관형사형·명사형 — 가운데 부사형(副詞形)을 없애고 남은 관형사형(冠形詞形)과 명사형(名詞形)을 비종결어미(非終結語尾)의 한 갈래인 전성어미(轉成語尾)라 규정한 것이다. 표준어대사전에 의하면 문법상으로 '전성(轉成)'이란 '품사의 전성'과 같은 뜻이며, 단어로 '전성명사, 전성부사…' 등이 실려 있으며, 「전성어轉成語」를 '다른 품사로 바뀌어 쓰이는 말'로 풀이 되어 있다. 이와는 달리 「전성어미」를 들고 있는데 엄격히 따지면 '전용 어미(轉用 語尾)'이다. 활용 어미는 'inflectional ending'이며 전정 어미는 'derivational ending'으로 대응된다. 활용의 범주는 한 품사 내부의 변화에 한정되는 말이다.

(1) 흥이 다하면 슬픔이 온다.

(2) 상봉은 큰 기쁨이었다.

(3) 소식을 들으니 매우 기쁨.

위의 (1)과 (2)는 전성명사요, (3)은 형용사 '기쁘다'의 명사형이다. '어미'라는 용어가 활용어미를 뜻하기 때문에 derivational ending을 파생어미라 하지 않고 보통 파생접미사(派生接尾辭)라 이른다. '아침에 비가 그침.'의 '그침'의 '-ㅁ'은 종결어미이다.

문 35. 학교문법의 전성어미(轉成語尾)는 어떻게 이해해야 하나.

답 먼저 어미(語尾)에 대한 개념을 논해야 할 것 같다. 단어를 중심으로 말할 때는 단어의 말미(the ending of the word)이다. 문법적으로 말하면 '단어의 활용어미'이다. 그러나 종결어미처럼 문(文)의 말미(末尾)에 놓이는 어미는 단어의 활용어미가 아니라, 문미(文尾)인 셈이다. 전성(轉成)이란 무엇인가. 언어학 용어로 품사전성(品詞轉成)이라 규정하고 있다. 품사전성의 풀이에는 '어떤 품사가 다른 품사로 바뀌는 일'로 되어 있다. '전성'을 앞자리에 둔 복합어로 '전성감탄사, 전성관형사, 전성대명사, 전성동사, 전성명사, 전성부사, 전성조사' 등이 실려 있다.(『표준국어대사전』)

> 전성어(轉成語)[명] [어] 다른 품사로 바뀌어 쓰는 말
>
> 전성동사(轉成名詞)[명][어] 원래 명사가 아니었던 것이 명사로 바뀐 것. '기쁨', '웃음'…

> 전성어미(轉成語尾)[어] 용언의 어간에 붙어 다른 품사의 기능을 수행하게 하는 어미.
>
> 명사 전성어미, 관형사 전성어미, 부사 전성어미로 나뉘며, …

위의 풀이에 의하면 전성어(轉成語)와 전성명사(轉成名詞)의 풀이가 일치되어 있지 않다. ① 한 품사가 다른 품사로 바뀐 것, ② 한 품사가 어형변화(語形變化)로 다른 품사의 기능으로 전용(轉用)되는 것인지 애매하다.

- 어미
  - 어말 어미
    - 종결어미
    - 연결어미
    - 전성어미
  - 선어말 어미

문제가 되는 것은 『우리말본』에서 자격법에 속해 있던 활용형 어미를 명사형 어미, '관형사형 어미'라 이름 붙인 것이다. 활용어미는 활용어의 운용을 위한 단어의 변형이기 때문에 품사는 바뀌지 않은 것으로 규정된다. 그런데 위에서 보인 전성명사에 대한 용례 '기쁨, 웃음'은 무엇인가. '청산리 벽계수냐 쉬이 감을 자랑 말라'의 '감'이 전성명사인가, '기쁨, 웃음'이 전성명사인가. 품사를 달리하지 않는 한

'전성(轉成)'이란 용어를 사용해서는 안 된다.

〖붙임〗 word ending / sentential ending 〈『Korean through English』, Hollym 1992.〉

첨가어인 한국말에서 '선어말 어미'란 존재를 인정할 수 없다. 어미라는 이름을 주게 되면 어미군(語尾群)을 이루어야 한다. 대우 표현이나 시제 표현에 나타나는 형태소는 단어의 말미형태소(末尾 形態素)와 관계없는 첨가 형태소(添加形態素)이다.

어미 분류(語尾分類)는 기능면(機能面)에서 해야 한다. 분포성(分布性)으로 분류하는 것에는 아무런 문법성(文法性)이 없다.

문 36. 자격법과 접속법은 어떻게 다른가.

답 자격법은 어형변화(語形變化)가 있는 단어의 자격을 변동시키는 활용(活用法)을 말하는 것이다. 이에 견주어 접속법은 '끝맺지 아니하는 서술어(敍述語)의 연결법'으로 규정된다. 이 둘의 혼동은 자격법을 규정하면서 '월의 풀이말이 되면서'를 대전제(大前提)로 한 데서 비롯되었다. 부연하면 『우리말본』은 자격법과 접속법을 규정하면서 똑 같이 '월의 풀이말이 되어서'를 전제로 한 것이다. 아주 간단한 예시로 명사형을 살펴보자. 명사형은 단어 중심으로도 구(句) 중심으로도 절(節) 중심으로도 성립될 수 있다. 곧 (1)-(4)를 보면 이들은 다 명사형이다.

(1) 삶(명사)

(2) 의에 죽고 참에 삶 (명사구)

(3) 의에 죽고 참에 삶. (서술형=베풂꼴)

(4) 그는 평생을 정직하게 삶. (= 그는 평생을 정직하게 살았음.) (서술형)

명사형(名詞形)은 명사적 용법의 어형(語形)이므로 모든 동사 · 형용사에서 형성될 수 있는 것이다. 동사 · 형용사를 하나같이 통어적 구조 속에 묶어 놓은 문법해석은 어느 계통의 언어에도 없다. 지구가 자전(自轉)과 공전(公轉)을 하듯이 단어는 독자(獨自)로도 분자(分子)로도 작용할 수 있기 때문이다. 우리말 연구에 있어 모든 용언을 '서술 기능' 아래 묶기 때문에 '흐르는 물', '외롭게 서다'에서 '흐르는 · 외롭게'에 서술 기능을 주게 되는 것이다. 서술어의 존재는 주어를 전제로 할 경우에만 인정되는 존재이다. '流水'나 '孤立하다'를 단어 단계가 아닌 문장의 한 분자로 볼 수 없다는 것은 상식이 아닌가.

부사형은 이름 그대로 단어의 변형된 형태를 말하는 것이다. 『우리말본』은 그 이름을 어찌꼴이라 하였지만 '어찌'라는 부사는 어형(語形)의 변화가 없는 불변어(不變語)이다. 그런데 왜 어찌꼴이라 이름 붙였을까. 『우리말본』의 '어찌꼴, 매김꼴, 이름꼴'은 '꼴[形]'을 말한 것이지 기능(機能)을 말한 것이 아니다.

『붙임』 1. '어찌꼴, 매김꼴, 이름꼴'과 '베풂꼴'은 활용의 바탕(base)이 다르다. 활용의 기반은 서술 기능(敍述機能)과 비서술 기능(非敍述機能)의 둘로 양립하고 있다.
'날씨가 따뜻하기를 기다려서 씨를 뿌린다'의 문장 구성은 '농부가 날씨가 따뜻하기를 기다려서 씨를 뿌린다'이다. '날씨가 따뜻하기'는 '날씨가 따뜻하다'로 변형(變形)될 수 없다. "날씨가 따뜻하기'는 명사절(名詞節)로서 단어에 값하는 구절(句節)이다.

2. 나이가 많은 사람을 대접하여라.
물이 맑은 데에는 고기가 안 든다.
넓은 들에 누른 벼가 익었다.
둥근 달이 매우 밝소.

높은 산과 깊은 바다

그의 마음은 차기가 얼음과 같았다.

희기가 눈과 같다.

〈『우리말본』(1980판. 494~495면)의 용례에서〉

문 37. '자네가 떠날 날은 언제인가.'에서 '떠날'이 '두 기능법의 씨끝'이라 한 허웅 교수의 주장은 맞는가.

답 어떻게 보더라도 '두 기능법의 씨끝'이란 있을 수 없다. '자네가 떠날 날은 언제인가.'에서 '그 앞의 임자말에 대하여 풀이(말) 노릇을 하면서, 그 뒤의 말에 대하여는 매김씨의……'의 해석을 해 보면 '떠날'이 이중 기능(二重機能)을 하고 있다는 설명이 잘못 되었다. 사전의 풀이를 보면 저절로 밝혀진다. 이중기능을 한다손 치더라도 '떠날'을 한덩이로 보고 논해야지 씨끝인 '-ㄹ'을 놓고 '이중기능'이라 말할 수는 없는 것이다. 저 영어의 경우 '주어-술어의 관계(의미상으론 行爲者-行爲로 대표됨)'가 곧바로 문장 구조(文章構造)로 굳어지지만, 한국어의 경우 주술 관계(主述關係)는 의미내용[전달내용]이고, 문장으로서의 구조화(構造化)는 서술 어미(=서법 어미)에 있다. 그러므로 『우리말본』에서 '…노릇을 하면서 한편으로 …노릇을 하는 …'의 표현은 앞의 노릇[作用]은 술어(述語)의 실사(實辭)를 두고 말한 것이고, 뒤의 노릇[機能]은 술어의 허사(虛辭)인 어미(語尾)에 두고 말한 것이기 때문에, 어미 자체에 이중기능이 있다고 하는 논리는 어불성설(語不成說)로 말이 되지 않는다. 다시 말하면 언어형식의 구조가 단어든 구(句)든 절(節 =주술 구성)이든 그것이 활용어미에 의하여 문법적 기능이 정해진다는 메카니즘(mechanism)을 알아야 한다.

문 38. '명사형 · 부사형 · 관형사형'이란 용어가 합당한가.

답 '활용어(=동사 · 형용사)의 ○○사형'이라야 맞는 표현이다. 명사나 부사, 관형사가 고정(固定)된 어형(語形)이기 때문에 질문한 것 같다.

(1) 크다형 → 크기, 크게, 큰 ; 크오,…

명사로 쓰이는 꼴[形]로 바뀐 어형이 명사형(名詞形)이다. 꾸밈말[修飾語]에는 명사를 꾸미는 것과 동사 · 형용사를 꾸미는 것, 두 가지가 있는데, 앞엣것을 관형사형(冠形詞形), 뒤엣것을 부사형(副詞形)이라 이름하고 있다.

〖붙임〗 1. 관형사형, 부사형이 늘 꾸밈말이 되지는 않는다. 아래의 예에서 보다시피, 명사에 이어지는 꼴, 활용어에 이어지는 꼴로 받아들이는 것이 해석이 있다.

아는 것이 힘이다.
아끼는 것이 버는 것이다.
꽃이 피게 되었다.

2. 부체어(副体語), 부체어 어미(副体語 語尾), 부용어(副用語), 부용어 어미(副用語 語尾) 〈金敏洙, 『國語文法論研究』, 通文館, 1960), 연체수식어(連体修飾語), 연용수식어(連用修飾語) 〈日本文法〉

문 39. 관형형 · 부사형 · 명사형 어미에 서술어의 기능이 있는가.

답 이들의 명칭에 서술형(敍述形)이란 이름을 붙일 수 없다. 그러므로 서술어 기능이 없다.

『우리말본』이 분명하게 활용의 세 가지 법 곧 마침법(終止法), 감목법(資格法). 이음법(接續法)의 세 가지의 체계로 본 바 있다.

(1) 마침법(終止法): 풀이씨가 월의 풀이말이 되어서 그 월을 끝맺는 법

(2) 이음법(接續法); 풀이씨가 월의 풀이말이 되어서 그 월을 끝맺지 아니하고, 다른 월이나 풀이씨에 잇는 법

(3) 감목법(資格法) : 풀이씨가 월의 풀이말이 되면서, 그 자격을 바꾸는 법. 어찌꼴(副詞形), 매김꼴(冠形詞形, 連体形), 이름꼴(名詞形)

오늘날 어미 형태로 보면, 종지법은 종결형(終結形)으로 끝맺는 법이며, 이음법은 연결형(連結形)으로 끝맺지 아니하고 열어 놓은 법으로 이 두 법은 문장의 어미(sentential ending)이다. 그런데 '이음법'에 대한 기술(記述)이 오늘의 잘못된 해석(misunderstanding)의 단초(端初)가 되었다.

어찌꼴(副詞形)은 움직씨가 다른 말 곧 임자말의 풀이말(說明語, predicate) 노릇을 하면서, 일변에는 그 다음에 오는 말에 대하여 어찌씨(副詞의 노릇을 하는 꼴

매김꼴(冠形詞形 또는 連体形)은 움직씨가 그 앞의 말(임자말)에 대하여 풀이 노릇을 하면서, 그 뒤에 오는 말에 대하여는 매김씨(冠形詞)의 뜻을

가지는 꼴

이름꼴(名詞形)은 움직씨가 그 앞의 말(임자말)에 대하여 풀이 노릇을 하면서, 뒤에 오는 말에 대하여는 이름씨 노릇을 하는 꼴

위와 같은 문법 기술로 해서 '용언의 이중 기능'이 아닌 '어미 이중 기능론(語尾 二重機能論)이 나오게 된 것이다. 달리 말하면 용언(동사 · 형용사)은 언제 어디서나 항상 주어와 짝을 이루어 나타나는 것이라 보는 것이다. 단어로서의 존재가 부인되고 문장으로서의 존재로만 본 것이다. 논리학에 개념론(概念論)과 판단론(判斷論)이 있듯이 문법학에도 형태론(形態論)과 통어론(統語論)이 양립하고 있다.

문법적 논리로 따진다면 『우리말본』의 자격법은 씨갈[詞論]에 속하는 사항이며, 종지법이나 이음법은 월갈[文章論]에 속하는 사항이다.

동사가 언제나 서술동사(predicate verb)로 쓰이는 것이 아니다. 문장에서 주부(subject)의 중핵(中核)인 주어(subject word)와 술부(predicate)의 중핵인 동사로 쓰여 문장을 완결하는 경우에 한하여 서술력을 지니게 된다. 그것을 변별하는 방법으로 동사적 표현(動詞的表現)을 명사적 표현(名詞的表現)으로 바꿔 보는 방법이다.

(4) 인생은 유한하다. → 인생은 유한한 것이다.

그래서 문장의 대표로 꼽는 평서문을 단언문(assertive sentence)라 말하기도 한다. 문장 어미에는 말하는 이의 의도(意圖)가 표출되어 있다.

(5) 가는 말이 고와야 오는 말이 곱다.

(6) 가난한 집에 자식이 많다.

(7) 뛰는 놈 위에 나는 놈 있다.

위의 (5)-(7) 예문에서 밑줄 그은 말들은 주술 관계에 묶여 있지 않다. 따라서 서술 기능이 없다.

(8) 뿌리 없는 나무에 잎이 필까.

(8)의 예에서 '뿌리(가) 없는'의 주술 관계는 '뿌리(가) 없-'으로 끝나는 것이다. 이 구성(構成)이 관형형 어미를 취함으로써 '나무'를 수식하는 관형어가 된 것이다. 문장이 되려면 서술 어미를 취해야 한다는 것이다. 하나의 어미(語尾)에 두 기능(機能)이 있다는 발상이 활용의 성격을 잘못 이해하고 있는 데서 온 것임을 알 것이다.

『붙임』 모든 사전에서 개별 어미의 기능 풀이를 검색해 보면 명백히 알 수 있다.

문 40. 관형사형 어미, 부사형 어미를 '관형사형 접속 어미, 부사형 접속 어미'라 일컫는 것이 타당한가.

답 『국어학신강』(1979. 개문사)에 나온 용어를 두고 말하는 것 같다. '예쁜 얼굴, 붉게 피어 …'의 관계 단어의 변형(變形)으로 이루어진 것이다. 곧 '-ㄴ, -게'는 접속 기능의 어미가 아니다. 관형사형 어미나 부사형 어미는 관형사나 부사의 기능구(機能口)에 맞춘 규격화(規格化)의 어미이다. 옥편의 자훈법(字訓法)이 보이고 있는 '가르칠 敎'에서 '가르칠'과 '敎'를 접속한다고 하면 말이 되겠는가. 만일에 관형사형 · 부사형 어미를 접속 어미의 범주에 넣는다면 '나라의 · 사람에게'의 '-의, -에게'도 접속조사(接續助詞)로 처리해야 한다는 논리가 성립되어야 한다.

『붙임』 두 성분 사이의 구성 관계를 보이는 것이 통사 지표(統辭指標, syntactic marker)이다. 접속 기능의 단어가 접속사(接續詞)인데 우리 문법에서는 접속사를 두고 있지 않다. 오직 접속조사 '-과(-와)'가 있을 뿐이다.

문 41. 학교문법에서 모든 부사형 · 관형사형 · 명사형이 서술의 기능이 있다는데 바른 설명인가.

답 학교문법에서 모든 부사형(副詞形) · 관형사형(冠形詞形) · 명사형(名詞形)이 예외 없이 '풀이 노릇을 하면서 부사 노릇, 관형사 노릇, 명사 노릇을 한다'고 규정하였는데 이러한 규정은 『우리말본』에서 그대로 따온 것이다. 한자(漢字)의 자훈(字訓)으로 나오는 '갈 去, 올 來, 높을 高, 낮을 低'의 '갈, 올, 높을, 낮을'이 풀이말 노릇을 하고 있는 게 아니다. '산이 높다.'는 '山高.'이고 '높은 산'은 '高山'이다.

품사형 어미 즉 사형어미(詞形 語尾)란 A 품사를 B 품사로 임시로 변통시키는 활용 어미이다. 그러기 때문에 사형어미(詞形語尾)로 해서 품사가 달라지는 것이 아니다. A 품사를 B 품사로 아주 바뀌게 하는 어미가 전성 어미(轉成語尾)이다. 전성어미란 예컨대 '우리의 만남'에서 보이는 [-ㅁ]과 같은 것으로 '만남'을 명사로 바꾸게 한 어미이다. '轉成'이란 '品詞 轉成'의 준말이다. '되게㉾, 되도록㉾'의 '-게, -도록'은 전성 어미이다. 그러나 '일이 잘 되게, 일이 잘 되도록'의 그것은 활용 어미이다.

2.7. 관형형 · 부사형

문 42. 관형형 · 부사형의 정의는 무엇인가.

답 이름 그대로 형태상의 이름이다. 관형사 자리에 놓이는 형태, 부사 자리에 놓이는 형태로 보면 된다. '아는 것, 먹을 것, 엮은 이, 놀 데' 등은 관형형이지만 관형어라 말할 수 없다. 수식어가 아니라 뒷자리에 있는 말과 어울리어 하나의 개념 단위를 이루기 때문이다.

'꽃이 곱게 피었다'나 '얼굴이 몰라보게 변했다'는 부사형으로 부사어이지만 '꽃이 곧 지게 되었다' 의 그것은 부사형이지만 서술 본사(敍述本詞)이다. '지게 되었다'는 어구(語句)로 된 서술어이다.

어떠한 성분으로 쓰이는가 하는 것은 의미 구조(意味構造)에서 찾아야 한다.

『붙임』 1. '아버지의 아버지가 할아버지이다'에서 밑줄 그인 덩이를 관형어로 처리할 수는 없다.

2. '들어-가다, 따라-가다, 나-가다, 나-들다, …'와 같은 동사는 복합동사이다. 그런데 하나의 두 개의 용언이 어울리어 하나의 품사처럼 쓰이는 구동사(句動詞), 구형용사(句形容詞)가 있다.

誥 : 깨우쳐 줄 고, 遡 : 거스를 소, 거슬러 올라갈 소, …

회상(回想)하다 : 돌이켜 생각하다, 시청(視聽)하다 :보고 듣다, 청결(淸潔)하다 : 맑고 깨끗하다, …

'세상이 돈을 귀중하게 본다, 하늘이 높아 보인다. 하늘이 우리를 살게 해(=살리어) 준다.

용언 구어(句語)의 앞선 말의 어미가 대개 부사형이다. '마음이 정결하다'를 외면하고 '마음이 맑고 (마음이) 깨끗하다'로 구조

분석 하는 것은 실없는 짓이다. 형태론에서 해결될 것을 통어론으로 몰고 가는 것은 옳지 않다. 영어엔 복합동사(compound verb)가 없다. 단일 주어에 단일 술어 구성이다. 'hit-and-run, see-and-talk'는 수식사인 형용사(adjective)로만 쓰인다.

문 43. '수ᄫᅵ'를 '쉽게'로 옮겼는데 부사형이 없다고 할 수 있는가.

답 훈민정음 언해본의 서문 속의 '수ᄫᅵ 니겨'를 현대어로 바꾸어 '쉽게 익혀'로 한 바 있다. 옛말 '숩다'에서 파생된 '수ᄫᅵ'는 현재 '쉬이, 쉬'로 이어지고 있다. 그런데도 '쉽게'로 옮겼다. 여기서 '쉽게'가 부사어(副詞語)임을 재확인할 수 있다.

『붙임』 1. '수ᄫᅵ[早] 쉽게'(古語辭典, 李朝語辭典)

2. 속담 : 쉬 더운 방이 쉬 식는다. / 쉽게 단 쇠가 쉽게 식는다. /얕은 내도 깊게 건너라.

문 44. 부사형(副詞形)과 연결어미의 차이는 무엇인가.

답 부사형과 연결어미의 변별은 주시경 문법에서부터 혼동의 대상이 되었고 이어 김두봉 문법 최현배 문법에 이르기까지 그 변석(辨析)이 분명치 못한 상태로 이어져 왔다. 『우리말본』에서 그 흔적을 살펴본다.

이음법의 여러 가지 꼴들이 그 뒤에 오는 말에 대하여 얼마큼 금하는 뜻, 곧 어찌씨 같은 뜻을 가지는 것이 사실이니: 이는 무릇 잇따른 말에서 앞의 말은 뒤의 말에 대하여 반드시 어떤 꾸밈의 관계가 있기 때문이다. 그러나 그것들을 감목법의 어찌꼴에 넣지 아니하고 따로 갈라 세우는 것은 그 사이에 다름이 있는 때문이니라.

이라 하고 그 변별성으로 감목법(資格法)의 어찌꼴은 '모두 어찌씨처럼 쓰이며 이음법(接續法의 여러 꼴들은 그러한 성질이 없음이 원칙이라고 하고 있다. 나아가 어찌씨처럼 쓰이는 용례로 (1)에서 '먹어'를 '어찌씨처럼 쓰이는 말'로 보았다.

(1) 떡을 먹어 버리다.

그 다름을 훑어보면 다음과 같다.

어찌꼴 [資格法의 副詞形]	이음법의 꼴 [接續法의 活用形]
먹고 싶다. 먹고 있다. 집으로 돌아가다. 문을 열어 보니 벗어날 길을 열어 놓았다.	짚고 간다. 먹고 왔다. 몸이 아파, 못 가겠다. 문을 열어, (방안을) 보니. 오늘은 바람이 불어 춥다.

『우리말본』은 "'-고'와 '-아(어)'의 쓰임의 합법적 설명은 나로 하여금 참 오래 동안에 퍽도 괴롭게 하였다. 세웠다 고치고 세웠다 고치고 하기를 몇 번이나 하여 우선 이상과 같이 하여 두었다. 그러나 아직도 완전히 해명되었다고 생각하지 못하는 점이 많다. 뒤에 오는 사람은 더 생각할 것이니라."고 하여 후학(後學)들의 궁리(窮理)를 당부하였다.

문 45. 부사(副詞)는 있는데 부사형(副詞形)이 없는 교과서는 합리적인가.

답 주요(主要)한 어류(語類)에 속하는 명사나 동사·형용사는 관념어(concept word)이다. 이에 맞세워 문법적 관계를 나타내는 것을 관계어(關係語)라 할 수 있다. 『우리말본』에서는 관념어를 관념사(觀念詞)로, 관계어를 관계사(關係詞, 助詞)라 이름하고 있다. 이것은 명사가 조사[토]의 도움을 받아야 이리저리 자리를 바꾸어 여러 품사의 기능으로 옮겨 다닐 수 있다는 것을 말한 것이다. 명사가 이런저런 조사를 취하여 여러 모로 쓰인다는 것이 언어활동의 현장에서 확인되는 것 아닌가.

동사 · 형용사를 관념어라 정의(定義)를 할 수 있는 근거는 의미부(意味部)인 어간(語幹)에 있다. '읽다'가 동사이고 '맑다'가 형용사로 규정되는 것이 형식부(形式部)인 어미(語尾)에 있지 않다. 동사 · 형용사의 운용(運用)은 그 자체가 지니고 있는 어미(ending of a word)나 이에 가름되는 문장 어미(sentential ending)로 이루어지는 것이다. 그런데 「語尾」란 이름에는 문장으로 마무리하는 꼴도 있고, 이어진 문장으로 이끄는 꼴도 있고, 단어가 다른 단어 몫으로 쓰이게 하는 꼴이 있는데, 부사(副詞)로 쓰이게 낱말 꼴은 없애 버렸다. 이런 망측한 문법 처리가 국정 교과서에서 이루어진 짓이다. 『우리말본』에도 버젓이 있는 부사형이다. 어째서일까.

(1) 번갈아 발언했다.
(2) 돈을 더럽게 벌어도 깨끗이 쓰면 돈다.
(3) 꽃이 곱게 피었다.
(4) 늦게 잡고 되게 친다.
(5) 늦게 배운 도둑이 날 새는 줄 모른다.
(6) 우리는 아무도 모르게 그곳을 떠났다.
(7) 덮어놓고 꾸짖기만 한다.

(1)-(7)의 예들은 실제로 쓰이고 있는 살아 있는 말이다. '곱게'나 '아무도 모르게'가 똑같이 '어떻게'에 맞먹는 성분이 아닌가. 앞엣것은 단어 구조요, 뒤엣것은 구절 구조일 따름이다. 국어사전(남북한 가릴

것 없이)에서 검색해 보면 '-하게' 형의 부사를 심심찮게 찾아볼 수 있다. 이것이 우리말의 실태다. '부사화(副詞化)와 부사형 어미(副詞形語尾) '-게'의 대응 연구(對應 硏究)〈李時雨(1996.12), 중앙대 석사 논문〉'이 그 실태를 구체적으로 보여 주고 있다. 이러한 접근이 서구어의 언어 이론을 검토 없이 수용(受容)한 탓이다. 말로만 '주시경 선생'을 우러러볼 것이 아니라 그분의 학문을 깊이 새겨 보아야 할 것이다.

문 46. 교과서에 「부사형 어미」가 없는 이유는 무엇인가.

답 그 먼 배경에 대해서는 앞에서 이미 지적한 바 있다. 관형사형 어미와 명사형 어미는 남겨두고 무슨 이유로 '부사형 어미'만 없애 버린 것일까. 영어의 분사(分詞, participle)에 얽매인 결과일까. 알다가도 모를 일이다. 단어로서의 동사·형용사의 독자적인 영역(領域)을 살피지 못한 데서 온 오류이다. 아래에서 악보 용어로 쓰인 서양말의 우리말 번역어(飜譯語)를 살펴본다.

andante: 천천히, adagio보다 빠르게

lento: 느리게

presto: 매우 빠르게

con moto: 힘차게, 발랄하게

maestoso: 장중하게

allegretto: 약간 경쾌하게

ritardando: 점점 느리게

이들을 연결 어미(連結語尾)로 처리하여, '느리게 하다'와 같은 범주의 기능으로 본다는 것은 기막힐 난센스라 할 것이다. 일상생활에서 영어의 부사 slowly, kindly가 버젓이 '천천히, 느리게: 친절하게,

상냥하게'로 대응되고 있는 현실을 외면해도 되는 것일까. 말의 판관(判官)은 언중(言衆)이며 문법 연구자는 충직한 기록자에 불과하다는 사실을 명심해야 할 것이다.

[붙임] 李時雨, 副詞化 接尾辭 '-이'와 副詞形語尾 '-게'의 對應 硏究, 1996.12. 中央大 大學院.

문 47. 학교문법에서 '굳다'에서 갈려 나온 '굳이'는 부사로 인정하면서, 활용형인 '굳게'는 부사형으로 보지 않는 것이 타당한가.

답 '깨끗이 · 말끔히' 꼴의 부사들에 대한 풀이의 거의 전부가 '깨끗하게 · 말끔하게'로 대응되어 있다. 이러한 대응은 '깨끗이↔깨끗하게'가 호용(互用)될 수 있음을 말하고 있는 것이다.

'달리기, 사재기, 앞지르기 …'는 올림말로 되어 있지만, '걷기, 떠보기, 묻기 …' 등은 활용형(活用形)이라는 이유에서 올림말로 되지 못한다. 앞엣것은 명사로, 뒤엣것은 명사형으로 그 기능은 같다. 문법상으로 접미사(derivational suffix), 어미(inflectional ending)로 다루고 있을 뿐이다.

[붙임] 문세영 『조선어사전』(1937), 이윤재 『표준조선말사전』(1947), 한글학회 『큰사전』(1949), 이희승 『국어대사전』(1961), 한글학회 『우리말큰사전』(1991), 『조선말대사전』(북한, 1992), 『연세 한국어사전』(1998), 국립국어원 『표준국어대사전』(1999), 교학 『한국어사전』(2004)에 이르기까지 거의 70년 동안의 사전들이 단어 「달리」의 풀이를 「다르게」로 하여 왔다. 다만 1999년 발행의 『표준국어대사전』에서 종래의 풀이를 변형하여 '서로 같지 않게'로 달리하였다. 그 이유는 간단하다. 학교문법에서 부사형을 없앰으

로써 '달리= 다르게'의 대응을 피해서이다. 그러나 결국은 '서로 같지 않게'의 표현으로 부사형을 죽이지 못했다. 결론적으로 부사형 어미는 그대로 살아 있다는 것이다.

문 48. 「죽도록」의 품사성(品詞性)은 무엇인가.

답 우리 사전에는 올라 있지 않으나 북한 사전에는 부사(副詞)로 처리되어 있다. 조선일보 칼럼의 '내 아들이 죽도록 사랑하는 女人에게'라는 제목의 글이다. 여기서 '죽도록'은 사전의 등재(登載)와는 상관없이 부사어(副詞語)임이 확실하다. 애국가의 '동해물과 백두산이 마르고 닳도록'이 부사절이듯이 그 쓰임이 똑 같다. 현안의 문제가 자격법[감목법]의 명사형(名詞形), 관형사형(冠形詞形)은 남겨두고 부사형(副詞形)을 죽인데 있다. 부사형은 버젓이 살아 있다.

[**붙임**] '충성을 다할 것을 굳게 다짐합니다.'

2.8. 명사형

문 49. 명사형 '-음'과 '-기'의 의미 자질은 무엇인가.

답 '걷기 운동'은 자연스럽지만 '걸음 운동'은 성립되지 못한다. 우리말 사전에 의하면 '걷기'와 '걸음' 그리고 '걸음걸이'가 함께 나온다.

(1) 걷기: 걷는 일

(2) 걸음: 걷는 동작

(3) 결음걸이: 걷는 모양새

(1)-(3)에서 보는 것처럼 '-기'로 된 것보다 '-음'이 월등하게 많다는 것을 알 수 있다. 이러한 전성(轉成)의 과정(過程)을 '동사→ 명사, 형용사→ 명사'로 보지 않는다. 지금도 이러한 현상이 계속 이어지고 있는 것으로 보는데 '동사→ 동명사→ 명사'와 같은 길을 밟고 있는 것으로 보고자 한다. 이 근거에 따른다면 형태론적 변이가 아니라 통사론적으로 접근하여야 한다는 것입니다. '가르치심'이란 말을 남북한에서 공통으로 명사로 인정하고 있다. 전성명사 '가르치심'은 '그 어른께서 가르치시시다'에 근거하여 생긴 공대말이 아닐까 싶다.

'일찍 일어나는 일이 힘들다.'를 고쳐 적어 '일찍 일어나기가 힘든다.'로 바꿀 때 '일어나기'는 명사화(名詞化)한 것이 아니다. '일찍'에 대해서는 동사로 후속어에 대해선 명사로 작용하기 때문에 동명사(動名詞)가 되는 것이다. 그러나 '일어나기'라는 명사는 아직 형성되어 있지 않다. '동사의 명사형'은 동명사형(動名詞形)이라 할 것이고 형용사의 명사형은 형용명사형(形容名詞形)이라 이르는 것이 합리적인 명칭이라 본다.

'-기' 명사형은 복합구조를 통해서 많이 나타나는 것이 사실이다. '말하기'는 복합어를 기저로 한 것이고. '듣기, 쓰기, 읽기'는 단어의 활용형인데, 교과용 도서에서 명사 범주로 옮겨진 단어로 보기 때문에 전성명사(轉成名詞)로 처리하게 된 것이다. 교과서 범위 밖에서는 명사형으로 보는 것이 예사롭다.

'전 과정을 이수하였기에 졸업장을 수여함'에서 보면, 우리말에서 동사이든 형용사이든 활용에 의하여 명사적으로 표현할 수 있다. 이런 것이 모두 명사화(=명사로 바뀌는 것)되는 것이 아니고 '명사 형식으로 바꾸는 것'이 명사형이라 보면 된다. 이러한 현상은 입말에서 보다 글말에서 더욱 왕성하다. '의에 죽고 참에 삶이 모교의 정신'과 '의에 죽고 참에 사는 것이 모교의 정신' 가운데 어느 쪽이 구어적(口語的)인가.

문 50. 활용에 의한 전성명사(轉成名詞)와 명사형(名詞形)의 차이는 무엇인가.

답 활용어(동사나 형용사)가 명사형 어미(-음, -기)를 취하여 명사로 굳어진 단어들이 계속 늘어나고 있다. 앞으로 계속 늘어나 사전에 오르게 될 것이다. 그런데 명사화(名詞化)의 기준이 명확성을 지니고 있다고 단정할 수는 없다. 예컨대 '말하기, 듣기, 쓰기, 읽기'와 같은 전성명사는 'speaking, hearing, writing, reading'을 배경으로 한 것임에 의심의 여지가 없다.

현재 사전에 자리를 차지하고 있지 않은 수많은 명사형이 활용의 범주에서 벗어나 체언으로 될 가능성은 매우 높다. 그렇다고 하여 명사형(名詞形)의 쓰임이 약해지거나 줄어 들 이유는 조금도 없다.

명사형의 용법은 영어의 동명사(gerund) 용법과 비슷하다. Hating one's neighbor is forbidden by the Gospel.(이웃을 미워하는 것은 복음서에서 금지되어 있다.)의 쓰임과 같은 것이다. '빠른 걷기'과 '빨리 걷기'의 구성은 다르다. 명사는 기본적으로 관형사를 수식어로 취하지만, 명사형은 기본적으로 부사를 꾸밈말을 받게 되어 있다.

(1) 빨리 걷기가 힘들다.

(1)의 예시에서 보다시피 명사형의 이중직분(二重職分)이란 명사형 단어가 앞선 말에 대하여 동사적으로, 뒤따르는 말에 대해서는 명사적으로 쓰이기에 이중기능(二重機能)이란 것이다. 명사형 어미(名詞形 語尾)를 두고 이중기능을 한다는 논리는 성립될 수 없는 것이다.

[붙임] '일찍 일어남은 건강에 좋다.'는 Early rising is good for health. 로 대응된다. 단어 rising은 명사(n.)로 올라 있는 어휘이다. 그러나 early bird의 구성과는 다르다. early rising의 꾸밈말은 부사(ad.)요, early bird의 꾸밈말은 형용사(a.)이다. 「걷기도 전에 뛰려고 한다」의 '걷기'는 명사 기능의 활용형이다.

문 51. 형태소 '-음(-ㅁ)'을 접미사로 다루기도 하고, 어미로 다루기도 하는 이유는 무엇인가.

답 단어 구성의 요소로 될 경우에 접사라 하고, 문법성을 나타내는 경우에 어미라 한다. 예를 들어 '얼음이 물이 아니다'와 '겨울엔 강물이 얼음'은 같은 꼴이지만 문법적 처리를 달리하는 것은 어떤 구조의 형성소(formative)로 되느냐에 따라 가름된다.

전성명사(轉成名詞)로 자리잡은 '-음'은 어휘적 형성소(語彙的形成素)라 보며, 뒤엣것은 서술어 노릇을 하는 문법적 형성소(文法的形成素)로 본다.

[붙임] 1. 고시조에 나오는 '수이 감을 자랑 마라' 의 '감(=가는 것)'의 '-ㅁ'은 활용어미로서 영문법에서 이르는 동명사(動名詞)와 같은 성질의 것이라 할 것이다.

2. lexical formative, grammatical formative, formative element,

문 52. '부르심'은 명사인가.

답 명사임이 분명하다. 사전에 올라 있지 않다고 하여 단어가 아니라 단정할 근거가 없다. '가르침명 : 가르치심명 = 부름명 : 부르심'의 유추(類推)에서 명사로 처리할 수 있다.

2.9. 부사형과 보조적 연결어미

문 53. '보조적 연결어미'란 무엇인가

답 한일(韓日) 어느 문법에도 없었던 새로운 문법 술어로 대한민국이 만들어 낸 용어이다. '철수가 신문을 찢어 버렸다'에서 밑줄 그인 부분은 본동사(本動詞)와 보조동사(補助動詞)가 결합하여 서술어가 된 보기이다. $V_1 + V_2$의 결합관계를 무엇이라 해야 할 것인가. 영문법에선 'phrasal verb'(句動詞)라 하고 있는 것이다. V_1인 '찢다'를 본동사라 하는 것은 그 자체의 의미를 가지고 사용되기 때문이며 그 이유로 의미동사(notional verb)라기도 한다. 이에 비해서 보조동사는 그 본래의 의미를 잃어버리고 본동사에 보조적으로 쓰이는 동사이다. 본래 우리말에는 보조용언이 따로 없다. 보조적 용법(補助的用法)으로 생긴 이름으로 보아야 한다.

(1)에서는 부사절(副詞節)이 생겼고 (2)에서는 동사 서술구(動詞敍述句)가 생겼다. 구성(構成)이 달라진 것이다. V_1과 V_2에서 어느 쪽이 보조적 위치에 있는가. 보조적(補助的)이란 의미에는 종속적(從屬的)이란 의미도 함유하고 있다. (3)에서 확인할 수 있는 종속적 연결어미는 종속절(從屬節)에 달린 어미로서 주절(主節)과 관계를 맺게 된다. 그런데 '찢어 버리다'에서 주종 관계에서 주된 것과 딸린 것을 보면 '찢다'가 주요 '버리다'가 종이다. 그런데 '찢-'의 어미 '-어'를 보조적 연결어미(補助的 連結語尾)라 이름 붙였으니 논리상으로 모순이 아닐 수 없다. 굳이 붙인다면 '보조용언 유도 어미(補助用言 誘導語尾)'랄까.

(1) 철수가 신문을 찢어, 버렸다.

(2) 철수가 신문을 찢어 버렸다.

(3) 말이 많으면, 쓸 말이 적다.(종속적 연결어미)

접속사(接續詞)를 독립된 어류(語類)로 세우고 있지 않은 한국어 문법에서 「連結」이란 문장 구조(sentence structure)와 문장 구조를 잇는 경우에 한정적으로 사용되는 용어인데, 단어와 단어의 결합에 연결어미란 용어를 쓴 것도 문제이다. 연결(連結)이란 용어는 접속(接續)이란 용어와 같은 뜻의 말이다. 우리 문법에서는 접속사(conjunction)란 품사를 두고 있지 않다. 다만 조사(助辭)에 '접속조사(接續助詞)'에 '과(-와)'가 있다. 연결 어미든 접속 어미든 용어에 구애 받을 이유는 없다. 다만 그것이 어떤 경우에 사용되는 용어인가에 대해서는 확인할 필요가 있다. 접속조사이든 연결 어미이든 그것은 구조와 구조를 잇는 기능(機能)을 맡고 있다는 사실이다. (4)-(7)의 예를 보면 '단어와 단어, 구절과 구절, 문장과 문장'을 이어 그 연결의 의미적 관련성(關聯性)을 보이는 것임에 틀림이 없다.

(4) <u>하늘과 땅</u>

(5) <u>너와 나와</u>는 영원한 친구(단어 구조와 단어 구조 연결)

(6) 하나를 듣고, 열을 안다.(구 구조와 구 구조 연결)

(7) 비가 내렸으나, 해갈이 되지 않았다.(마디와 마디의 연결)

명사 종류의 단어는 '과/-와'로 명사구(名詞句)를 이루게 된다. 이와는 달리 활용어(=어미변화가 있는 말)인 경우는 그 기능을 하는 어미로 연결 기능이 이루어지게 된다. 단어의 내적 변화(內的變化)가 아니라 외적 변화(外的變化)이다.

연결 어미는 앞뒤의 두 문장을 문맥을 살려 잇게 하는 어미이다. (8)과 (9)에서 그 전형(典型)으로 찾을 수 있다. 단적으로 말하면 연결어미(連結語尾)와 종결어미(終結語尾)은 단일문(單一文)으로 표현하느냐 연결문(連結文)으로 표현하느냐에 따라 있고 없음이 결정된다.

(8) 봄이 왔다. 그러나 꽃은 피지 않았다.

(9) 봄이 왔으나, 꽃은 피지 않았다.

그렇다면 다음에서 좀더 상세하게 살펴보기로 하자.

1) 『우리말본』의 "제일부사형(第一副詞形) '-아(-어)', 제이부사형(第二副詞形) '-게', 제삼부사형(第三副詞形) '-지', 제사부사형(第四副詞形) '-고'"가 「보조적 연결어미」란 전대미문(前代未聞)의 문법 용어로 둔갑하였다.

> '-어, -고, -게, -지'는 보조용언을 본용언에 이어 주는 기능을 띠고 있다고 하여 보조적 연결어미(補助的 連結語尾)라고 한다.

이런 문법 용어는 어느 나라 어느 문법서에도 없는 표현이다.

2) '-아, 게, -지, -고'가 본용언(本用言)과 보조용언(補助用言)을 이어 주는 어미인가.

첫째, 이름 붙이기에 문제가 생긴다. 본용언의 어미가 어째서 '보조적 연결어미'인가.

둘째, 보조용언을 뒤따르게 하는 어미가 보조적 연결어미인가.

셋째, 우리말에 본래적 보조용언이 존재한다고 보는가.

넷째, '-아, -게, -지, -고'의 의미 자질(意味資質)은 무엇인가.

3) (10)-(16)의 예에 나타난 용법들을 살펴보자. 이들은 통사적 관계이다. 속담 「얕은 내도 깊게 건너라」가 이를 보여 주고 있다. '깊게'는 '주의하여, 조심스럽게, 마음을 놓지 말고, 잘 살피고'의

뜻을 나타낸다.

(10) 가을 하늘이 높아 보인다.

(11 매일 출근 때 걸어 다닌다.

(12) 꽃이 곱게 피었네.

(13) 마음이 유쾌하지 않다.(=불쾌하다)

(14) 진리는 변하지 않는다.(=불변이다)

(15) 성질이 부드럽고 순하다.(=유순하다)

(16) 많은 분들이 보고 듣는다. (=시청(視聽)한다)

4) 본용언과 보조용언의 관계를 형태상으로 처리할 사항이 아니다. (17)-(21)의 예들은 '구조와 구조'의 연결이 아니라, 하나의 구 구조(phrase structure)을 이루는 것이다. 부사형은 'adverbial form'으로서 이른바 연용형(連用形)인 것이다. 『우리말본』이 매김꼴(冠形詞形 또는 連体形)이라 표시하면서, 부사형에 대해서는 연용형(連用形)이라 논급하지 않은 것은 연결 서술 어미와의 혼란 때문이었을 것으로 추측된다. 그러나 부사절(副詞節)과 종속절(從屬節)은 엄연히 다르다. 부사절은 단어 맞잡이요, 종속절은 문장 맞잡이의 형식이다.

(17) 눈을 감아 보아라.

(18) 친구를 만나게 되었다.

(19) 기회는 다시 오지 않았다.

(20) 고향에 가고 싶다.

(21) 지금 먼 산을 바라보고 있다.

다음 (22), (23)은 부사형이고, (24), (25)는 연결 어미이다. 주시경 선생은 활용 이론이 우리 문법에 도입되기 이전에 언어 운용(言語運用)의 실상(實相)에 좇아 「어떠한」을 근거로 관형사[언]를, 「어떠하게」를 근거로 부사[억]를 설정하였다. 그분의 동사[움], 형용사[엇]은 비서술동사(nonpredicating verb)이며 비서술형용사(nonpredicating adjective)이다. 종결어미를 종지사(終止詞)로 따로 두었기 때문이다. '어떠하게 형(形)'을 부사형으로도 부인된 오늘이다. 「선생님은 어떻게 생각하실까」. 문법이 짜깁기 식으로 편성(編成)되면 체계(体系)는 무너지게 마련이다.

(22) 그 사람이, 아무도 못 말리게, 야단법석을 하오.

(23) 봄은 꽃이 피어 좋고, 겨울은 눈이 내려서 싫다.

(24) 달은 밝고, 별은 드물다. (=달이 밝다. 그리고 별이 드물다.)

(25) 언니는 부지런하지마는, 아우는 게으르다.(언니는 부지런하다. 하지만 아우는 게으르다.)

[붙임] 1. 본용언에 보조용언이 따른 관계를 보조적 관계로 보는 것은 잘못이다.

2. 동사・형용사의 보조적 용법은 한국말 본래의 모습이 아니었다.

3. 관형형은 연체형(連体形), 부사형은 연용형(連用形)으로 해석하는 견해를 수용해야 한다.

영어의 관사(冠詞, article), 부사(adverb)는 기능적 이름이기보다 놓이는 자리에 근거한 이름이다.

article: a word used before a noun to show…

adverb: a word that describes or add to the meaning of a verb…

4. 인정관계에 있는 '할 수 있다, 할 수 없다'에 관형어 인정이 어

렵듯이, 부사형이라 하여 죄다 부사어 노릇을 하는 것이 아니다.

5. '-아, -게, -지, -고'형의 전성부사가 다수 사전에 등재되어 있다.
6. '굳게 맹세합니다, 굳게 다지다, 굳게 하다'에서 '굳게 하다'는 양의적(兩意的)이다.
7. '어떡한다, 어떡하니, 어떡하든, 어떡하다(가), 어떡하면,'은 '어떻게 하다'의 준말이다.
8. '그때 그 말씀 했잖습니까'는 '그때 그 말씀 했(습니다. 그렇)지 않습니까'의 줄임말로 부가의문(tag question)이다. '그렇지 않다'의 준꼴 '그렇잖다'가 통사적 결합인가 , 보조적 연결어미에 의한 구성인가 검토의 대상이 아닐 수 없다.
〈만연체 문장(蔓衍体文章)은 연결어미를 종결어미로 바꿈으로써 단문(短文)으로 고쳐 쓸 수 있다. 연결어미의 실체(實体)가 그런 것이다.
9. 우리말에서는 한 글자 한자어는 극히 드물고 거의 전부가 두 글자 이상으로 구성되어 있다. '淸明, 溫柔, 往來, 不可, 淸涼, 善良…' 등의 결합 관계가 통어성(統語性)에 있음에 주목해야 한다. '善人善待, 行雲徐行'가 이를 말해 주고 있다.
10. 영어에는 복합동사(複合動詞)가 없다. 그런데 우리말에는 「동사 + 동사」형(型)의 복합동사(複合動詞)가 수없이 많이 있다. 복합구성의 선행동사(先行動詞) 어미를 연결어미(連結語尾)) 로 처리해서는 안 된다.

문 54. 부사형(副詞形)이 보조적 연결어미(補助的 連結語尾)인가.

답 『우리말본』의 부사형(제1, 제2, 제3, 제4)을 교과서 문법에서 개칭한 것이다. 보조관계(補助關係)의 구성에 참여하는 어미로 보고 그리 이름을 붙인듯하다. 통어적 구성관계는 여러 가지가 있다. 문제는 연체 수식관계(連体修飾關係)에 있는 관형형(冠形形)은 인정하고 연용 수식관계(連用修飾關係)에 있는 부사형은 없애 죽였다는데 있다.

복합동사 '나-가다, 들어-가다'의 뜻은 '밖으로 가다, 안으로 가다'이다. '동사$_1$-동사$_2$'에서 동사$_1$이 부사적으로 쓰였는데 부사형이 없다니 말이 되는가. '책을 안고 졸고 있다'는 '책을 안은 채 졸고 있다'의 뜻이다. 복합동사는 다 구 구조(phrase structure)에서 온 것이다.

'올라-가다(← 올라 가다), 걸어-가다(걸어 가다)'는 '위로 움직이어 가다, 걸어서 가다'의 뜻이다. 이처럼 동사$_1$은 부사적 기능을 한다. '말라-붙다'는 한 단어이고 '말라 죽다'는 두 단어이지만 '고사(枯死)하다'는 란 단어이다. '아사(餓死)하다'는 '굶주리어 죽다'이다. 굶주림이 원인이 되어서 죽는 것을 의미한다.

부사형을 버린 이유가 부사형을 두게 되면 부사어(副詞語)로 처리해야 하는데 '하늘이 맑게 개었다'의 경우는 가능하나 '일이 꼬이게 되었다'의 경우는 부사어로 처리하기 어려워 보조적 연결어미(補助的連結語尾)로 하였다는 것이다. 부사형을 연용형(連用形)이라 보면 간단하게 문법처리가 가능하다.

'산이 높지 않다. 나는 찬성하지 못한다.'를 보조관계로 보고 있는데, 이것은 부정 관계(否定關係)의 구성이다. '높지 않다'의 줆은 '높잖다'이다.

[붙임] 1. 「너 어느 해에 났느니./ 소 판 해에 났다./ 소 판 돈을 안고 가랴 이고 가랴 지고 갈 것이니 갑진(甲辰, 값진) 해에 났구나」(옛 강의 노트에서)

2. 영어엔 '$V_1 + V_2$'형의 복합동사가 거의 없다고 지적한 바 있다.

3. 우리말의 한자어에 복합형이 많다. 그 가운데 '기동(起動)하다,

정직(正直)하다'와 같은 혼종어의 풀이는 '일어나 움직이다, 바르고 곧다'처럼 동사구(動詞句)로 대응된다.

4. '싶다'의 고형은 '시프다'로 '-ㄹ까 시프다, -고자 시프나' 형태로 표현되었다.
5. 주려 죽을진정 채미도 하는 것가(고시조)

문 55. 부사형(-아, -게, -지, -고)가 서술형에 속하는 것인가.

답 우선 『우리말본』에서 든 예시에서 살펴보기로 한다.

동사	형용사
밥을 <u>얻어</u> 먹다. 산에 <u>올라</u> 가다. 이것을 좀 <u>먹어</u> 보아라.	너무 <u>높아</u> 보인다.
시방 떠나도 그 차를 <u>타게</u> 될까.	백화가 <u>찬란하게</u> 피었다.
놀지 말고 일합시다. 농부가 모를 <u>심고</u> 있다. 고국으로 <u>돌아가고</u> 싶다.	어찌 <u>아름답지</u> 아니한가.

위의 예시에서 보다시피 밑줄(—) 그인 용언들은 '월의 풀이말이 되면서 그 자격을 바꾸는 법'으로 쓰인 꼴이 아니다. 그래서 『우리말본』이 제1부사형, 제2부사형, 제3부사형, 제4부사형이라 한 것이다. 학교문법에서 부사형을 없애 버린 이유는 연결어미(連結語尾)로 본 때문이다. 종결어미의 짝인 연결어미를 대등적(對等的)이니 종속적(從屬的)이니 하여 나누는 것은 우리말에서는 무의미(無意味)한 것이다. 종결어미(終結語尾)의 본이름은 종결 서술어미(終結敍述語尾)이

며, 연결어미는 연결 서술어미(連結敍述語尾)이다. 그러므로 이 둘은 문장 어미(文章 語尾)이다. 연결어미로 묶여진 복문(複文)은 두 문장으로 분리할 수 있다. 이 말은 연결어미는 종결어미로 되돌릴 수 있다는 것을 말한다. '산이 높다. 골이 깊다.'를 복합문(複合文)으로 만들어 보면 저절로 알게 된다.

부사형(副詞形)을 '부사어의 가능을 하게 하는 활용형'으로 그릇 해석하는 일부 연구가가 있다. 부사형은 글자 그대로 활용어의 연용형(連用形)으로 받아들이는 것이 당연하다. 다시 말하면 용언과 문법적 관계를 맺는 활용형이다. 반드시 용언이 뒤따르게 마련인 어형(語形)이다. 그 관계는 한정관계(限定關係)이거나 복합어 구성관계, 보조관계 부정 관계 등으로 나타난다.

> 얻어 먹다→얻어-먹다, 올라 가다→올라-가다, 귀담아 듣다→귀담아-듣다, 좋지 않다→좋찮다, 길을 물어 본다.

'백화가 찬란하게 피었다'의 경우는 부사어로 쓰인 전형적 모습이다. 국어사전에 동사 '더불다'를 표제어로 올려놓았다만 《'더불어' 꼴로만 쓰여》로 단서가 붙은 낱말들은 부사로 쓰이는 부사형으로 보아야 한다.

[붙임] 1. '덩달아, 번질나게, 까놓고, 덮어놓고, …'와 같은 단어는 표제어를 '덩달다, 번질나다, 까놓다, 덮어놓다'로 세운 이상, 부사 기능의 부사형이라 하지 않을 방법이 없는 것이다.

2. 부사 '깊이, 높이, 많이, …' 등의 풀이가 남북한의 사전이 하나같이 '깊게, 높게, 많게'로 대응 풀이하고 있다. 단어로서의 변환(變換)은 단어성 활용(單語性活用)으로 자전적 활용(自轉的活用)이라 볼 수 있다.

문 56. '-도록, -게'는 어떻게 두 문장을 연결하는가?

답 연결(連結)이란 무엇인가 하면 그것이 단어 구조(word structure)이든 문장 구조(sentence structure)이든 구조와 구조를 연결하는 것이다. 그러한 연결의 기능을 수행하는 어미를 연결 어미라 한다. 영어엔 영결 어미가 없다. 필자의 『연결서술어미 연구』(1985)를 읽어 보기 바란다. 문장(S)의 정의는 Fries가 'What is Sentence?'에서 말한 것처럼 보는 측면에 따라 수없이 많고 다르다. 구조적 측면에서 볼 때 '주어 + 술어'에 마침표(.)를 동반한 형식으로 보는 것이 오늘날의 접근이다. 영어에서 'NP + VP.'로 보는 그것이다. 그렇다면 다음의 예시를 검토해 보자.

(1)과 (2)에서 '밤이 새도록', '하루가 멀게'를 독립시켜 그것에 마침표를 둘 수 있는가? 있다면 이것은 분명 복문複文)이다. 그러나 마침표를 둘 수 없는 구조(構造)라면 단어에 값하는 절(clause)이다. 결론적으로 말하여 '-도록'이나 '-게'는 단어형태의 하나인 부사형으로서 연결서술형의 어미로 볼 수 없는 것이다.

(1) 밤이 새도록 나는 걸었다.

(2) 하루가 멀게 그는 나를 찾아왔다.

다시 영어로 가자. '인생은 짧고, 예술은 길다.'는 'Life is short, art is long.'의 번역인데 이들은 분리를 통하여 'Life is short.'와 'Art is long.'의 두 문장으로 환원되기 때문에 복문인 것이다. '이름이 죤인 소년이 나를 찾아왔다.'를 한국어 문법에서 복문으로 보는 이가 있다. 이것은 잘못이다. 영어로는 복문이지만 한국어로는 단문이다. (3)과 (4)를 참고해 주기 바란다. 영어에선 두 문장이 관계대명사라는 접속대명사에 의해서 연결된 구조인 것이다.

(3) 이름이 존인 + 소년이 나를 찾아왔다.

(4) A boy whose name is John visited me.(=A boy visited me. + His name is John.)

3. 품사론

3.1. 품사의 분류

문 1. 구조(構造)로 본 단어의 분류는 어떻게 하는가.

답 우리 문법에서 단어의 개념을 '최소 자립형식(最小自立形式, mininal free form)'에 두고 있다. '물, 불, 머리, 다리 ; 먹다, 붙다, 쓰다, 길다…'와 같은 단어를 단일어(單一語, simple word)라 한다. 단복(單複)이란 말이 있듯이, 둘 이상의 단어로 이루어진 단어가 복합어(複合語, compound word)이다. 단일어나 복합어에 접사(接辭)가 붙어 이루어진 단어를 파생어(派生語, derived word)라 한다. 접사의 기체(基体,base)가 단어이기 때문에 단일어에도 복합어에도 붙을 수 있다. 단어 형성(word-formation)의 방법은 형성의 기체가 단어에 있기 때문에 복합법(compounding)과 파생법(derivation) 둘밖에 없다.

[붙임] 1. 형태소(形態素)를 중심으로 한 단어 형성론은 우리말에 적응될 수 없다. 우리말의 활용어는 죄다 복수(複數)의 형태소로 되어 있어 복형(複形, complex form)이다. 이것은 형태소의 수효로 단일어, 복합어로 나눌 수 없다.
형태소(어근) 중심으로 분석하였기에 '먹이'를 복합어로 처리한 것이다. 활용접미사가 붙으면 단일어이고 파생접미사가 붙으면 복합어이라는 모순에 빠진다. '먹이'가 복합어의 범주에 들어갈 수 없는 결정적 사유는 두 단어의 복합이 아니라는 것이다. '어근+접미사' 형의 단어를 복합어에 넣은 사례는 아직 없다.
2. 국정 교과서의 복합어의 하위분류(下位分類)에 합성어(어깨-동무), 파생어(풋-사랑)를 양립시킨 것은 논리에 맞지 않는다.
compound (word) : a word made up of two or more

existing words, such as steamship.'

'어깨동무'를 복합어 가운데의 합성어(合成語)라 하였는데 이 용어는 ISO의 기준으로 어떻게 번역되어야 하는가. '어깨동무'와 같은 짜임의 말을 문법에서 복합명사(compound)로 옮기고 있다. 일반적 의미로 복합(複合)은 같은 것들의 결합을 말하고, 합성(合成)은 잡다한 것들의 결합을 말하고 있다. 합성어(合成語)와 복합어(複合語)의 혼란은 1955년으로 소급된다.

'…單一語(simple word)와 合成語 或은 複合語(complex or compound word)의 두 가지로…' 〈李熙昇(1955), 『國語學概說』, 민중서관, p.210〉

문 2. 단어의 문법학적 이름 짓기는 어떤 것인가.

답 우리나라에서 학술용어로서 채택한 문법 술어는 '대한문전'(『大韓文典』, 1908)에서 비롯한다. 오늘날 우리가 따르고 있는 품사 이름(단어 중심의 그것)으로 보면 '名詞·代名詞·動詞·形容詞·副詞·感歎詞'가 보인다. 이 이름들이 영문법(英文法)에서 따온 것임이 분명하다. noun → 명사, pronoun → 대명사, verb → 동사, adjective → 형용사, adverb → 부사, exclamation → 감탄사 등으로 번역된 것이다. 문법학(文法學)이 서양학에서 도입된 것이기에 불가피한 일이다. 그나마 서양 학문을 선도적으로 도입한 일본이 한자어(漢字語)로 번역하였기 때문에 동양권에서 용어의 동일성(同一性)을 유지하게 된 것이다.

이들 번역된 명칭들을 뜯어보면 무엇에 근거하여 이름을 짓게 된 것인지를 알 수 있다. 품사분류(品詞分類)의 세 기준(基準)인 기능(機能)·어의(語義)·형태(形態)로 볼 때, 「形容詞」와 「副詞」는 기능에 따랐고, 그 나머지는 의미에 따랐음을 알 수 있다.

「명사」와 「이름씨」의 대립은 1910년으로 거슬러 올라간다. 주시경 문법에서 '명사→임, 형용사→엇, 동사→움, 관형사→언, 부사→억, 감탄사→놀'로 이름 짓게 된 데서 비롯하였다. 이 한글 이름은 김두봉, 김윤경, 최현배로 이어졌다.

주시경 문법에서는 실사(實詞, 實辭, full morpheme)의 개념을 좇아 약호(略號)로 이름을 지었다. '사물을 그 이름으로 나타내는 말떼'를 「임」이라 하였는데 '이름'의 첫 음절 '이'와 둘째 음절 '름'에서 'ㅁ'을 취하여 줄인 것이다.

'임'은 '이름'의 준 꼴로 '이름으로 부르는 말의 갈래'이며, '엇'은 '엇더하-'의 준 꼴로 어떠함을 이르는 말의 갈래, '움'은 '움직이-'에서, '언'은 '어떠한'에서, '억'은 '어떠하게'에서 '놀'은 놀람의 소리를 이르는 데서 이름을 만들었다. 특별히 지적하고 싶은 것은 관형사와 부사에 대한 정의(定義)이다. 관형사는 '이, 저, 무슨'과 같은 본연의 말떼에서, 부사는 '다, 잘, 꼭, 매우'와 같은 본연의 말떼에서 이름을 지어야 하는데, 형용사인 '엇더하-'가 취한 '엇더한(→ 어떠한)'에서 관형사를 규정하고, '엇더하-'가 취한 '엇더하게'에서 부사를 규정하였다는 사실이다.

활용론(活用論)을 수용한 오늘의 위치에서 보면 활용형(活用形)에서 품사를 규정한 것이 되어 모순이라 할 것이다. 그러나 주목할 다른 면이 있다. 한 면은 관형사, 부사는 아닐지라도 관형사형, 부사형인 것만은 분명하며, 그 변형된 어형(語形)이 하는 일[機能]이 서술어의 구실이 아니라, 관형어 노릇, 부사어 노릇을 하고 있다는 사실이다. 또 다른 한 면은 형용사를 자립형식(自立形式)이 아닌 '어떠하-'에서 찾았다는 사실이다. 영어의 형용사 'beautiful'이 우리말로 어떻게 대응(對應)될까. 'beautiful flower'에서는 '아름다운'이지만, 'This flower is beautiful.'에서는 '아름답-'이 아닌가. 영어권의 학생들에 우리말을 가르칠 때 '아름답다=beautiful'이 될 수 없지 않은가. 주시경 문법에서 교착어(膠着語, 添加語)의 특성을 발견하는 지혜가 필요하다. 저작권자가 문화체육부이고 편찬이 서울대 어학연구소인 'Korean through English'에는 한국어의 활용어 동사를 'action verb', 형용사를 'descriptive verb'로 옮기고 있다. 형용사의 번역말을 'adjectival verb'로 한 것이 나을 것 같다. 'sentence-final ending'이란 표현은 있지만 'word-final ending'이란 사용은 없다.

언어를 대상으로 연구하는 이는 말을 손상시키는 판관이 되어서는 안 된다. 언어 사실을 있는 그대로 기술하는 자세를 견지하여야 한다. 그 자세는 바로 사실(史實)에 충실한 역사가(歷史家)의 자세이다.

문 3. 단어 중에 수효가 가장 많은 어류는 무엇인가.

답 만물(萬物)은 세상의 온갖 물건이다. 유형물(有形物), 무형물(無形物)의 오만 가지 물건에 붙인 명칭이 이름이다. 이름이란 말이 동사 '이르다'에서 번져 온 것임에 틀림없다. '웃음, 짜깁기, 무지개…'에 이르기까지 삼라만상에 이름이니 무수하다 할 수밖에 없다. 명사를 체언[主体詞]이라 한 것은 용재(用材)로 본 이름이라 할 것이다.

문 4. 이중 기능의 단어가 있는가.

답 어형이 변화하는 단어, 동사나 형용사의 활용형(活用形)을 통해서 볼 수 있다.

'참에 삶이 우리의 정신'에서의 '삶'은 삶명과는 다르다. <u>'참에 살-'</u>에서는 동사(動詞)의 기능(職分)을 하며, 어미 '-ㅁ'에서는 명사형을 취하여, 뒤에 오는 '우리의 정신'의 주어가 되게 하였다. '일찍 일어남이 건강에 좋다'도 같은 예다. 동사와 명사의 구실을 겸하고 있는 것이다. 우리말의 동사・형용사는 예외 없이 실질 형태소(實質形態素)

와 형식 형태소(形式形態素)의 결합으로 이루어져 있다. 한 형태소에 이중 기능은 없으며, 실사(實辭)의 직분과 허사(虛辭)의 직분으로 나눠진다. 활용형 어미 '-음/-ㅁ, -기'는 영어의 동명사(動名詞)에 값하는 형태의 변화로 보게 된다. 우리 사전의 단어 수록 역사가 '기쁨, 슬픔, 외로움, 가르치심…' 등 하고많은 명사형이 굳어져 명사화(名詞化)된 것임을 보여 주고 있다.

【붙임】 1. 명사형의 세 가지 형태 (1) 명사 어형(名詞語形), (2) 명사화 접미사(名詞化接尾辭), (3) 서술 종결형의 준 형태가 있다. 예시: 외롭게 삶을 슬퍼했다. / 외로운 삶을 견디었다. / 오늘 오후의 회의는 없음.

2. 「어미의 이중 기능」 주장은 허구(虛構)이다. 세계 어느 문법에서도 동사를 서술어 전용 단어(專用單語)로 처리한 사례가 없다.

3. 한문 : 高山 - 山高. / 백설(白雪) - 雪白. / 일출 시간(日出時間) -日出.

4. 'Saying and doing are two things.'은 '말하는 것(=말함)과 실행하는 것(행함)은 별 개의 것이다'의 뜻으로 명사 saying, doing과는 다른 것이다.

문 5. '하늘이'는 명사(名詞)-조사(助詞)로 보면 두 품사 아닌가.

답 두 품사라 할 수 있다. 그러나 구조 분석에서 '하늘이'는 분석의 대상이 되지 않는다. 한동안 우리 문법에서 격변화(格變化)란 말이 쓰인 적이 있었다. 영어의 'I, my, me'에 기대어 굴절어 식으로 본 것이다. 앞에서 말했듯이 '하늘' 그 자체는 문장의 구성요소의 감이 되지 못한다. '하늘이, 하늘을, 하늘의, 하늘에…로 되어서 비로소 기능(機能)의 단위가 되기 때문에 조사(助詞)를 조사(助辭)로 다루어야 한다. 비자립(非自立)으로 첨사(添辭)의 한 가지이기에 그러하다.

[붙임] The noun is a naming word, answering the question Who?(Whom?) or What?

문 6. 명사와 동사에 문법적 기능이 주어져 있는가.

답 명사 · 동사 그 자체에는 문법적 기능이 없다고 보는 것이 옳다. 명사를 체언[임자씨]의 하위개념(下位槪念)으로, 동사를 용언[풀이씨]의 하위개념으로 분류한 『우리말본』에 근거하여 그러한 주장을 펴게 된 것이다. 현행 교과서에서도 이에 기대어 따르고 있다. 그런데 이 주장에 동조하고 있는 이도, 명사는 임자씨인데도 늘 주어가 되는 품사라 우기지 않으면서도, 동사는 풀이씨이기 때문에 언제나 서술어가 되는 것이라 강변한다.

사전은 단어를 모아 놓은 책이다. dictionary를 독일어로 Wörterbuch라 하고 있지 않은가. 사전에는 '물명, 흐르다동' 따위로 품사 표시를 하고 있다. 그리고 이어 뜻풀이가 따르고 있다. 명사나 동사는 단어를 분류한 것이기에 어류(語類)라 부르기도 한다. 하나의 말 덩이가 최소의 자립형식(自立形式)으로 머물고 있을 때 이것을 단어(word)라 하는데 이것은 개념적 단어(conceptual word) 이다. 이 단어를 굴절어 계통인 서양말에서는 문장의 구성요소(構成要素)가 되는 것으로 보게 된다. 그러나 우리말에서는 그리 볼 수 없다. 우리말은 첨가어 계통의 말이기 때문에, 단어에 통사적 관계를 나타내는 형식 형태소(形式形態素), 문장 구조를 결정 하는 구조 지표(構造指標)가 따라야 한다.

(1) 냇물<u>이</u> 흐르-<u>ㄴ다.</u>

'냇물이 흐른다'에서 '냇물이'와 '흐른다'는 단어가 아니다. 일석 이희승(一石 李熙昇)의 '어절(語節)'에 해당하는 것으로 통사적 단어

(syntactic word)이다. 이 모습을 갖춤으로써 비로소 통사적 구성의 단위가 되며, 문장 구조의 구극 구성요소(ultimate constitute)가 된다.

문 7. 명사(名詞)나 동사(動詞)가 통사적 단어(統辭的 單語)로 가는 길은 무엇인가.

답 명사에는 조사가 붙고, 동사는 실질적인 의미(意味)를 보이는 부분(=語幹)에 문법적 의미를 보이는 부분(=語尾)이 함께하여 비로소 문장 구조 속의 언어 단위가 된다. 이것이 바로 통사적 단어인 것이다. '사람이, 사람의, 사람을, 사람에게…'는 우리말이 교착어임을 분명히 보여 주고 있다 할 것이다. 그런데 '먹다→ 먹는, 먹게, 먹음, 먹는데, 먹는다…'는 굴절어적(屈折語的)인 모습이라 할 수 있다. 그러나 영어의 동사 변화의 틀(mode)과 우리말의 활용의 틀[模型]은 완전히 다르다. 영어는 원칙적으로 어형변화(語形變化)이고, 우리말은 어미변화(語尾變化)이다. 교착어에 속하는 우리말은 조사와 어미가 문법적 단위(文法的單位)나 문법 구조(文法構造)의 지표(指標, marker)가 되는 중요한 구실을 하고 있다.

우리말의 활용론에는 활용의 틀(体系)이 잡혀 있지 않다. 굴절어와는 달리, 우리말의 어미변화는 어미 교체(語尾交替)로 처리함이 마땅하다.

문 8. 관형사란 용어의 내력은 무엇인가.

답 이 용어는 최현배의 『조선어(朝鮮語)의 품사분류론(品詞分類論)』 '조선어문연구(朝鮮語文硏究, 1930)'에서 처음으로 등장한다. 낱말꾸밈씨의 한 갈래로 '어떠한' 것임을 보이는 씨 「어떤씨[冠形詞]」의 괄호 속에서 나타난다. 이 한자어를 채택한 이유는 자세히 알 길이 없다. 나의 생각으로는 한글 용어 「어떤씨」는 주시경 문법에서 따 온 것으로 보이며, 한자 용어는 영문법의 영향이 아닐까 하는 것이다. 다들 알고 있는 바와 같이 영문법에서 명사를 단골로 수식하는 품사는 관사(冠詞)와 형용사(形容詞)의 둘이다. 이 두 품사를 합성하여 관형사(冠形詞)라 이름 짓게 된 것이 아닐까 하는 추측이다.

흔히 문장 속에서 명사 수식어는 있어도 없어도 되는 말이라 여기나, 논리적으로 따져 보면 전칭(=모든)이냐 특칭(=어느)이냐와 같은 한정이 있게 마련이다. 영어의 determiner[限定詞]는 필수적이다. 우리는 예사로이 '산이 높다', '강물이 맑다'로 말을 하지만, 모든 산, 모든 강물이 맑다는 것을 말하는 것이 아니지 않은가. 다만 겉으로 나타내지 않을 뿐 숨어 있다고 보아야 할 것 같다.

문 9. 감탄사와 부사는 어떻게 다른가.

답 영어로 감탄사를 'interjection', 부사를 'adverb'라 한다. 감탄사는 문장 속에 던져지는 고립적인 어류(語類)로 감정(感情)이나 의지(意志)를 표현하는 말로 받아들여지고 있다. 흔히들 쉽게 희로애락(喜怒哀樂)을 나타내는 말로 표현하기도 하나, '제기랄'이나 '아뿔싸'와 같이 의지의 표현으로 나타나기도 한다. 그런데 재채기나 하품의 소리는 생리적 현상의 하나로 거기엔 감정이나 의지가 담겨져 있지 않다. 재채기를 한 뒤에 내는 소리 '개치네쒜'가 반사적(反射的)인 것이냐 정의(情意)의 표출이냐 하는 데 대해서 검토를 해 봐야 할 것이다. 남한의 사전 풀이에 비하여 북한 사전의 풀이가 구체적이다. 풀이를 보면 '미신적 관념에서 고뿔이 들어오지 말라고 재채기를 한 뒤에 일부러 외치는 말'로 되어 있다. 의도(意圖)를 담고 있는 주관적인 단어로 보게 되면 감탄사인 것이 분명하다. 감탄사의 범주에 의성어(擬聲語)를 포함시키는 경우가 있는 것이 사실이다. 심지어 동물들의 울음소리,

종소리, 총소리 따위까지를 감탄사로 처리하는 경우다.(박술음(朴術音), 『학습영문법(學習英文法)』, 1981, pp.590~592.) 이렇게 처리하다 보면 모든 시늉말[象徵語]이 감탄사로 둔갑하게 될 우려가 있다. 닭의 울음소리 '꼬꼬'나 '꼬끼오'는 사람들이 내는 흉내말이므로 감탄사가 될 수 없는 것이다. 감탄사는 주관어(主觀語)이다. 따라서 그 말이 사용자를 떠나게 되면 감탄사가 될 수 없다고 보는 것이 바른 접근이라 할 것이다.

(1) 아이고, 큰일 났네.

(2) 아이고 아이고 하며 통곡하였다.

위에서 (1)의 경우는 정의(情意)의 표출이므로 감탄사이나 (2)의 경우는 남이 낸 곡소리를 시늉하였을 뿐, 언어 사용자의 감정이 실려 있다고 볼 수 없다. '어여차[=어기여차]'와 같은 말을 『표준어대사전』에서는 감탄사로 품사 매김을 하고 있으나 이 말은 합력(合力)의 소리시늉말이다(『조선어 표준말 모음』 109면을 참고하기 바란다.). 같은 말이어도 사용에 따라 감탄의 표현일 수도 있고, 단순한 소리시늉말일 수도 있다. 단순한 시늉의 경우는 감탄사로 다루어서는 안 되며 부사로 처리해야 할 것이다.

감탄사와는 달리 부사는 다른 말과 통어관계(統語關係)를 가지게 마련이다. 예를 들면 아래의 (3)을 '참으로 좋다'로 보게 되면 부사가 될 것이요, (4)의 경우 '참'이 회의적(懷疑的) 감정을 표현하는 것이라면 감탄사가 될 것이다.

(3) 참 좋다.

(4) 참, 알 수 가 없네.

감탄사를 총체적으로 파악하려면 관계되는 어휘들을 검색(檢索)해야 한다. 남북한의 사전들을 함께 살펴보는 것도 한 방법이다.

(5) 어디 두고 오느냐.

(6) 어디, 두고 봅시다.

위의 (5)의 경우 '어디'는 '두고'에 걸리는 부사어[位置語]이지만, (6)의 경우 '어디'는 '벼르고 있는 마음속의 느낌'을 나타내는 말로서 다른 문장성분과 문법적 관계를 맺지 않고 고립적 위치에 놓여 있다.(유목상, 『한국어의 문법구조』, 2007, 124~126면을 참조하기 바란다.) 학생들의 도움을 얻어 감탄사 목록을 새로 만들거나 또는 『우리말 역순사전』(유재원, 정음사, 1985) 느낌씨(pp.786~791)를 중심으로 용례를 찾아 그 용법을 살펴보는 방법도 생각해 볼만하다.

3.2. 동사·형용사

문 10. 형용사(形容詞)라는 명칭은 적절한가.

답 동사 '형용하다'의 일반적 용법은 '말로 형용할 수 없다, 말로 형용하기 어렵다'와 같이 쓰이고 있다. 그런데 문법용어에서는 '수식하다(modify)'의 뜻으로 사용되는 말이다. 용법에 모순이 있지 않은가. 영어의 'adjective'를 한자어로 번역할 때 그리 한 것이다. '명사를 수식하는 말무리[語類]'로 지은 이름이다. 그러나 관용(慣用)의 법칙에 따라 그대로 사용할 수밖에 별 도리가 없다. 영어의 'adjective'에는 적합한 이름이지만 한국말의 ' 높다, 맑다,…'에는 적합한 이름이 아니다. '높은(=high), 맑은(=clear)'에는 합당하지만, '높다, 맑다'엔 적용될 수 없다. 화용론(話用論)의 위치에서 보면 모든 서술어는 동사(動詞)이다. 서술어엔 서법(敍法)이란 것이 있어 화자(話者)의 심의(心意)가 담겨 있기 때문에 동사적이라는 것이다. 그래서 정렬모의 '동작동사(動作動詞), 형용동사(形容動詞)'는 재검토의 여지가 충분히 있다 할 것이다.

『붙임』 1. 형용(形容)명의 개념은 '형태(形態), 용모(容貌), 모양, 상태, 모습, 꼴'이다. 일본문법에서는 형용동사를 Adjectival verb라 번역하고 있다.

2. 중등학교 학생들에게 '형용사가 뭐에요'라 질문하면 '명사를 꾸미는 말'로 대답한다. 그런 대답이 어디에서 온 것일까. 국어 교육이 외국어 교육에 밀려 있음이 아닐까.

문 11. 형용사(形容詞)란 이름은 같은데 한국어와 영어에서는 다른 이유는 무엇인가.

답 동사 · 형용사의 활용에는 차원(次元)이 다른 두 측면의 활용이 있다. 그 하나는 단어 차원의 활용이요, 다른 하나는 서술어로서의 활용이다. 단어 차원의 활용은 관형사처럼, 부사처럼, 명사처럼 쓰이게 하는 활용이며, 서술적 차원의 활용이다. 종결형, 연결형에 나타나는 어미들이 문장을 변형시키는 것으로 보면 틀림없다.

우리말의 '높다'는 형태론적 활용으로 '높은, 높게, 높음…'이 이루어지고, 서술적 활용으로 '높다, 높네, 높으오, 높습니다… ; 높으니, 높으며, 높지만, 높아서, 높으면…' 따위로 널리 쓰인다. 영어의 형용사는 서술형을 지니지 못하기 때문에 그 단어가 제 홀로 서술어가 되지 못한다. 영어의 형용사 단어 'high'는 '높은'의 뜻뿐이며, '높다.'로 하려면 'be high'로 구(phrase)를 이루어야 한다.

[붙임] 1. 동사 · 형용사는 용언이기 때문에 항시 서술어에 묶여 있다고 하는 것은 『우리말본』에 사로잡힌 편견(偏見)의 결과이다. 추측(推測)은 '미루어 헤아림, 소식(小食)은 '적게 먹음'처럼 단어로 쓰이는 것이 예사이다. '자는 시간, 쉬는 시간, 일하는 시간 ; 맑은 날, 느리게 가는 차, 하늘은 나는 비행기… flying machine[Flugzeig (독)]은 비행기(air plane)의 옛말로 신조어 「날틀」을 만들어 낸 원조의 말이다. 영어 동사의 쓰임에도 정법(定法)과 부정법(不定法)이 엄연히 있지 않은가.

2. 국정 교과서에서 부사형을 인정하지 않았다. '정직하다→ 정직히, 순수하다→ 순수히'로 전성되나, '후덕하다→ 후덕하게, 박덕하다→ 박덕하게'로 나타난다.
「잘 살아도 내 팔자요, 못 살아도 내 팔자」는 '넉넉하게 살아도 가난하게 살아도 운명'이라는 낡은 생각의 속담이다.
'넉넉하게 살다, 가난하게 살다'를 사용하고 있으면서 부사형을 부인할 수는 없지 않은가.

3. '꽃다이, 아름다이'가 죽은 말이 되어가고 있다. '긴요히, 요긴히'가 '긴요하게, 요긴하게'로 옮아가고 있다.

문 12. 우리말 형용사의 영어 표현은 무엇인가.

답 한영사전(韓英辭典)은 한국어를 영어로 옮긴 것이다. 우리말의 형용사를 'adjective'로 옮기고 있다. 반대로 영한사전(英韓辭典)은 영어를 한국어로 옮긴 것이다. 'adjective'를 형용사로 옮겼다. 곧 '형용사=adjective'이다. '붉다'의 영역(英譯)은 'red'이고, 'red'의 한역(韓譯)은 '붉은'이다.

영어 형용사의 본래적 용법은 수식(修飾)에 있고, 한국어 형용사의 본래적 용법은 서술(敍述)에 있다. 어류(語類)가 다른데 같은 명칭(名

稱)을 쓰고 있으니 혼돈이 생기게 마련이다. 영문학자는 영어의 기능에 따른 대답을 하고 있다. 이 국제화시대에 이런 잘못된 대응(對應)을 그대로 반복하고 있다. 외국인을 상대로 우리말을 가르치는 곳에서는 우리의 형용사를 'descriptive verb'로, 동사를 'action verb'로 구별을 지어 번역하고 있다. 이것은 형용사의 기능이 동사의 서술 기능과 같아서 영어의 'adjective'와 다르다는 것을 밝힌 것으로 올바른 대응이라 할 것이다. 형용사란 용어가 'adjective'의 번역어이기 때문에 처음부터 잘못된 것이다. 동작동사(動作動詞), 형용동사(形容動詞)와 맥을 같이하는 것이라 볼 수 있다.

문제는 용언이 아닌 'red'를 용언(declinable word)으로 맞세웠다는 데에 있다. 영어의 형용사는 'red : 붉은(것)'으로 대응시키는 것이 바른 길인 듯하다.

『붙임』 1. 일본어에서는 단어의 상대는 단어라는 입장에서 'utsukushii=beautiful'로 맞세우고 있다.(utsukushii hana=beautiful flower)

2. 사전에 등재된 '곱다'는 기본형으로 '-다'에 아무런 기능이 없기 때문에 그리 대응시켰다손 치더라도 비용언(非用言)을 용언의 기본형으로 대응시킨 것은 잘못된 것이다. 언더우드의 '한영ᄌᆞ뎐'(1890)에서 red를 '붉은'으로, '붉소'를 'to be red'로 대역(對譯)한 바 있다.

〈예〉 red lamp : 붉은 램프, This flower is red. : 이 꽃은 붉다.(=이 꽃은 붉은 것이다.)

3. 화행론(speech act theory)의 입장에서 보면 형용사 서술어 서법이 있기 때문에 형용동사인 셈이다.

문 13. 화행론에서 보면 우리말의 동사 · 형용사가 다 동사라 할 수 있나.

답 언어행위 이론으로 보면 우리말의 끝맺음은 다 수행동사의 기능을 하고 있다 할 수 있다. 한국말은 말하는 이의 의도(意圖)에 의하여 마무리되는 형식을 취한다. 문장의 종결어미(終結語尾)로써 문장 구조(sentence structure)를 완결시킨다.

이것은 한국어의 종결어미가, 이른바 수행동사(performative verb)의 기능을 하고 있는 것으로 볼 수 있다. 곧 말하는 이의 단언(斷言), 질문, 요구, 약속, 명령, 바람, 다짐 등의 기능이 언표내적(illocutoinary) 행위의 종결에서 수행되고 있다는 사실을 명백하게 보여 주고 있다. 영어 'Chicago is in the United States.'는 중국어로는 '芝加哥在美國.'으로 표현되며, 우리말로는 '시카고는 미국에 있소'로 나타나는데, 화행론[發話行爲理論, speech act theory]에서 보면 '(I state that) Chicago is in the United States.'로 해석된다. 'is'나 '在'에 '단언(斷言)하다'의 뜻이 없다. 다만 마침표(.)가 그것을 대신하고 있을 따름이다. 그런데 우리말에선 '-소'가 듣는 이를 대우하면서 단정(斷定)하고 있다.

언중지의(言中之意)와 언외지의(言外之意)를 함께 담고 있는 것이 교착어의 특성이라 본다.

『**붙임**』 1. 주시경 문법에서 끗[終止詞]라는 품사를 세워 '할 말을 다 마치게 함을 이르는 여러 가지 단어를 다 일컫는 것이다'라 한 바 있다. 그리고 이것들을 아래와 같이 분류한 바 있다.

이름[陳說] 다, 리라, 요, 오, 소, 지

물음[問說] 냐, 뇨, ㄴ가, 야, 지, 요, 오, 지요

시킴[命說] 아라, 오, 소서, 십시오

홀로[自說] 고나, 도다, 로다, 지,야, ㄴ가, 뇨, 랴

(金敏洙, 『周時經 硏究』, p.258 참조)

현대의 규범문법으로 보면 이들은 다 종결어미로서 마침표[終止符]라는 문장부호(文章符號)와 함께 하고 있는 서술어의 일부이다. 평서문의 어미, 의문문의 어미, 명령문의 어미, 감탄문의 어미들로 구별될 수 있다.

문제의 핵심은 우리말의 문장 구조의 말미(末尾)에 언어행위자(言語行爲者)의 발화 의도(發話意圖)가 뚜렷이 나타나 있다는 사실이다. 종결어미라는 이름의 이 종지사(終止辭)가 말하는 이의 몫이란 것을 부인할 한국 사람은 한 사람도 없을 것이다. 문장의 종지사(終止辭)를 지니지 못해, 보조기호인 문장부호로 서법(敍法)을 대신하는 언어권(言語圈)의 학자들이 제기한 언어행위 이론(言語行爲理論)이 우리말 문법 이론을 세우는데 좋은 암시를 주고 있는 것으로 여겨진다.

2. 정렬모는 종래의 형용사를 동사의 테두리에 안에 두었다. 종래의 동사를 동작동사로, 형용사를 형용동사로 세웠다.(동사를 나누어 동작동사와 형용동사의 둘을 세운다.) 〈『신편고등국어문법』, 塔出版社, 1985, p.75〉

   동사(action verb), 형용사(adjectival verb)

3. 영한사전의 blue는 '푸른'이고, 한영사전의 '푸르다'도 blue로 대응되어 있다. 활용어의 기본형은 단어의 대표 형태이며 서술어 형태가 아님을 밝혀 주는 보기이다. 일본말에선 'blue sky'나 'The sky is blue.'가 똑같이 'aoi'로 표현된다. 그러나 사전의 'aoi'는 'blue'와 맞세운 단어이다.

문 14. 동사 · 형용사의 변별[분별] 방법은 무엇인가.

답 의미상으로 보게 되면, 이름 그대로 동작을 나타내는 품사, 기능상으로 보면 거의 같다. 형태상으로 보면 활용형에 다름이 있다.

[달다]에 '달다(懸)동, 달다(甘)형, [이르다]에 이르다(謂)동, 이르다(早)형…'는 동음이의어(同音異意語)이다. 체언, 용언 가릴 것 없이 음은 같으나 뜻이 다른 말이 수없이 많이 있다. 그 이유는 형태소가 다르기 때문이다. 단어(單語)라는 것이 의미를 지닌 말의 낱덩이이기 때문에 '의미'에 의하여 달라지는 것이다. 활용의 형태는 부수적인 것이다.

『붙임』 1. 동사와 형용사를 견주어 볼 때 동사가 절대적으로 우세하다. '늙다, 젊다 ; 밝다, 어둡다…' 따위는 본래 형용사로서 '늙어지다, 젊어지다, 밝아오다, 어두워지다' 꼴로 쓰이던 것들인데, 동사에 밀리어 '늙는다, 밝는다…' 꼴의 동사적 활용으로 동사로도 다루게 된 단어들이다.

2. '멀다형'와 '멀어지다동'는 의미소(意味素)를 두고 보면 같다. 그런데 활용의 형태가 다르다. 그것은 '지다'에 의하여 달라진 것이다. 그런데 형태의 변화로 동사・형용사를 구별하려는 이가 많다.

3. 일본어 교육에 젖은 이들이 일본어의 'suru, naru'에서 구별하듯이 하는 일이 과거에 있었다.

문 15. 보조용언(=보조동사・보조형용사)은 무엇인가.

답 먼저 용언(用言)의 개념 설정이 이루어져야 한다. 일반적으로 보조동사(補助動詞), 보조형용사(補助形容詞)를 아울러 보조용언(補助用言)이라 말한다. 영문법의 본동사(main verb)와 조동사(auxiliary verb)와 견주어서는 안 된다. 영어의 경우는 본동사와 조동사가 동사구(verb phrase)를 이루어 서술어 기능을 하게 된다. 그러나 본동사와 조동사가 어울려 하나의 단어로 되는 일이 없다. 이것은 문법 기능의 단위체(單位体)라는 이야기다.

우리말의 본동사와 보조동사의 관계는 이와 완전히 다르다. 굳이 번역한다면 본동사는 실질동사(full verb)이고 보조동사는 형식동사(empty verb)라 할 것이다. 본래로 보조동사는 존재하지 아니한다. 선행 동사에 딸리어 본래의 의미를 잃고 부수적 의미(附隨的 意味)로 쓰이는 동사를 가리키어 일컫는 용어이다. 그래서 한 단어로 뭉친 어휘들이 수없이 많이 있다. 같은 구성형(構成型)이지만 「걸어-가다」는 복합어이지만 「잃어-버리다」는 단일 어근(單一語根)으로 단일파생어(單一派生語) 성격의 단어 구성으로 보게 된다.

우리말의 실상(實相)에 미루어 보아 보조용언이 따로 없다고 본다. 본동사(本動詞)의 보조적 용법으로 보는 것이 타당하다고 본다.

(1) 쓰레기를 버려 주세요.

(2) 다 주어 버렸다.

(3) 사람들이 비웃어 쌓는다.

(4) 모두가 혹독하게 나무라 댄다.

(5) 눈을 감아 보라.

(1)-(5)에서 보다시피 '주다, 버리다, 쌓다, 대다, 보다'는 본래의 뜻으로 쓰이지 못하고, 앞선 용언의 뜻을 보조해 주는 용법으로 쓰였다.

유일한 보조형용사(補助形容詞)로 '싶다'가 있는데 이 말은 '-고 싶다' 꼴로는 바람(願望)을, '-는가(-을까) 싶다'의 꼴로는 내다봄(展望)의 뜻을 나타낸다. '-고 싶다'는 옛글에서 '-고자 싶다'의 형태로 쓰였다.

【붙임】 1. 이른바 보조동사, 보조형용사란 통사관계에서 실질적 의미를 그대로 유지하느냐 잃느냐에 의하여 가름되는 성질의 것이다.

'앉아 가다 : 변해 가다'

한글맞춤법 제47항의 규정으로 붙여 쓴 단어들이 크게 늘어났다.

2. 우리말에 본래 보조동사(本來補助動詞), 본래 보조형용사(本來補助形容詞)가 존재한 것으로 보지 아니한다.

「활용어 + 활용어」 구성(構成)에는 (1) 복합 관계 (2) 수식 관계 (3) 부정 관계 (4) 보조 관계의 넷이 있을 뿐이다. 예로 들어 보면 (1) 살아 있다(=生存하다) (2) 크게 웃는다 (3) 변하지 아니하다(=不變하다) (4) 변해 가다, 따위와 같다. 이들은 다 통사적 범주 속의 관계로 보게 된다. 그 이유는 이들이 결합을 이루어 단어화(單語化)되기 때문이다. 이 가운데 보조적 위치에 있는 말들이 부수적(附隨的)인 자리에서 벗어나 홀로 쓰이는 경우에는 예외 없이 본래적인 동사, 형용사의 값을 지니게 된다.

3. 우리말에 보조적 용법이 범람하게 된 것은 일본의 강점 아래 있던 시대에 일본어의 영향 때문이라 본다. 옛말에는 이렇지 않았다. 일본말의 「kudasai(해 주시오), shimau(해 버리다) miru(해 보다), iku(해 가다) oku(해 놓다), yaru(해 주다), oku(해 놓다), naru(가볍게 되다), …」 근래는 전후의 일본말을 그대로 옮겨 「하지 말아 주세요」가 쓰이는 판이다. '슬픈 영화가 날 울려 줘요'라는 표현은 이제 옛 이야기가 되었다.

4. 통합관계(統合關係)는 의미상의 관련성(關聯性)에서 찾을 수밖에 없다. '먹어 보자 : 먹고 보자, 살아 있다(生存) : 살고 있다(居住), 일이 없어 놀고 있다 : 어린이들이 운동장에서 놀고 있다'를 견주어 판단할 일이다.

오직 하나인 보조형용사 「싶다」(← 시프다)의 중세어 용법이 '-ㄹ까 시프다, -고자 시프다' 형(形)으로 나타나며 '-고 싶다'는 '-고자 싶다'의 준 꼴이라 본다. 말뜻은 '그리 여기거나 바람(期

待)'을 나타내는 것으로 '알다시피'와 유연성(有緣性)이 있을듯 하다. 영어의 지각동사(verb of perception)를 연상케 하는 단어이다.

문 16. 보조적 용법의 「아니하다」의 품사 자질은 무엇인가.

답 본동사(本動詞)와 보조동사(補助動詞), 본형용사(本形容詞)와 보조형용사(補助形容詞)의 관계를 라 일컫는 것이다. 일반적으로 동사라 함은 본동사를 지칭하며, 본형용사라 함은 형용사를 가리키는 용어이다. 동사나 형용사에 딸리어, 그 본래의 의미를 잃고 보조적으로 쓰일 경우 그것을 보조적 용법이라 한다. 예를 들면 '잃어버리다'와 같은 구성 관계에서 '버리다'와 같은 용법이다. 본동사와 보조동사는 한 덩이가 되어 동사구(動詞句)를 이루게 된다.

보조동사는 '본동사와 연결되어 그 풀이를 보조하는 동사'라 한 것은 잘못된 것이다. '본동사와 함께 쓰이어 그 뜻을 보태어 주는 동사'라 규정하는 것이 바른 해설이다.

거스름돈을 주세요. → 쓰레기를 버려 주세요.
일을 하오. → 일을 하지 아니하오.
물이 깊으오. → 물이 깊지 아니하오.

『붙임』 1. 표준국어대사전의 본동사(本動詞)에 대한 설명 '보조 용언의 도움을 받는 동사'라는 논리는 주객전도(主客顚倒)의 잘못된 문법 기술이다. 보조동사는 '본동사와 연결되어 그 풀이를 보조하는 동사'가 아니라, '본동사와 함께 쓰이어 그 뜻을 보태어 주는 동사'라고 규정하는 것이 바른 해설이다.

2. 한글 맞춤법 제3절 제47항 : 보조 용언은 띄어 씀을 원칙으로

하되, 경우에 따라 붙여 씀도 허용한다.

3. 본동사는 의미동사(notional verb)이다.
4. 보조동사는 동사구(動詞句)의 한 부분으로 본동사에 딸려 있는 하위 성분이다.
5. 동사구(動詞句)가 문장의 서술어(敍述語) 기능을 하게 될 때, 이 보조동사가 서술형 (敍述形)을 취하여 문장 구조를 이루게 된다.
6. 「-지 아니하다」의 품사성은 선행어(先行語)의 의미 자질에 의해 결정되며, 그 자체는 부정 표현에 불과하다.

문 17. '크다 · 밝다'는 형용사로도 동사로도 볼 수 있는가.

답 본래 형용사인데, 동작성(動作性)으로 옮아져 동사로 쓰이게 된 것이다. '자라다'의 뜻인 '크다', '밝아오다'의 뜻인 '밝다'는 동사이다.

【붙임】 형용사 · 동사는 의미 자질에 의한 분류이다. 활용형이 똑같지 않은 것은 의미 때문이다. 동음어(同音語) 달다[懸], 달다[甘]을 보면 분명하다. 현재 시제를 기본형으로 나타내게 되면 형용사, '-는다(-ㄴ다)'로 나타내게 되면 동사라 하는 것은 변별의 한 방법일 따름이다.

문 18. 한국어 문법 항목에 수여동사를 설정할 이유가 있는가.

답 수여동사를 여격동사(與格動詞, dative verb)라고도 한다. 영어나 독일어에서 이중 목적어(二重目的語, double object) 곧 간접목적어(indirect object)와 직접목적어(direct object)를 함께 취하는 동사를 의미하는 용어이다. 영어의 인칭대명사 I~my~me가 독일어에서는 ich~mein~mir~mich로 격변화(格變化)를 한다. 영어의 me가 mir(=나에게)와 mich(=나를)를 겸하고 있다. 이 격변화에 근거하여 수여동사를 세우게 된 것이다. 우리 한국어에는 격변화(格變化)가 없다. 따라 수여동사란 것을 둘 아무런 근거가 없다고 본다.

『붙임』 1. 'I gave him this book.'을 'I gave this book to him.'으로 표현하게 되면, 뒷문장의 gave는 여격(dative case)을 취하지 않았기 때문에 여격동사로 보지 아니한다.

2. 한국어 문법에서 여격조사(與格助詞)를 부사격조사(副詞格助詞)의 하위분류(下位分類)로, 대격조사(對格助詞)를 목적격조사로 구분하고 있다. 「용비어천가」 20장의 '四海를 년글 주리여 …… 三韓ᄋᆞᆯ ᄂᆞᄆᆞᆯ 주리여'를 직접목적어와 간접목적어를 취한 것으로 해석할 근거는 없다 할 것이다.

3.3. 명사·대명사·수명사

문 19. 문법적으로 같은 어류를 명사, 대명사, 수명사로 분류하는 이유는?

답 문법학의 원류(源流)가 서양에 있다 한 바 있다. 영어의 영향을 그대로 받아 도습(蹈襲)한 결과의 산물(産物)이다. 영어에서는 명사와 대명사를 따로 세우지 않으면 안 될 필연성을 지니고 있다. 바로 격변화(格變化, I, my, me)와 인칭 지배(am, are, is)가 대명사의 문법적 특성이라 그런 것이다. 우리 문법에서 인칭(人稱)을 무엇 때문에 따지게 되는지 챙겨 봐야 한다. 명사와 대명사는 개념의 측면에서 다를 뿐이다. 명사라는 이름 아래 통합하여 개념적으로 '본명사 · 대명사 · 수명사'라 하면 될 것이다.

【붙임】 정렬모가 지은 『신편고등국어문법』(한글문화사, 1946)에는 명사만 세우고 그 작은 갈래로 본명사 · 대명사 · 미정명사 · 형식명사를 둔 바 있다. 그의 미정명사는 '누구, 무엇'처럼 일정치 않은 실질 뜻이 있는 명사라 규정하고 있다.

문 20. 명사 하위분류의 보통명사, 고유명사는 적절한가.

답 한국어문법에서는 쓸모없는 분류이다. 쉬운 예로 영어에선 고유명사는 문장 안에서 어느 자리에 놓이든 대문자(大文字)로 적게 되어 있다. 이것이 일종의 문법성(文法性)이다. 우리말은 그런 제약을 받지 않는다. 논리적으로 내포와 외연이 다를 뿐이다.

가산명사(可算名詞)니 불가산명사(不可算名詞)니 하는 것도 우리 문법에서는 필요 없는 분류이다.

문 21. 「인칭」이 우리말의 문법 사항인가.

답 일반어에 '인칭'이란 말은 없다. 영어의 'personal pronoun'을 번역하여 인칭대명사(人稱代名詞)라 하고, 그 가운데 'first person'을 제일인칭(第一人稱), 'second person'을 제이인칭, 'third person'을 제삼인칭으로 옮긴 것이다. 영어에서는 성(gender), 수(number), 격(case)에 따라 서술 동사(predicate verb)의 꼴이 달라진다. 대표의 예로 「am～are～is」를 들 수 있다. 우리 문법학은 세계 문법용어의 전시장(展示場)처럼 되어 있는 판국이다. 우리말에는 그러한 문법적 제약이 없다. 그런 사항을 우리 문법이 수용한 자체가 문제이다.

〖붙임〗 '명사'와 주어(subject word)는 문법 범주가 다르다. 그런데 '명사'를 '임자씨'라 한 자체가 틀린 것이다. '내가 나의 형님의 성공을 빌었다'에서 보다시피 어떤 조사를 취하느냐에 따라 그 기능이 다르게 된다.

문 22. '것'에 대해서 ①의존명사 ②형식명사 ③불완전명사 따위로 부르는 이유는 무엇인가.

답 분류의 기준을 어디에 두느냐에 따라 명칭을 달리하게 된 것일 뿐이다. ①은 존립도로 보아 '자립 : 의존'에서 ②는 개념상으로 보아 '실질 : 형식'에서 ③은 운용상으로 보아 '완전 : 불완전'에서 가름하게 된 명칭으로 보면 된다. 문법학을 하는 분의 선택에 따라, 같은 대상을 두고 여러 가지 이름으로 표현되고 있는 사실에 대해서 숙지(熟知)하여야 한다. 예컨대 아래 (1)-(3)과 같은 경우를 들 수 있고, 또한 'main sentence'(Jacob & Rosenbaum, 1968)를 'matrix sentence'(Reibel and Schane, 1969), 또는 'including sentence'(Rosenbaum, 1967)라 이름 지은 것도 보는 관점에 따라 달리 붙인 이름임을 알아야 한다.

(1) included sentence ↔ including sentence

(2) embedded sentence ↔ embedding sentence

(3) constituent sentence ↔ matrix sentence

영어학 연구인은 영어 사용권(英語使用圈)의 인구에 비례할 만큼 수효가 많아 백가쟁명(百家爭鳴)이라 일러도 무방하다. 우리가 받아들일 때 선별적으로 채택해야 할 것이다.

문 23. 고등학교 문법에서 우리말엔 '관계대명사가 없다'라고 배웠는데 그 이유는 무엇인가.

답 관계대명사(relative pronoun)는 같은 명사를 함께 지니는 두 문장을 한 문장으로 연결시키는 대명사를 이르는 용어이다. 그러기 때문에 관계대명사는 선행사(先行詞)와 함께 나란히 나타나게 마련이다. 우리말엔 그러한 결합 구문(結合構文)이 없기 때문이다. 참고로 두보(杜甫)의 시구(詩句) '無家問死生'의 언해(諺解)를 보면 '집이 죽으며 삶을 물을 데 없도다'로 되어 있다. 여기서 '집=데'이다. 그런데 선행어에 해당되는 것으로 볼 수 있는 '집'과 관계대명사로 비유될 수 있는 '데'는 관계어(connective word)의 기능을 못하고 있음을 보여 주고 있다. 언해는 직역(直譯)이지만 현대어로 옮긴다면 '죽었는지 살았는지 물어 볼 집이 없구나.'로 되어 관형어가 되어 버린다. 두 문장의 결합 형태라 볼 수 없는 것이다.

3.4. 조사의 개념

문 24. 조사의 이형태(異形態)는 어떻게 설명할 수 있나.

답 구승(口承)으로 「-은/-는/-이/-가」로 들어, 익혀 왔는데 문법서에 따라 그 놓임이 다르게 나타나고 있는 것이 사실이다. 주격조사는 '-이/-가'로, 목적격조사는 '-을/-를'로 배열 순서를 잡는 것이 합리적이다. 음절 구조가 「자음-모음-자음」이며 받침이 있는 명사가 다수(多數)이고 받침이 없는 명사가 소수(少數)이기 때문이다. 활용어의 어간(語幹)에서도 이와 같다.

또한 중세어의 주격조사 '-이/ -ㅣ'로 추리해 보아도 그러하다. 조사(助詞)나 어미(語尾)의 형태소(形態素) 표기와 이형태(異形態) 표기와도 관계되는 문제이다. 남북한의 문법에서 다 혼란스럽게 표기되어 나타나고 있다.

『붙임』 '물이 얼음이 되고, 얼음이 물이 된다.'에서 '-이'가 같은 형태로 주격(主格)과 보격(補格)으로 같은 기능으로 쓰일 경우 통격(common case)라 한 적이 있었다.

격(格, case)은 명사의 문법상의 자리 표지로 또는 의미상의 자리로 해석되어 왔다. genitive case(屬格)나 possessive case(所有格)는 동의어(同義語)이다.

문 25. 조사(助詞)와 조사(助辭)라는 용어 중 어떤 것이 맞는가.

답 문장이나 어구(語句)를 구성할 때 명사나 명사구에 붙어 문법적 관계를 보이거나, 어떤 뜻을 보태어 주는 부속적인 말 조각으로 기능 접미사의 자리에 있는 것이라 할 수 있다. 단독으로는 어떠한 구조의 구성요소도 될 수 없는 언어재(言語材)이다.

한문에 현토(懸吐)라는 말이 있는데 '토를 다는 것'을 말한다. 「토」가 의미를 지닌 말에 붙어 문법적 관계를 보인 것을 가리킨 말이다. 조사를 품사(part of speech의 번역어)로 볼 수 없는 형태소이기에 助辭로 처리함이 마땅하다. 조사나 접미사는 다 같이 비자립적(非自立的)인 형태소인데 문법상의 성질을 나타내는 요소(element)냐 단어 구성의 요소냐에 의하여 구별된 것이다.

품사로 보는 경우는 'postpositional word'로 옮겨야 할 것 같고, 조사(助辭)로 볼 경우에는 'postpositional particle'로 처리 하는 것으로 봐야 할 것 같다. 명칭에 상관없이 개념적 단어인 명사 아래 놓이어,

그것을 통사적 단어(syntactic word)로 되게 하는 부가적(附加的)인 형태소(additive morpheme)임에 틀림없다. 부속사(付屬詞)로서의 '-의'는 '이것은 나의 아버지의 카메라이다'(This is my father's camera.)에서 '나의, 나의 아버지의' 쓰임처럼 뒤따르는 명사의 수식어(modifier of the noun)가 된다.

우리말의 '-의'는 영어 인칭대명사(人稱代名詞)의 제2 격(格)과는 성징이 판이하게 다르다. 'my father'의 「my」나 'my father's'의 「's」가 같은 수식(修飾)의 기능(機能)을 하는 것이지만 어포스트러피('s)가 우리말의 관형격조사(冠形格助詞)와 같은 값의 기능을 하는 것으로 보인다. 대비적으로 말하면 대명사 「my」의 맞잡이가 아니며, 'Adam's apple'의 「-'s」의 맞잡이라는 것이다.

『붙임』 1. 불변어(不變語)인 명사(名詞)에 붙는 형태소이므로 대명사의 격변화(格變化)에 비기거나 대응시킬 수 없다.

2. 관형격조사(冠形格助詞)는 명사에만 붙는 것이 아니라, 명사구(名詞句)에도 붙어 놓이는 자리에 의하여 그 지배권(支配圈)이 달라진다.

[보기] 나의 아버지의 삼촌의 아들은 오촌아저씨이다.

나의 아버지/ 나의 아버지의 삼촌 / 나의 아버지의 삼촌의 아들

이런 쓰임의 어포스트러피 ('s)를 영어에서 'group genitive'라 하는데 아래와 같은 예시(例示)들이 있다.

the clerk of court's entrance / a clever newspaper's story

Milton's works(= the works of Milton)

3. 「七十生男非吾子」를 두고 '七十生男이니 非吾子라'로, '七十生男인들 非吾子리오'로 하여 토 달기에 따라 말뜻이 달라져 시비감이 되었다는 우스갯말이 있다.

문 26. **한국어 조사의 영어 표현은 무엇인가.**

답 서울대 어학연구소 편찬의 『한국어』에 'particle'로 옮기고 있다. 주격조사는 'subject particle' 또는 'particle of subject'로 옮기면 될 것으로 본다.

[붙임] (Gr.) a minor function word that has comparatively little meanings and does not inflect….

3.5. 격조사와 보조사

문 27. **격조사(格助辭)의 설정과 명칭은 어떻게 해야 하나.**

답 격(格)은 문장성분(文章成分)의 자리이다. 문장성분을 주어, 서술어, 목적어, 보어, 관형어, 부사어, 독립어로 본다면 8격을 두면 될 것이다. 그 명칭은 성분 이름을 따서 주격(主格), 서술격(敍述格), 목적격(目的格), 보격(補格), 관형격(冠形格), 부사격(副詞格), 독립격(獨立格)으로 부르면 된다.

[붙임] 1. 영어에서 인칭대명사 I～my～me로 어형변화하는 것을 격변화(格變化)라 하고 주격, 소유격, 목적격(제1격, 제2격, 제3격)이라 한다. 명사의 격변화는 소멸되어 없다.
현재 우리말에 '명사의 곡용(名詞 曲用)'은 없다고 보는 것이 타당하다. 첨가어이기 때문에 첨용(添用)을 받게 되어 있다. 격조사는 명사의 첨용사(添用辭)로 보면 된다.
2. 조사 '-으로'를 처소격(處所格)・자격격(資格格)・도구격(器具

格)·변성격(變成格)… 등의 이름은 의미상의 분류로서 분류 방법에 따라 일정할 수 없다. 격문법(格文法, case grammar)의 분류를 보면 뚜렷이 알 수 있다.

문 28. 격조사(格助辭) 설정을 위한 바른 입장은 무엇인가.

답 사전의 올림말에 명사 종류의 단어가 가장 많을 것이다. 그 많은 명사(名詞)들이 낱낱으로 가나다 순(順)으로 실려 있을 뿐, 어떤 통어적 관계(syntactic relationship)에 자리 잡고 있지 않기 때문에 격(格)이 없는 상태이다. 우리말의 명사는 형태가 고정되어 있어 불변어(不變語)이다. 명사의 격(格)은 통어적 관계에서 명사의 놓인 자리[地位]를 말하는 것이다. 영문법에서 주격(主格), 소유격(所有格), 목적격(目的格)으로 차례를 잡은 것은 인칭대명사 'I~my~me'에 근거한 것이다. 명사엔 격변화가 없고 어순(語順)에 의하여 격(格)이 정해진다. 우리말의 격조사(格助詞)를 몇 개로 잡을 것인지는 우리가 정할 문제이다. 주격조사(主格助詞) '이/가'는 놓이는 자리에 따라 보격조사(補格助詞)일 수도 있다.

(1) 말이 사슴이 아니다.
(2) 사슴이 말이 아니다.
(3) 10월 9일은 한글날이다.
(4) 낮 말은 새가 듣고 밤 말은 쥐가 듣는다.
(5) 재주는 곰이 넘고 돈은 호인(胡人)이 받는다.
(6) 이것은 누구에게 줄까.

[붙임] 1. '하늘의 무지개'의 '하늘의'는 관형어(冠形語)이다. 관형격조사, 부사격조사라는 것이 있다. 명사가 조사의 첨용(添用)으로 다

른 품사 맞잡이 말이 되면, 이들을 단어형성소[語素]처럼 처리하기도 한다. '참-으로, 진살-로'와 같은 경우이다.

2. '-은/-는'은 강조(强調)의 제시(提示)로 주어나 목적어로 쓰이기도 하고, 대조(對照)의 경우에도 쓰인다.

3. 언어유형론(言語類型論)으로 어순(語順)에 의한 문형(文型) 'SOV'형(型)에 따르게 되면 목적어가 문장의 직접 성분이지만, 타동사(他動詞)의 동반(同伴)으로 보게 되면 동사구(動詞句)의 구성요소(構成要素)로 보게 된다.
'눈-뜨다, 더위-먹다, 눈물-짓다, 성-내다, …' 등은 복합어(複合語)로 된 것들이다.

문 29. '보조사'라는 명칭의 형성 과정은 무엇인가.

답 격조사(格助詞, 格助辭)와 유별되는 보조조사(補助助詞)를 '보조사(補助詞)'라 칭하는데, 이는 『우리말본』에서 보인 '도움 토씨(補助詞)'에서 따온 것이다. 그 용어 풀이는 '돕는(補助하는) 구실(職務)을 하는 토'로 되어 있다. 최현배 지음 『새로운 중학 말본』(1969)에서는 '보조조사(도움토씨)로 되어 있다(p.88). 이것으로 미루어 보면 '보-조사'로 보아야 한다. 그런데 '학교 교장→ 학교장, 학회 회장→ 학회장'의 축약은 어떠한가. '학교-장, 학회-장'으로 보게 된다. 그런데 '민주주의'는 줄어들 수 없다. '보(補)'가 '보조(補助)'의 의미를 나타내지 못한다고 한다면 '보조사'는 '보조-조사'로 표현되어야 한다고 본다. '보조사'라 하면 여러 접사(接辭)들까지 포괄적으로 일컬을 수 있는 용어(用語)가 되기 때문이다. 격조사가 삼음절어(三音節語)이니까 거기에 맞추어 보조사라 한 것 같다.

문 30. 독립격과 일어문(一語文)의 관계는 무엇인가.

답 의미상으로 따져 보통 호격(呼格)이라 부르는 그것을 독립격이라 하는 것인데 생소한 이름이다. 왜 독립격이란 용어를 쓰게 되었는가 하면 통어관계(syntactic relation)를 맺지 않고 외톨박이로 논다고 하여 붙인 이름이다. '일어문(一語文)'이란 표현을 하는데 엄격히 말하여 '일어문'이란 있을 수 없다. 명제(命題)로 성립될 수 없기 때문이다. 일어문(一語文)이란 생략문(省略文)이다.

문 31. 한국어에 복합 조사가 있는가.

답 영어에는 복합 전치사(compound preposition)가 있다. 그러나 한국어에는 복합 조사라는 구성체(構成体)가 존재하지 않는다. 첨가어 계통 언어의 특성으로 보아야 할 것 같다.

(1) 오전 9시부터 일이 시작된다.

(2) 오후 5시까지 일을 하게 된다.

(3) <u>12시부터 13시까지</u>가 점심시간이다.

(4) <u>13시부터는</u> 자리를 지켜야 한다.

겉모습으로는 조사의 복합으로 보이나 하는 일[機能]이 다르다. 보조조사는 보조적 의미(補助的意味)를 지닌 조사를 말한다. '처음부터 끝까지'가 부사어이다.

(5) <u>늦게까지</u> 이야기를 나누었다. / <u>아침때까지도</u> 모르고 있었다.

(6) <u>입고 먹고 자는 일부터가</u> 문제이다. (=시작으로 입고 먹고 자는 일이 문제이다.)

[붙임] 三世는 저와 아들와 孫子왜라(=三世는 저와 아들과 孫子와이라) '-왜'[조]를 " '와'에 '이'가 겹친 토"라 한 것은 자형상(字形上)으로 복합된 형태이라는 것일 뿐, 복합의 언어형식이란 표현이 아니다.

[문] 32. '내 나라, 나라의 꽃'에서 '-ㅣ, -의'는 관형형(冠形形)인가.

[답] 우리말이 첨가어 계통의 말이기 때문에 명사의 격변화(格變化)를 인정하고 있지 않다. 용언에서만 어형의 변화가 있다고 보고 있다. 어미변화(語尾變化)에 의하여 관형사의 직능(=하는 일)을 하게 될 경우에 한하여 이 용어를 사용한다. '내(=나의)'나 '나라의'는 명사에 조사가 첨가되어 관형어 노릇을 하게 된 것이다. 소유격(所有格)이라 이르기도 하나 기능에 따른 이름으로 관형격조사라 부르는 것이 마땅하다.

[붙임] 수식어를 부속성분(附屬成分)이라 하여 있어도 되고 없어도 되는 것으로 보는 이들이 있는데 필수적인 경우가 있다.

(1) 저 사람이 그 말을 전했다.

(2) 아버지의 아버지가 할아버지다.

의미구조를 충족시키지 못하는 문법구조는 허구이다.

3.6. 조사 '-이다'

[문] 33. 「-이다」 서술격조사라는 용어의 유래는 무엇인가.

[답] 지정사, 체언의 활용어미, 서술격 어미 등 여러 설로 이견이 있던 것을 정인승(鄭寅承)이 서술격조사로 확정했다. 기본형

'이다'의 활용 기반(基盤)을 '-이-'에 두었다.

【붙임】 1. 『우리말본』의 잡음씨[指定詞]는 현안의 문제로 재론의 여지가 많은 것으로 본다.
정인승은 '이다 · 아니다'의 활용 형태가 완전히 같은데도 '이다'를 서술격 조사로, '아니다'를 형용사로 처리하였다. 초등학교 교과서에서처럼 '그것이 소나무 이다. ↔ 그것이 소나무가 아니다.'로 맞세울 때 논리상의 문제가 생기게 된다.
2. 북한 문법에서는 쓰임을 바꾸어 주는 토라 하여 '바꿈토'라 이름 붙이고 있다. 이것은 체언 자체에 따로 쓰임[용법]이 있다는 것을 전제로 한 규정이다. 속격(屬格)의 '-의'는 바꿈토의 범주에 넣지 않았다.
3. '무엇이 무엇이 -다'로 보아 종결어미 '-다'가 어느 단어나 문장의 성분의 일부가 아니라, 문장 전부를 지배하는 것으로 보는 견해도 암시적으로 제기된 바 있다.

문 34. '-이다'의 활용 기반(base)은 무엇인가.

답 '-이다'의 품사적 자질에 대해서 논란(論難)이 많은 것이 사실이다. 현재 학교문법에서는 서술격조사(敍述格助詞)로 처리하고 있다. 동사나 형용사의 활용 기반이 어간(語幹)에 있다는 것은 일반적 상식에 속한다. '백성은 물이요, 임금은 배다.'에서 활용의 기반을 '물[水]', '배[舟]'에 있다고 보는 견해와 '-이다'의 '이-'에 있다는 견해가 있을 수 있다. 활용어(活用語) '읽다, 맑다'와 견주어 보면 「명사 + -이다」의 구성이 '실질형태소 + 형식형태소'로 명사가 어간 맞잡이의 자리에 놓인 것이라 볼 수 있다.

북한의 문법에서는 '-이다'의 '-이-'를 체언을 용언형으로 만드는 데 쓰이는 '바꿈토'로 처리하고 있다. 용언을 '서술적 단어의 부류(部類)'로 보고 있는 것이다. 애매모호한 표현으로 사람에 따라 제멋대로 해석할 여지가 있는 기술(記述)이다. 체언을 용언처럼 쓰이게 하는 토를 '체언바꿈토'라 하고, 용언을 체언처럼 쓰이게 하는 토를 '용언바꿈토'라 규정하고 있다. 이 규정(規定)이 언뜻 보아 타당성을 지닌 것으로 보이지만 '-이다(← 이라)'의 경우는 기능을 바꾸는 토이며, 용언바꿈토로 예시한 '-음, -기'는 품사 바꿈토로서 '바꿈'의 기준이 같지 않다.

'어찌하다동'와 '어떠하다형'의 활용 기반은 '어찌하- / 어떠하-'에 있다. 형식용언(形式用言)인 '-하다'에 있지 않다. 그 이유를 활용 어미를 달리하는 데서 찾을 수 있다. '좋게 생각한다'의 '생각하다'는 동사로 한 단어를 이루었다. 그러나 '좋은 생각이다'의 '생각이다'는 단어화(單語化)되지 못한다. 따라서 「명사 + -이(다)」는 바꿈토일 수 없다는 것이다. 용언화(用言化)가 아니란 것이다.

［붙임］ 1. '-라/-ㅣ라/ -이라'의 기본형은 [ira]이다.

2. 체언을 용언으로 바꾸는 경우의 토와 용언을 체언으로 바꾸는 경우의 토는, 그 이름을 '-으로 바꾸는 토'에 근거하여 용어가 뒤바뀐듯한 생각을 하게 된다.

문 35. '-이다'를 연결동사(linking verb)로 처리할 수 있나.

답 『우리말본』에서 용언의 한 갈래로 형식용언(形式用言)을 세우고 그 이름을 잡음씨[指定詞]라 한 바 있다. 현재 규범문법에서 서술격조사(敍述格助詞)로 보고 있는 것이다. 영문법에서는 순수하게 계사(繫辭)의 기능을 하는 동사 be를 연결동사라 하기도 한다. 논리학에서 긍정판단(肯定判斷)에 '이다'가 쓰이고 있다.

〖붙임〗 단어로 보거나 조사로 보거나 문제는 있다. 조사로 보는 경우 '이다'의 '-다'는 어미의 위치에 놓이게 된다. 또한 '동물이다, 동물이며, 동물인데, 동물인…'의 활용 기반이 '동물이-'에 있는가 '이-'에 있는가 하는 논난(論難)이다. '동물이다'는 서술어일 뿐, 용언화(用言化)되지 못하기 때문이다. '체언의 용언화'라 하는 논변이 있지만, '착한 사람이다'만 보아도 옳은 논정(論定)이라 할 수 없다. 활용의 몸통이 '이-'에 있다고 하게 되면 형식용언을 수긍해야 하는 입장에 서게 된다. 정렬모는 '아니다'를 그의 문법서에서 '아니이다'로 표기하였다. 추리컨대 '정상이다, 비정상이다'에서 '비정상이다'를 '정상이 아니이다'로 도출하지 않았나 하는 것이다. 현안(懸案)의 문제로 깊은 고구(考究)가 요구된다.

문 36. '-이다'의 지정사 설정은 가능한가.

답 『우리말본』에서는 '이다'를 형식용언의 하나로 보고 지정사로 세웠는데, 이는 검토할 가치가 충분히 있다고 본다. 이 '이다'에 대하여 우리 문법에선 서술격조사(敍述格助詞)로, 북한에서는 '이다'의 '이-'를 바꿈토의 하나로 보고 있는데, 앞으로 깊이 있는 연구를 필요로 하는 문법 과제이다. 이를 토대로 (1)를 보면 '-이'는 주격으로 지정하고 '-이고, -이다'는 서술격으로 지정한 것을 알 수 있다. 그런데 (2)에서는 '무엇이 무엇이'로 대응되는 동격(同格)을 이룬다. 이에 근거하여 '무엇이 무엇이-다'의 구성(構成)이라 볼 수도 있다.

(1) 왼쪽이 오른쪽이고, 오른쪽이 왼쪽이다.

(2) 왼쪽이 오른쪽이 아니고, 오른쪽이 왼쪽이 아니다.

'-이다'를 통괄하여 조사(助詞)라 부르고 있는데 이것을 재분석(再

分析)하여 {-이-}와 {-다}로 나누어 말할 때 {-이-}는 조사, {-다}는 어미라 규정할지, 아니면 {-다}를 조사에 딸린 어미라 규정할지 문제시될 수 있다. 다만 분명한 것은 선행 명사(先行名詞)와 어울리어 단어(單語化)되는 일이 없다는 것이다. 용언화(用言化)와 서술용법화(敍述用法化)는 구별되어야 할 용어(用語)이다. '그분이 훌륭한 스승이다.'에서 '스승이다'는 용언(=활용하는 단어)이 아니다. '스승 + -이다'로 서술이 완성된 것으로 보아야 하는 것이다. 곧 '이다'가 활용 어미(活用語尾)일 수는 없다고 보는 것이다.

〖붙임〗 1. 중국어 문법에서 「我是一個學生.」(I am a student.)에서 '是'를 등위동사(equative verb)로 처리하고 있다. 한문에 단 토에는 '是羅'의 획(劃)자로 표현되어 있다.

2. '내가 그를 처음 만난 것이 피난지인 거제도에서이다.' / 무슨 이유에서인가.

3. 잡음씨(指定詞)에 대한 논급을 보려면 1950년대의 '〈한글〉지'를 검색하기 바란다.

『우리말본』에 나온 '이 책은 우리말본 이다.'에 따르면 '이다'가 서술어이다. 이 문형(文型)을 '주어 - 보어 - 서술어'로 보았기 때문이다. 영어로 번역하여 'This book is Urimalbon.'이라 하자. 동사 'is'는 be 동사이다. be동사의 본래적 용법은 완전자동사로 '있다(존재하다)'의 의미를 가지고 있다. being(존재, 있음)이라는 단어의 의미에서 확인할 수 있다. 「이다」를 연결동사(copulative verb) 또는 등위동사(等位動詞, equative verb)라 이르기도 한다. 논리학에서 계사(繫辭, copula)라 일컫는 그것이다. '이 책이 우리말본 이다'에서 '이다'의 소속이 '이 책'에 있는가 『우리말본』에 있는가. '이 책과 우리말본'에 있는가는 분석에 따라 다르다. 논리학에서는 주사(主辭, subject)에도 빈사(賓辭, predicate)에도 속하지 않은 것으로 보고 있다. 명제 구성(命題構成) 세 요소의 주장이다. '이것이 붓이다.'는 두 요소로 본 분석으로 '이다'는 서술부의 일부로 보게 된다. 논리학에서는 판단형식(判斷形式)을 등식문(equational sentence)으로 표현한다. 'A는 B이다'를 수학에서는 등표(equal sign =)를 사용하여 'A=B'로 나타낸다.

'공자는 성인.'이라는 표현은 '공자는 성인이다.'를 줄인 말로 본다면 '이다'는 빈사(賓辭)의 일부가 아니라는 논리도 성립될 수 있다. 결국, 첨가어(添加語)에 속하는 언어에서는 서술 어미란 것이 서술어의 일부를 이루는 형태소가 아니라, 문장을 지배하는 어미로 추리할 수 있다는 것이다. 「이다」는 어미변화의 틀이 형용사와 같으며, 변화의 줄기는 '-이'에 있다. 하지만 I am → I'm으로 나타나듯 어간 맞잡이인 '이-'가 줄어들 수 있다. '이것이 무엇인가.'라는 의문문의 서술부는 서술부의 물음인가, '이것이 무엇'에 대한 물음인가 현안의 문법 과제이다.

문 37. 종결형의 '-이라'와 '-이다'의 쓰임은 어떻게 다른가.

답 용례를 들어 보면 '공자(孔子)는 성인(聖人)이라', '공자는 성인이다' 둘이 다 사용된다. '-이라'가 '-이다'의 고형(古形)임에 틀림없다. '-이라'는 듣는 이(listener)를 떠나 규정(規定)하는 형식의 표현으로 쓰이며, '-이니라'형(形)으로도 표현한다. '-이다'는 평교간(平交間)에 쓰이는 예삿말로 단정(斷定)하는 형식의 말씨이다. '-이라'를 객관적 표현 방법이라면 '-이다'는 주관적 표현 방법이라 구별할 수 있다.

3.7. 조사의 특수성

문 38. '부산에 있었다.'와 '부산에서 있었다.'는 어떻게 다른가.

답 이러한 것은 다음 예에서 보는 것처럼 사용되는 장(場)의 어법(語法)에서 익혀야 할 사항들이다.

아침에[일시] 스무 살에[연령] 마루에[장소] 학교에[방향]
하루에 세 번[비율] 문학에 대한 흥미[상대적 관계]
완력에 호소하다[수단] 시계를 시보에 맞추다[기준]
더위에 시달리다[원인] 밥에 고기에 술에[열거]
흰 바탕에 붉은 무늬[대조]……
무교동에서 만나다[장소] 서울에서 부산까지[시발점]
열 살에서 역 두 살까지[범위]
5에서 3을 빼면[공제] 교육적 견지에서 보면[근거 · 관점]
이에서 더한 불행이 있을까[비교] ……

【붙임】 시사영어사에서 펴낸 『한영사전』

문 39. '당국이 책임을 져야 한다.'를 '당국에서 책임을 져야 한다.'로 표현하면 '-에서'를 주격 조사로 보아야 하는가.

답 주격조사로 볼 수는 없고, 주격(主格)의 용법이라 할 것이다. 집단(集團)이나 단체(團体)를 주체로 하는 표현에 주로 쓰이고 있다.

문 40. '영숙이가 대학원에 입학했다.'에서 '이'의 기능은 무엇인가.

답 '영숙이 대학원에 입학했다.'로도 쓰일 수 있다. 주격조사 '-이, -가' 가운데 자음으로 끝나는 명사 아래엔 '-이', 모음으로 끝나는 명사 아래에선 '-가'가 쓰인다. '-이'가 먼저 있었고 '-가'는 뒤에 생긴 것이다. 중세국어에서는 [i]가 기본이다. 그런데 여기에 다시 '-가'가 붙은 꼴이라 하겠다. '부형 + 이 〉 부형이 + 가 〉 부형이가'의 변천 과정을 참고하기 바란다. '갑돌, 갑순'의 주격 표시는 보통 '갑돌이가, 갑순이가'로 표현되는 게 입말에서의 예사스러운 말씨라 보면 된다. 이중의 주격이 아니라, '-가'에 선행(先行)한 '-이'는 조음적(調音的)인 성격으로 고유명사인 이름 아래 덧붙여 쓰이는 음소(音素)로 보인다.

4. 단어의 형성

4.1. 단어의 구조

문 1. **한국어의 단어 구조는 어떻게 보아야 하는가.**

답 단어를 그 짜임으로 보아 어떻게 분류하느냐 하는 것은 그 언어의 특성에 따를 수밖에 없다. 계통이 다른 언어의 분류법을 기준으로 하게 되면 아귀가 맞지 않게 마련이다.

한국어의 단어 구조는 아래와 같이 분석되어야 할 것으로 본다.

단일어(simple word)=최소자립형식(最小自立形式, minimal free form)
떡, 손, 옷, 흙 ; 먹다, 믿다, 높다, 많다

복합어(compound word)= 자립형식 + 자립형식
국그릇, 집안, 손위 ; 빌어먹다, 여닫다, 겁나다

파생어(derived word)=① 자립형식 + 의존형식
햅쌀, 맨손 ; 박음질,
② 어간 + 파생 어미
먹이, 높이, 많이 ; 쓰기, 읽기, 풀이,
모내기, 눈속임, 옷걸이, 살풀이, 해돋이

[붙임] 1. 활용 어미는 용언의 기능적 변형으로 보고 활용 체계 속에 묶은 것이다. 이 활용 어미에 갈음하여 활용의 틀에서 벗어난 어미를 파생 어미(derivational ending)라 한다. 현재 수없이 사전에 올라 있는 '-음, -기'형의 명사들의 이른바 접미사는 접사의 본뜻인 덧붙이와는 다르다. 품사를 달리한다는 그것으로 이름을 달리한 것일 뿐이다.

2. '옷걸이, 걸음걸이, 해돋이'와 같은 파생어는 '옷 걸다, 걸음 걷다, 해 돋다'와 같은 구절을 바탕(base)으로 활용 어미 자리에

파생 어미가 갈마들어간 파생어다. '[[해돋]이]' 분석은 받아들이기 어렵다.

3. 파생은 단일어, 복합어, 파생어 어디에도 생길 수 있다.
4. 복합성 어근으로 보이는 '얽매다, 빌먹다'는 '얽어매다, 빌어먹다'의 줄인 형태로 보인다. '묵은밭'을 '묵밭'이라 하듯이 '먹을거리'는 '먹거리'로 통용되고 있다.
5. '이-잡이, 옷-걸이, 귀-걸이, 살-풀이, …'의 후행 명사(後行名詞)는 접미사가 아니다. 통어적 관계에 의한 복합어(syntactic compound)이다. (옷(을) 걸다→ 옷-걸이, 귀(에) 걸다→ 귀걸이)
6. 어구조론(單語構造論)과 단어형성론(單語形成論)은 연구의 방법이 다르다. 구조문법(構造文法) 생성문법(生成文法)을 대비적으로 두고 볼 때, 앞엣것은 분석학(分析學)이고 뒤엣것은 조립학(組立學)이다. 단어형성론은 낡은 말로 조어론(造語論)이고, 단어구조론은 구성요소인 어기(base), 어근(root), 어간(stem), 접사(affix), 어미(ening) 등을 가려내어 그 결합의 양식을 있는 그대로 밝히는 것이다.

언어를 사용하는 무리를 언중(言衆)이라 하는데 이것은 말의 주인이 언어 대중이라는 뜻이다. 문법학자가 말의 주인이 아니다. 문법학자는 역사학자처럼 사실을 있는 그대로 기술할 뿐, 재단사가 가위질하듯 해서도 안 된다. 언중은 형태소란 말을 의식하면서 쓰지 않는다. 닭이 '닭을 낳는가, 달걀이 닭을 낳는가'라는 물음에 두 대답이 있을 수 없다. 단어가 언어의 기본단위(基本單位)이다.

문 2. 단어를 단일어와 복합어로 분류하는 것은 적절한가.

답 단어를 단일어와 복합어로 분류하는 것이 합리적이다. 그것은 사람을 단일체(單一体)와 복합체(複合体)로 나누어 보는 것과 같다. 단복(單複)으로 말이다.

문 3. 복합명사와 합성명사의 분류는 적절한가.

답 국정 교과서에서 단일어(單一語)의 짝으로 복합어(複合語)를 세우고, 복합어의 하위분류에 합성어(合成語)와 파생어(派生語)를 둔 데서 혼란을 일으키게 된 것이다. 이러한 혼란은 파생어를 복합어에 속하는 것으로 본 데서 일어난 것이다. '먹이, 잡히다, 먹이다, 헛걸음, 새까맣다…' 따위를 복합어에 넣었기 때문에 종래 복합어로 이르던 것을 합성어로 개칭한 것으로 이해된다. 복합명사, 복합형용사, 복합동사로 부르던 것인데 잘못된 분류로 인해서 합성명사로 개칭하게 된 것이다.

〖붙임〗 1. 합성관형사=복합관형사, 합성대명사=복합대명사, 합성동사=복합동사, 합성명사=복합명사,…(국립국어원, 『표준국어대사전』)

2. 「단일어 + 접사」의 구성을 복합어로 문법 처리한 사례는 어느 언어에도 없다. 어근(root)이 하나인데 어찌 복합어가 될 수 있는가. 형태소가 복수(複數)라서 복합어라면 '먹다'도 복합어로 처리되어야 맞다.

형태소의 종류를 말할 때 어근(語根)을 일류 형태소(一類形態素), 접사(接辭)를 이류 형태소(二類形態素)라 한다.

3. 허웅은 조어법(造語法)을 합성법(合成法), 파생법(派生法)의 둘

로 나누었다. 그리고 형태소를 기준으로 「1류 + 2류」를 복합어(complex word)라 하고 「1류 + 1류」를 합성어(compound word)라 하였다(허웅, 『언어학개론』, 1976, pp.183~193.). '빠른-우편, 비-바람 …'을 합성어로 부르기보다 복합어로 부르는 것이 보편적이다.

구조언어학(構造言語學)의 단어 분류는 구성소(構成素)가 자립형식(自立形式, free form)이냐 의존형식(依存形式, bound form)이냐에 따라 결정된다. 곧

1) 단일어(simple word)= 자립형식
2) 합성어(complex word)= (1)자립형식 + 의존형식 (2)의존형식 + 의존형식
3) 복합어(compound word)= 자립형식 + 자립형식

이 틀에 따른다면 우리의 동사・형용사는 1)로 분류될 수도 있고 2)의 (2)로 분류될 수도 있다. 한국어의 특성에 따라 우리말의 단어 구조를

1) 단일어(simple w.)= 최소자립형식(最小自立形式, minimal free form)
2) 복합어(compound w.)= 자립형식 + 자립형식
3) 파생어(derived w.) = (1)자립형식 + 의존형식 (2)어간 + 파생 어미

로 접근해야 할 것으로 본다. 이럼으로써 '믿다→ 믿음, 엿-보다, 엿-보기, 밝-히-다, 다듬이-질…' 등을 단일어로 처리하는 게 옳다고 보는 것이다.

문법 용어(文法用語)의 정리가 시급하다. 위에서 complex word가 복합어 또는 합성어로, compound word가 합성어 또는 복합어로 대역(對譯)되는 등의 사례를 확인하였다.

4. 'compound word'의 직접구성요소(IC)는 예외 없이 단어이다.

어근의 복합이 아니라, 단어의 복합이라는 것이다.

(cf, gold-fish, high-way, break-fast, out-law, in-come, come-back, life-long, blue-black, over-careful, heart-broken, up-to-date, over-eat, under-stand…)

문 4. 파생어(派生語)의 형성 기반은 무엇인가.

답 단어 형성을 보면 '단어가 단어를 낳는다'는 철칙이 있다. '먹다→ 먹이, 울다→ 울음, 많다→ 많이, 곱다→ 고이' 등을 들 수 있는데 이들은 단일어(單一語)을 바탕으로 한 파생어이기 때문에 단일 파생어(單一派生語)이다. 이와는 달리 '배-부르다→ 배-불리, 남-다르다→ 남-달리'는 복합어(compound word)를 기반으로 한 것이기에 복합 파생어(複合派生語)이다.

이 밖에 '옷-걸이, 뜻-풀이, 눈-가림, 해-돋이' 등도 있다. 이들의 단어 분석(單語分析)을 허웅 교수는 '[[해 + 돋] + 이]'로 보았다. 이런 분석은 잘못된 것이다. 이들은 '옷 걸다, 뜻 풀다, 눈 가리다, 해 돋다'를 유추(類推)하여 만든 파생어로 보아야 한다. 본래 접사(接辭, affix)란 것은 '덧붙이'이다. 접사의 몸통은 단어이다. '해돋-이'로 보게 되면 '해돋'에 접미사 '-이'가 붙은 꼴이 되는데 '해돋'이란 단어는 우리말에 없다.

우리말엔 두 유형(類型)의 접미사(接尾辭)가 있다. 본래적 접미사인 붙이 형(添加型)과 단어 어미 자리에 대신하여 놓이는 교체형(交替型)이 있다. '몰이-꾼'은 전자의 경우요, '몰이[명] (← 몰다[동])'는 후자의 경우이다.

문 5. **복합어를 다시 합성어(合成語)와 파생어(派生語)로 재분류(再分類) 한 것에 대한 견해는 무엇인가.**

답 잘못된 분류이다. 단일어는 분석을 통하여 어근(語根)이 하나밖에 없는 단어이다. 단어로서 그 이상 나눌 수 없는 형태이다. 그런데 복합어는 단일어가 거듭된 것이므로 둘 이상의 어근으로 분석되는 단어이다. '검붉다'와 같은 단어이다. 그런데 '어근과 파생 접사로 이루어진 단어'를 복합어라 한 것은 '<u>하나의 어근으로 된 단어는 단일어라 하고</u>'의 규정에 정면으로 어긋난다. 파생어는 단일어를 바탕[몸통]으로 한 것도 있고 복합어를 바탕으로 한 것도 있다. 예를 들면 '나누기, 빼기'와 같은 말은 단일어에서 파생된 단어요, '끝내기, 앞지르기'와 같은 단어는 복합어를 기저(基底)로 한 파생어이다. '나누기, 빼기'에는 각각 어근이 하나밖에 없으므로 단일어이다. '끝내기'는 복합동사 '끝내다'에서, '앞-지르기'는 '앞-지르다'에서 파생되었다. 단일어를 바탕으로 한 파생어는 단일 파생어(單一派生語)이며, 복합어를 기저로 한 것이 복합 파생어(複合派生語)이다. 복합어의 영역(領域)에 합성어와 파생어를 짝지어 둔 것은 분류의 논리에 맞지 않는다. '앞뒤'는 복합명사인가 합성명사인가. 복합명사로 호칭하는 게 일반적인 경향이다. 합성어란 파생어와 짝을 맞추기 위해 군더더기로 세운 이름이다. 복합어를 'compound word'라 옮길 때 합성어는 어떻게 옮겨야 할까. 곰곰이 생각해 볼 일이다.

문 6. **'헛발질'의 단어 분석은 어떻게 처리하나.**

답 이 말의 구성은 [[헛-발]질]과 같다. '햅쌀밥'은 [[햅-쌀]밥], '봄맞이꽃'은 [[[봄]맞이]꽃]의 짜임이다. 최종 분석 과정에서 접사(接辭)가 나타나게 되면 파생어로 처리하게 된다.

4.2. 한자어의 구조

문 7. 한자어의 구조는 어떻게 설명할 수 있는가.

답 한자어의 구조는 한문의 구조와 같다고 보면 된다. 언어 구조는 어순(語順)에 의하여 결정되는데 우리말은 SOV형이다. 이에 비추어 중국말은 SVO형이다.

'내가 책을 읽다. - 我讀書.'에서 '책을 읽다'가 문장의 해체로 해서, 단어로 된 것이 '讀書'이다. '我讀書'를 직역하면 '我이 書를 讀하다'로 된다. 그러나 「漢字語 + 하다」 형인 '독서-하다'는 '책을 읽다'의 뜻이 아니라, '책읽기를 하다'의 뜻이다. 그 짜임이 '독서를 하다'에 있기 때문이다. 홑글자 한자 형태소를 어기(語基)로 한 '경(輕)-하다'와는 다르다. '-하다'를 '일부 명사 뒤에 붙어 동사 또는 형용사를 만드는 접미사'라 한 표현은 잘못된 것이다. '소박(素朴)-하다'의 짜임과 '독서(讀書)-하다'의 짜임이 다르다. 한자어에는 단어성(單語性)인 것과 비단어성(非單語性)인 것도 있다. '우량(優良), 우수(優秀)'와 같은 말은 우리말 체계로는 단어가 아니라 어기성(語基性) 한자어라 할 것이다. 한자어를 바르게 이해하려면 그 짜임을 알아야 분석할 수 있다.

[붙임] 1. '호부호모-하다(呼父呼母)'의 뜻은 '아버지라 부르고 어머니라 부르다'이다.
'대담(大膽)-하다-담대(膽大)-하다, 대담히-담대히'는 같은 동의어(同義語)인데 배열(排列)이 다르다. 그러나 둘 다 '大하다'로 풀이된다.

2. '讀書'의 사전 풀이는 '책을 읽음'으로 되어 있다. '독서하다'의 구성은 두 갈래로 볼 수 있다. (1) '書를 讀하다' (2) '讀書를 하다'이다. '내가 春香傳을 읽었다.'를 '내가 춘향전을 독서했다'

라 표현할 수 없다. 우리말의 '독서명'는 reading이며, 중국말의 '讀書동'는 read, study이다.

3. 『표준국어대사전』에서 '-하다'를 '일부 명사 뒤에 붙어 동사 또는 형용사를 만드는 접미사'라 하였다.

4. 우리말, 일본말, 터키말은 SOV형이고, 중국어, 영어, 프랑스어 등은 SVO 형이다.

문 8. 두 글자 한자어(漢字語)는 복합어인가.

답 단어의 정의를 '최소의 자립형식'에 두고 있다 하였다. 우리말의 입장에서 '일몰(日沒), 유수(流水), 하천(河川), 장단(長短), 선악(善惡), 독서(讀書), 비상(非常)…'과 같은 말을 두 단어로 나눌 수 있으면 복합어라 할 수 있고, 나눌 수 없으면 단일어로 보아야 한다. '선(善)과 악(惡)은 대립되는 개념이다'로 사용하게 되면, 이 말은 복합어로 처리할 수 있다. 어떤 사람이 '득(得)과 실(失)'로 발화(發話)를 한다면 그는 복합어로 본 것으로 해석될 수 있다 하겠다.

문 9. 한자어 '삼제(芟除), 명지(明知), 포향(飽享), 결뉴(結紐), …' 등의 품사는 무엇인가.

답 「독립선언문」에 나오는 한자어 '삼제(芟除), 명지(明知), 포향(飽享), 결뉴(結紐)…' 등을 『표준국어대사전』에서 명으로 품사 매김을 하고 '농후(濃厚), 흔쾌(欣快), …' 등을 '농후하다, 흔쾌하다'의 어근(語根)이라 규정한 것은 잘못이다. 우리말에서 자립적인 단어로 쓰이지 못하기 때문이다. 이런 한문식 한자어가 우리말의 영역에 들어오려면 '삼제하다, 명지하다, 포향하다, …'와 같은 구성을 취해야 한다. 구시대에는 한자어에 기댄 혼종어(混種語, hybrid)가 대세를 이루었고, 신시대에 와서는 서양말과의 혼종어가 날로 늘어나고 있다.

(1) 노크-하다, 샤워-하다, 캐치-하다, 커버-하다, 브리핑-하다, 체크-하다…

(1)과 같은 예들은 이루 열거할 수 없을 정도이다. 생활권이 확대된 데서 온 탓이다. 혼종어에서 '어근'이란 용어를 사용하는 것은 적절치 않다. 예컨대 '독립(獨立)명'과 '독립하다동'가 각각의 단어로 쓰일 경우, '독립하다'의 '독립'은 이 단어의 기어(基語, base word)로 처리함이 당연하다. 그러나 '삼제하다, 노크하다'의 '삼제'나 '노크'는 단어가 아니기 때문에 어기(語基)라 함이 마땅하다.

『붙임』 기어(基語)는 기근어(基根語) 곧 복합어나 파생어의 바탕이 되는 말이다. 어기(語基, word-base)는 단어 구성의 기간(基幹)이 되는 요소를 말한다.

문 10. '토매인우(土昧人遇)명'의 사전 수록은 타당한가.

답 독립선언문이 우리나라의 중요한 역사 문서이기 때문에 실은 것이다. 표제어를 '토매인우-하다'동로 하고 그 풀이는 '미개인 대우를 하다'로 하여 바로잡아야 할 것으로 본다. 곁따라 덧붙이고 싶은 것은 미국이 'we hold these truths'라 하여 민주주의 주요 문서를 한 책으로 출간한 사실을 거울로 삼았으면 하는 바람이다.

[문] 11. 한자어 '최고, 최저, 최대, 최다, 최소…'가 명사인 이유는 무엇인가.

[답] 모든 한자어 그리고 외래어는 고정(固定)된 어형으로 받아들이게 되어 있기 때문에 비록 그 말의 본고장에서 동사나 형용사일지라도 불변어(不變語)인 명사로 다루게 된다. '스무드-하다(smooth-)[형]'의 경우도 이와 같다. '최고(最高)의, 최고(最高)로, 최고(最高)이다…'가 보이는 바와 같이 명사적으로 쓰인다.

『붙임』 한문 성구(漢文成句) '동문서답(東問西答), 대동소이(大同小異), 흥진비래(興盡悲來), 고진감래(苦盡甘來), 공수래공수거(空手來空手去), 동가식서가숙(東家食西家宿)…' 등을 '명사'로 처리한 것은 잘못이다. 이들은 성구(成句)로 처리하는 것이 당연하다. 조사의 첨용(添用)이 가능하다는 조건으로 명사로 봐서는 안 된다. '대동소이(大同小異)'는 '대동소이-하다'의 어기(語基)이다.

[문] 12. '동양인(東洋人), 서양인(西洋人)'과 같은 말에서 '인(人)'은 접사로 보아야 하는가.

[답] '동양인, 서양인'의 뜻이 '동양 사람, 서양 사람'이다. 접사로 보는 유일한 근거가 자립적으로 쓰이지 못한다는 데 있다. 자립적으로 쓰이지 못하는 한자를 일률로 접사 처리하는 것은 잘못된 것이다. '서양인'이라는 단어의 주요어는 「인(人)」에 있다. 한때 '주의(主義)'를 '이기주의(利己主義, egoism)' 등에 맞추어 접미사라 한 적이 있었다. 'ism'이란 말이 독자적으로 쓰이게 되니까 주의(主義)가 단어로 격상되었다.

독자적으로 쓰이지 못하고 덧붙이기 모양의 '인(人), 계(界), 류

(類)…' 따위는 '접사처럼 쓰이어'로 바로잡혀야 할 성질의 것이다.

【붙임】 역-기능, 초-음속, 과-지출, 공-염불, 중-과세, 명-문장, 중-무장…

문 13. **'중학교'를 '중-학교', '대학교'를 '대-학교'로 분석할 수 있는가.**

답 학교를 각 등급으로 나눈 것으로 여기고 그리 본 것이다. 잘못된 분석이다. '초등-학교, 중학-교, 고등-학교, 대학-교, 대학-원'으로 보는 게 맞다.

【붙임】 '중학교'를 줄여서 '중학'이라 하고 '중학'을 줄여서 '중'이라 하고, '서울대학교'를 '서울대학, 서울대'라 부르는 현실을 바로 보아야 한다. 현재는 구별이 없어졌지만, 해방 뒤 미국 학제에 따라 大學을 단과대학(college)과 종합대학(university)으로 구별한 바 있다. 그때 구별을 짓는 방편으로 'university'를 '대학교'라 하였다. 이에 대해 반론도 있었다. 大學은 무한한 학문의 전당(殿堂)이므로 빗장을 없애야 하는데 이름을 잘못 붙여 초등학교 · 중학교 · 고등학교와 같은 울타리에 가두었다는 지적이다. 일본을 대표하는 종합대학 Tokyo University의 이름은 '東京大學'이다.

문 14. **'난공사(難工事), 난문제(難問題)'의 '난(難)'은 접두사인가.**

답 본래 접사(接辭)라는 것은 언제나 단어에 덧붙는 성질의 형태소(形態素, morpheme)이다. 어근(語根, root)이 되었다가 접사(接辭, affix)도 되었다가 하는 경우 없다.

'난공사(難工事)'의 '난(難)'을 접두사라 치면 '식량난(食糧難), 주택난(住宅難)'의 '난(難)'은 접미사가 되어야 할 것이다. 어근은 자립형태소(自立形態素, free morpheme)일 수도 있고 의존형태소(依存形態素, bound morpheme)일 수도 있다.

중국어[漢文]는 고립어(root-isolating language)로서 변화가 없다. '어려운 공사(工事), 주택(住宅)의 어려움'을 한자 형태소 '어려울 難'을 이용하여 표현한 단어이다.

【붙임】 1. Root may be free morphemes or bound morphemes.
2. 라틴어의 어근들은 거의 다 의존형인 것이라 한다.
3. 형태소에는 자립형 어근 형태소, 의존형 어근 형태소와 이 밖에 의존형태소로 접두사, 접요사, 접미사 그리고 활용 어미가 있다.
4. 접사는 덧붙이기 어소(語素)로서 단어의 의미 내용에 변화를 주며, 활용 어미에 대신하는 접미사는 품사를 달리하게 한다,
5. '-ly, -ness, -ize, -ment, -able, -ful, …' 등은 다 첨사(添辭, 덧붙이)이다. 접사는 예외없이 더부살이 형태소이다.

문 15. '장시간(長時間)'에서 '장(長)-'은 접두사인가.

답 국어사전에 「장-시간(長時間)」으로 되어 있고, '장(長)-'을 접두사로 처리하고 있다. '장-'을 "'긴' 또는 '오랜'의 뜻을 더하는 접두사"라 풀이하고 용례로 '장기간, 장모음, 장시간, 장시일' 등을 들었다. 접사는 항상 단어를 기체(基体, base)로 한다. 원칙적으로 덧붙는 의존형태소(依存形態素)이다. 제2류 형태소로 분류되기도 한다. 분포[놓임자리]는 제1류 형태소인 어근(語根)에 이어지게 마련이다. 천자문(千字文) 250행의 마지막 줄에 놓인 '焉哉 乎也'를 제외한 모든 한자(漢字)가 한국한자어(韓國漢字語)를 만드는 조어원(造語源)이다. '장생(長生), 장문(長文)'의 자의(字意)와 조금도 다름이 없다. 1류 형

태소가 2류 형태소로 내려앉으려면 의미 변화를 일으켜야 한다. 접두사로 다룰 수 있는 '장(長)-'은 '장-조카'와 같은 경우로 한정되어야 마땅하다.

[붙임] 1. 명사 왕(王)은 임금이다. '왕-방울, 왕-소금' 같은 경우, 접사로 다루는 게 논리에 맞다.

2. '해돋이'를 [[해돋]이]로 분석한 것은 잘못이다. [[해][돋이]]가 바른 분석이다. 그 이유는 간단하다. 파생의 기체가 단어 아니기 때문이다. 이 복합어는 어구(語句) '해 돋다'를 기저(基底)로 한 파생어이다.

3. 1차 파생어가 기체가 되어 2차 파생어를 이룬 예; lead → leader → leadership

문 16. '무소식(無消息)'은 명사인가.

답 한자어나 서양 외래어는 어형(語形)이 고정되어 있기 때문에 명사로 처리하게 된다. 그 풀이가 '소식이 없음'으로 명사형(名詞形)으로 되어 있다. '무소식이 희소식'에서처럼 명사가 주격조사를 취하여 주어가 된 것과 같다. 한문성구(漢文成句)가 다 그렇게 처리되고 있다.

'무소식 + 하다'로 '무소식하다[형]'가 이루어지는데 그 구성은 '소식이 무(無)하다'로 '소식이 없다'는 뜻이다.

[붙임] 1. '만난 지 여러 해인데 무소식한 걸 보면'은 '만난 지 여러 해인데 무소식인 걸 보면'이 더 자연스러운 표현이다.

2. 한문에 토를 단 형식이다. 「無消息하니, 夏雲이 多奇峯하니 …」

3. '有情 : 유정하다, 無情 : 무정하다'도 같다.

4.3. '-하다'의 처리

문 17. '-하다'의 접미사 처리는 합리적인가.

답 우리 문법 현안의 문제로 꼽히는 것이 '-하다' 접미사 처리와 '-이다' 조사 처리이다. '하다'는 우리말의 모든 활용어를 대표하는 단어이다. 이 '하다'로 해서 무한의 어휘들이 생산되고 있다. 일일이 나열할 수 없다. 고립어인 중국어의 한자는 그 하나하나가 실질적 의미를 지니고 있는 단어이다. 문형(文型)은 어순(語順)에 의하여 결정된다. 어구(語句)의 짜임도 또한 같다. 접사(接辭)는 어느 자리에 놓이든 글자 그대로 덧붙이이다. 훈민정음이 창제된 15세기 중엽 이전까지는 우리가 의지했던 유일한 글자이다. 이 글자로 사용하면서도 우리말의 구조를 온전히 살린 것은 입말과 더불어 '한자-우리말' 혼종어(混種語)의 시초이다. '원(願)-하다, 정(定)-하다, 강(强)-하다, 순(順)-하다, 지원(志願)-하다, 결정(決定)-하다…' 등 이루 들 수 없다. '漢字(語) + 하다'로 형성된 어휘들이 얼마나 많은가. 로마 문화권과 접촉하면서 '노크-하다, 윙크-하다, 스마트-하다…' 등이 밀물처럼 몰려들고 있다.

이러한 쓰임의 '-하다(-되다)'는 단어의 어근(語根)을 앞선 말에 넘김으로써 형식용언이 된 것이다. '가(可)-하다 → 가타'에서 실증된다. 북한에서 '-이다'를 비활용어를 활용어로 되게 하는 '바꿈토'라 하는데 '-이다'가 첨가되어 체언이 용언으로 바뀌는 일은 없다. 이것을 바꿈토라 하면 '하늘-의, 가을-에'도 같이 처리해야 할 일이다.

가장 논란이 되는 것은 '접미사의 어미변화(활용), 조사의 어미변화

(활용)'가 있을 수 있느냐 하는 문제이다.

『붙임』 '國之語音이 異乎中國ᄒᆞ야'의 'ᄒᆞ야'는 '異ᄒᆞ야'로 활용어 형용사 되게 한 것이다. 'ᄒᆞ다'를 토로 본 것은 허사화(虛辭化)됨을 의미한다.

문 18. '-하다'의 접미사는 어떻게 처리하는가.

답 '하다'는 우리말의 활용어를 대표하는 단어이다. 우리 고유어는 말할 것 없이, 한자(漢字) 또는 한자어와 나아가 서양의 외래어와 함께하여 그것을 용언화(用言化)하는 형식동사(形式動詞)이다.

> 요하다, 답답하다, 쓸쓸하다, 멀쩡하다, 극(極)하다, 당(當)하다, 독(毒)하다, 논(論)하다, 지극(至極)하다, 적당(適當)하다, 혹독(酷毒)하다, 재론(再論)하다, 노크하다, 스마트하다 …

동사성 명사(動詞性 名詞)와 함께하면 동사 되게 하고, 형용성 명사(形容性 名詞)와 함께하면 형용사 되게 한다. '보존(保存)하다[동], 무궁(無窮)하다[형], 노크하다[동], 스마트하다[형]"와 같다.

이들은 혼종어(混種語, hybrid)로서 두 가지의 다른 말이 혼합된 단어이다. 의미핵(意味核)이 선행어에 있기 때문에 '하다'가 어사화(虛辭化)한 것으로 본다. 부사 '극히'의 구성을 '極 + 히'로 보는 것은 우리말을 업신여긴 해석이다. '극히'는 '극(極)하다'에서 파생된 말로 보아야 한다.

『붙임』 1. '-하다'는 '하다'가 형식어(empty word, form word)로 바뀐 것이다.

2. '올ᄒᆞ다 → 옳다'와 같이 '아니하다 → 않다'의 '하-'도 형식화하였기 때문에 음절이 소실되고 허사화한 것이다. '하고, 하니…'를 접미사로 처리한 것은 우리말을 한문의 토 달기(懸吐)로 본 데서 온 것이다.

3. 「하다」를 통해서 무수한 한자, 한자어가 우리말로 활용어(용언)로 받아들이게 되어 어휘를 풍성하게 하였다.

4. '-하다, -없다, -지다'가 뒷가지(접미사)로 굳어진 것은 『우리말본』의 해석에 따른 것이다.

문 19. 「-하다」의 의미 자질(意味資質)은 무엇인가.

답 '하다' 동사

(1) 동사로서 '행위나 작용으로 옮기어내다'의 뜻을 나타낸다.

일을 한다 / 노래를 한다 / 씨름을 한다, …

(2) '말하다'의 준말로 쓰인다.

이것을 무엇이라 하는가 / 무궁화라 한다 / 그만두라 하라 / 산만 높다 하는구나…

(3) 대용동사(代用動詞)로 쓰인다.

노력하기는 한다 / 엄숙하기도 하다 / 많기도 하다, …

(4) 형식어(empty word=function word)로서 다른 어류(語類)를 활용어(活用語) 되게 한다.

흥-하다(興), 멸하다(滅), 독서-하다, 성공-하다, 달리-하다 노크하다 ; 강-하다, 순-하다, 유순-하다, 정직-하다, 짤막짤막-하다 …

〖붙임〗 1. '-하다' 접미사 이론은 설립될 수 없다. 「독립선언문」에 나오는 '去하다, 來하다, 進하다, 退하다'는 '가다, 오다, 나아가다, 물러

나다'이다. 어근(語根)이나 단어(單語)에 붙어 용언 되게 한 것이다.

2. '목적어-타동사 구성'의 결합으로 '일하다(← 일을 하다), 독서하다(← 독서를 하다)'라는 동사가 이루어졌다. '독서하다'의 어기(語基)가 '讀書'에 있기 때문에 '하다'가 실질어(full word)에서 밀려나 형식어(empty word)로 된 것이다.

3. '-하다'의 형식화(形式化)를 뚜렷이 보이는 용례들 : '가타(← 가ㅎ다 ← 가(可)하다)', '청컨대(← 청하건대)', '결코(← 決ㅎ고)', '元코 亨코 利코 貞코 하니라(← 元하고 亨하고 利하고 貞하고 하니라)' 등을 들 수 있다.

4. '-하다'를 후행어(後行語, post-word)로 하는 혼종어(混種語)나 통사적 복합어의 품사성(品詞性)은 선행어의 의미 자질에 의해서 결정된다. (연구-하다[동], 흥-하다[동], 노크-하다[동] ; 성실-하다[형], 강-하다[형], 스마트-하다[형])

[문] 20. '우승-하다, 소박-하다'의 '-하다'를 접미사로 본 이유는 무엇인가.

[답] '딱-하다, 푸짐-하다, 대(對)-하다, 논(論)-하다, 순(順)-하다, 약(弱)-하다, 상대-하다, 토론-하다, 유순하다, 연약-하다, …' 처럼 어근이나 단어에 붙어 활용어[=용언]이 되게 하는 '하다'이다. 한문에서는 '토'라 하였으니 허사(虛辭)가 된 단어라 볼 수 있다. 새로운 형태의 단어를 만드는 첨가 요소로 보아 접미사로 다룬 것으로 본다. 이런 방법으로 이루어진 단어는 무수히 많다.

[붙임] 1. 한자나 한자어에 우리말 접미사가 붙어서 우리말 어휘를 만든다는 제론(提論)은 받아들이기 어렵다. '용언화의 -하다'인 것이 분명하다. '대-하다, 상대-하다'와 같은 말이 혼종어(混種語)

임이 분명하다. '노크(knock)하다'와 다를 게 없다.

2. '우승하다'는 「우승 + 하다」의 구성이다.

문 21. '좋아하다, 싫어하다…'의 '-하다'는 무슨 품사인가.

답 '하다'가 단독적으로 쓰일 경우는 동사(動詞)이다. 그런데 보조적으로 쓰이는 경우에는 '그리하다'나 '그러하다'의 의미(意味)로 바뀌어 '하다'의 {하-}의 의의소(意義素)는 형식화(形式化)한다. '공부-하다동, 행복-하다형, 흥하다동, 능-하다형, …' 따위에서 보는 바와 같다. 이런 유형으로 쓰이는 '하다'를 접미사로 보고 있으나 접미사가 아니다. 한문(漢文)의 토달기(懸吐)에서 본다면 그리 여길 수도 있으나 한자어의 동사성 명사(動詞性名詞) · 형용사성 명사(形容詞性名詞)를 우리말에 맞는 활용어(活用語) 어형(語形)으로 바꾸기 위해 쓰이는 '-하다'이다. 다만 '접미사처럼' 쓰이고 있다 하겠다. '좋아-하다, 싫어-하다'도 '좋아 하다 · 싫어 하다'를 바탕으로 형성된 것이다. '元코 亨코 利코 貞코 하니라'와 같은 쓰임에서 '하고→코'를 볼 수 있는데 여기서 허사화(虛辭化)됨을 엿볼 수 있다.

문 22. '사이비-하다형'의 단어 설정은 가능한가.

답 사이비(似而非)는 사시이비(似是而非)에서 온 한자어이다. '사이비 애국자'는 '似愛國者而非愛國者'로 '보기엔 애국자 같으나 실제로는 애국자 아닌 사람'을 의미한다. '非하다'의 단어 구성이 불가하므로 단어 설정이 잘못된 것이다.

4.4. 접사

문 23. 접사란 무엇인가.

답 '단어는 단어로부터 만들어진다.(Words are formed from words.)'는 것을 알아야 한다. 단어로부터 접사(接辭)를 떼어낼 경우 남게 되는 것이 어간(語幹, stem) 또는 어근(語根, root)이란 것인데 일반적으로 어근이나 어간은 대개가 완전한 단어(complete word)로 자립할 수 없는 존재로 인식되는 대상(對象)이다. 이따금 접사의 분포(分布)에 얽매여 그 소속을 혼동하는 수가 있다. 접사란 것이 단어의 일부분이라는 것은 어근 또는 어간이 단어에서 접사들이 제거될 때 남게 되는 것으로 쉽게 이해될 수 있다(The two traditional notions of 'stem' and 'root' can most easily be understood as what remains when affixes are removed from a word.). 복합어가 아닌 한 단어가 둘 이상의 접사를 가지게 될 때 최종 단계의 접사를 제외한 나머지는 어간(語幹)으로 보아야 한다. 『우리말본』에서 말한 보조어간(補助語幹)을 포함한 어간은 활용성 어간(inflectional stem)으로 어근적 어간(lexical stem, root)과 구별된다. '하시다'의 '하시-'는 보조어간(embedded stem)을 지니고 있는 어간이다. '하시었겠다'는 5개의 형태(morph)를 지니고 있어 어간의 형태는 4개이지만 어근(root)은 '하-' 하나뿐이며 나머지는 보조어간이다. 접사는 놓임 자리에 상관없이 단어에 딸려 있는 부가(附加)의 형태소이다.

문 24. 한국어에 접중사(接中辭)가 있는가.

답 하나의 단어는 하나의 선상(線狀) 위에 연쇄체(連鎖体)를 이루어 나타나게 마련이다. 단음절어(單音節語)어거나 다음절어(多音節語)인 경우도 예외는 아니다. 한국어의 글자는 단음문자(單音文字)이지만 표기(表記)에 있어서는 발음의 단위인 음절(音節)에 맞추어 음절문자(音節文字)를 취하고 있다. [사람]은 '자음-모음-자음-모음-자음'으로 이루어진다. 사람/saram/ 사이에 어떤 음도 끼어들 수 없다. 불변어인 명사의 경우는 절대적이다. 우리의 활용어(活用語)는 최소형식(最小形式)이 이음절어(二音節語)인 복합형(complex form)으로 최소의 자립형식(minimal free form)을 이루어 단어(單語)의 자리에 오르게 된다. 한국어의 활용어인 동사·형용사라는 단어에는 여러 종류의 형태소(形態素)가 개입(介入)되어 새로운 말을 파생시킨다. 예컨대 '먹다 – 먹이다 – 먹히다'와 같은 경우이다. 접사(接辭)의 몸통은 단어(word)이다. 단어를 몸통(base)으로 볼 때, '-이-/ -히-'는 접중사(infix)에 틀림없다.

『붙임』 영어엔 접두사와 접미사만 있고 접요사(接腰辭)는 존재하지 않는다. 영어에서 말하는 '접요사'란 복합어(複合語) 속의 전치사(前置詞)를 두고 말하는 것이다. (보기: father-in-law, middle-of-the-road …)

문 25. 접사(affix)는 덧붙이기의 어소(語素)인데 '얼음, 읽기'의 '-음, -기'를 접미사로 본 이유는 무엇인가.

답 접사는 어원 그대로 덧붙이기의 말 조각이기 때문에 그 몸통이 단어이어야 한다. 그런데 '얼음'의 '얼-'이나 '읽-'은 단어의 어근(語根)일 뿐 단어가 아니다. 따라서 덧붙이기 꼴의 접미사와는 다르다. 활용 체계에서 벗어나 어미(語尾) 자리에 대신 들어간 탈활용(脫活用)의 어미라 보면 된다.

어미라는 말은 활용 어미(inflectional ending)을 의미한다. 이와는 달리 활용에서 벗어나 딴 품사로 전성시키는 어미는 파생 어미(derivational ending) 또는 파생 접미사(derivational suffix)라 하는 것이 타당하다.

〖붙임〗 1. 語尾는 단어의 끝자리 형태소로서 문법적 활용(grammatical inflection)을 나타내는 것으로, 파생 어미는 어미 자리에 갈마드는 어소(語素)로 보면 된다.

2. 접사의 어기(語基)는 단어이다. 단어의 머리에 덧붙은 것을 접두사(prefix), 단어의 가운데 끼어 든 것을 접중사(infix), 단어의 끝에 덧붙은 것을 접미사(suffix)라 한다. 접사의 놓인 자리(分布)를 대중 삼아 어근(語根)에 붙는 것으로 보는 데는 어려움이 있다. '새김-질'에서 미루어 알 수 있다. → lead-er-ship, kind-li-ness

문 26. '먹-거리'는 비표준어로 처리해야 하는가.

답 말은 글을 아는 분들의 전유물이 아니다. 말의 계승은 구전(口傳)에 의하여 이루어지며 유지된다. '먹거리'를 '먹을거리'라 발음하는 사람이 없다. '먹-거리'를 어법에 맞지 않다고 하는 이유는 이 단어가 통사성(統辭性)에 벗어난다고 보는 데 있다. 활용어(活用語)의 어근(語根)이 단독으로 단어 구성에 참여하기 어렵다는 데서 온 문법 해석이다. '먹다'의 어간 '먹-'이 단독으로는 어휘 형태소로 쓰일 수 없다고 본 것이다. 이 논리에 따른다면 '곶-감, 모르쇠, 묵-솜'와 같은 단어 구조는 부인되어야 마땅하다. 문법에 앞서 언어가 있다. '꺾쇠, 꺾-꽂이, 죽-살이, 묵-무덤(=묵-뫼), 묵-밭, 싫-증, 곱-상, 밉-상, 누비-질, 오르-내리다, 짜-깁다, 빌-먹다(→ 빌어-먹다)…'의 단어 형성의 배경에 주목해야 할 것이다. 주시경 문법에 기댄다면 당연한 귀결이다. '빌-먹다'의 단어 형성과 '빌어-먹다'의 단어형성법은 그 기저(基底, base)가 다르다.

【붙임】 '이르다(早) ↔늦다'는 반대어 관계에 있다. '이른-봄'은 복합어인데 '늦-봄'은 단일 파생어로 처리되어 있다. 이른봄(早春)과 늦봄(晩春)의 문법 처리가 다르다. 무엇 때문일까. 일상의 언어생활에서 '늦봄 : 늦은 봄, 늦여름 : 늦은 여름, 늦가을 : 늦은 가을, 늦겨울 : 늦은 겨울'이 같은 말로 쓰이고 있다. 그 이유는 '늦-'을 접두사(接頭辭)로 처리한 때문이다.

【붙임】 1. 주시경문법에 따른다면 실질형태소(實質形態素)는 자립(自立), 비자립(非自立)에 상관없이 어근(語根)이 된다.

2. 먹새, 먹음새 ; 먹보, 먹성[食性]

문 27. '오가다, 검붉다, 높낮이'의 단어는 어떤 구성인가.

답 어구(語句, phrase)를 바탕으로 구성된 단어이다.

오가다(← 오고 가다), 검붉다(← 검고 붉다), 높낮이(← 높고 낮다)

【붙임】 옷걸이(← 옷을 걸다, 목걸이(← 목에 걸다), 타향살이(← 타향에서 살다)

머슴살이(← 머슴으로 살다), 하루살이(← 하루 동안 살다) …

문 28. '외팔이'의 '-이'와 '손잡이'의 '-이'는 같은 형태소인가.

답 우리 문법에서 접사(接辭)에 대한 개념이 바르게 설정되어 있지 않다. 접사(接辭)는 'affix'란 용어의 번역어인데, 그 뜻은 부가물, 첨가물이다. 언어학에 와서 이 말이 '덧붙이기로만 쓰이는 말'로 받아들여 접사라 일컫게 된 것이다. 그리하여 단어의 앞자리에 붙는 것을 접두사(接頭辭, prefix), 단어의 뒷자리에 붙는 것을 접미사(接尾辭, suffix), 단어의 가운데 자리에 붙는 것을 접중사(接中辭, infix)라 한다.

접사가 붙게 되는 몸통은 단어이라는 사실이다. '전적(全的) --전국적(全國的)'의 '적(的)'은 같은 형태소인데 '전적 : 전국-적'으로 처리하고 있는 데서 알 수 있다. 이로써 접사가 단어 형성의 기본이 되는 형태소가 아니라 파생어를 낳는 형태소임을 알 수 있다. 위에서 '외팔이'의 '외팔-이'로서 첨가형 접미사이다. 그런데 '손잡이'는 '손잡'이란 단어가 존재하지 않으므로 '손잡-'에 '-이'가 첨부된 것이 아니다. 이 파생어의 배경은 '손(으로) 잡다'에 있다. 파생의 기반이 구(句)에 있기 때문에 손-잡이'로 기술하게 되는 것이다. 이러한 '-이'는 어미에 갈음되는(交替되는) 접미사이므로 교체형(代替型) 접미사인 것이다.

문 29. 「새롭다」는 분석이 가능한가.

답 '새롭다'는 분석의 대상이 되지 않는다. 역사적으로 보면 '새 명'가 명사로 살아 있었을 시절에는 파생어(派生語)였지만, '새'가 죽은말이 됨으로써 '새-롭다'가 아니라, '새롭다'이다. 이와 같은 예로 '책이 헐어 새로 샀다 / 꽃이 아름답다'도 이와 같다. '관형사+접미사'로 분석하는 것은 비례유추(比例類推)로 보아 있을 수 없다. '春夏秋冬(춘-하-추-동), 元亨利貞(원-형-이-정), 가위-바위-보'와 같은 단어는 등위형 구성(coordination construction)으로 직접구성요소 분석(IC analysis)이 불가능하다.

문 30. 새말[新語] 되기의 과정은 무엇인가.

답 말이 입이나 글에서 떠나게 되면 죽은말[死語, 廢語]이 되고, 입에 오르내리고 글에 쓰이게 되면 살아 있는 말[活語]이 된다. 말의 세계나 사람의 세계나 죽고 나고 하는 현상은 마찬가지이다. 어제까지 들어 보지 못한 말이 그 언어사회에 널리 쓰이게 되면 또 하나의 신생어(新生語)가 생기게 되는 것이다. 그 사회의 공인(公認)을 받은 것이다. 말은 특허사정(特許査定)의 대상이 아니다. 새말을 퍼뜨린 이가 누구인지 알 길이 없다. 해마다 신조어(新造語)가 나오는 것은 사실이다. 교수신문의 '올해의 사자 성어(四字成語)'가 한 예이다. 그러나 유행어처럼 사라져 버리는 경우가 많다. 시대성(時代性) 반영의 새말들은 그 시대와 함께 떠나게 마련이다. 그런데 유명인사 김 모 씨가 인용한 고사성어(故事成語)가 우리말 사전에 자리를 잡게 되었다. '토사구팽(兎死狗烹)'이란 어려운 한자말이다. 옛날부터 있던 '팽(烹)하다'는 죽은말이 되고 '팽(烹) 당하다'가 쓰이고 있다. 이 '팽(烹)'은 토사구팽의 끝 글자로 '필요할 때는 쓰이지만 필요 없다고 볼 때는 야박하게 내친다'는 말로 격언처럼 쓰이는 단어이다.

【붙임】 프랑스의 아카데미(學士院)은 외국어 받아들이기에 있어 엄정한 사정(査定)을 하여 수용 여부를 결정하고 있다. 자국어(自國語)를 위해서이다. 특히 영어의 범람을 막기 위해서이다. 거울로 삼을 만하다 생각된다.

TV 자막 속에, 우리말에 섞어 '팩트 파인딩(fact finding)'과 같은 외국어가 혼성(混成)된 데 대해, 방송 위원회는 잠자코 있다. 방송 윤리만이 문제일 것 같지는 않다.

문 31. 「이럭-하다, 그럭-하다, 저럭-하다, 어떡-하다」의 단어화 과정은 무엇인가.

답 그 본[model]은 「어찌 하다」에 있다. 구성형(構成型)이 '부사+동사'의 결합으로 이루어진 것이다.

'이렇게 하다, 그렇게 하다, 저렇게 하다, 어떻게 하다'의 결합으로 이루어진 단어이다. '어떻게 하면 좋을까 / 어떡하면 좋을까'가 병행(並行)으로 함께 사용되고 있다. 여기서도 활용형 '이렇게(← 이러하게)'가 부사형(副詞形)임을 확인할 수 있다.

『붙임』 「더럽다[형]」의 활용형 '더럽게'는 '매우, 심하게, 아니꼽게, 나쁘게'의 뜻으로 쓰여, 의미상으로는 '더럽다'의 의미와 멀다. 그러나 형태상으로 보아 활용형임에 틀림없다. 이러한 부사(副詞) 기능의 활용형을 두고도 부사형(副詞形)을 인정치 않고 있는 것이 자기모순(自己矛盾)이라는 것이다.

문 32. 올림말 「본보기」의 구성 관계는 무엇인가.

답 이 단어는 '본-받다'와 함께 1920년의 『朝鮮語辭典』(조선총독부)에 올라 있다. 1936년에 나온 문세영 『朝鮮語辭典』에도 같다. 한글학회 『큰사전』 … 등 모든 사전이 단어 구조를 '본-보기'로 처리하고 있다. 단어 '본-보다'가 사전에 오르게 된 것은 『국어대사전』(민중서관, 1961)에서이다. 『표준국어 대사전』(국립국어원, 1999)에 와서 이변(異變)이 생겼다.

(1) 본-보다(本 -)[동] / 본보-기(本-)[명]

(1)의 단어 구성(單語構成)이다. 이 기술에 따른다면 '본보다'에서 '본보기'가 파생된 것으로 보게 된다. 이런 처리는 분명히 잘못된 것이다.

[붙임] 1. '본보다'는 '본받다'의 방언으로 쓰이는 말로서, 북한 사전에도 등재되어 있지 않다. '본보다'에서 '본보기'가 생긴 것으로 유비추리(類比推理)한듯한데 '본-보기'가 시대적으로 먼저 있었던 말이어서 그릇된 추리이다. 가설적으로 비록 '본-보다'에서 '본보기'가 파생되었다고 보더라도 '본보-기'는 성립될 수 없다. 활용의 기반(base)이 복합 전사(pre-word)인 '본(本)-'에 있지 않고 후사(post-word)인 '보-'에 있기 때문이다. '걸음-걸이'를 본보기로 삼아야 할 것 같다. 허웅 교수가 '해-돋이'를 '해돋-이'로 본 것과 같은 처리 방법이다.

2. '-음, -기'는 같은 꼴의 어미인데, 품사를 같이하면 활용 어미(inflectional ending)를 취한 것으로 보고, 품사를 달리하게 되면 파생 어미(derivational ending)을 취한 것으로 처리하게 된다. 'derivational ending'을 'derivational suffix'라 이르기도 한다. 사전 편찬에 있어 이미 출간된 모든 사전을 기본 재료로 삼아야 한다는 것은 상식이다. 사전에는 표절(剽竊)이 없다는 말이 여기서 온 것이다.

문 33. 「배불리㈜」의 형성 과정은 무엇인가.

답 이 전성부사의 기저(基底, base)는 '배-부르다'에 있다. '배-부르다'는 '배가 부르다'가 단어화한 복합어(CW)이다. 복합어를 기저로 파생어이기에 복합(어)파생어이다. 이와 같은 구성형으로 「남-달리」가 있다. '남과 다르다'가 어화(語化)한 '남-다르다'에서 온 전성부사이다. 「달리」㈜는 '다르다'을 기저로 한 전성부사로 단일 파생어이다.

『붙임』 1. 위와 같은 파생접미사(derivational suffix), 또는 파생 어미(derivational ending)에 의한 부사들이 한없이 많다. 남북한 가릴 것 없이 모든 사전(辭典)이 그 풀이로 '배불리'는 '배부르게'로 대응(equivalence)시키고 있다. 오늘의 상황이 아니라, 우리나라 사전의 역사적인 대응의 방법이다. 이러고도 副詞形이 없다니 어불성설(語不成說)이 아닌가 말이다.

2. 접사(接辭)란 첨사(添辭)란 의미이다. 접두사(接頭辭)나 접중사(接中辭)에서는 affix란 말과 일치한다. 그런데 접미사 가운데 활용형 어미 '-음, -기' 형(形)이 활용 범주를 벗어나 그대로 명사화된 경우 첨사(添辭)로서의 접미사(接尾辭)로 문법 처리한 오류를 보게 된다. 우리말엔 분명히 활용 어미(活用語尾)와 함께 파생 어미(派生語尾)가 공존한다. 죽은 어미(dead ending)인 {-이}가 그 대표격(代表格)이라 할 것이다. 단어 '해돋이' 분석을 [[해돋]이]로, '살림살이'를 '[[살림살]이]'로 분석한 사례들이다. 분명한 오분석(誤分析)이다. 원칙적으로 모든 접사는 자립어에 덧붙게 마련이다. 그런데 '가르침, 걸음, 깨달음, 걷기, 걸음걸이'는 첨가형 접미사가 아니라, 어미 자리에 갈음된 것이다.

3. '배-불리, 가슴-앓이, 걸음-걸이,…' 등은 단독으로는 파생을 일으키지 못하며 복합어의 뒷자리에서 파생법(派生法)이 이루어지는데 파생의 줄기(stem)는 뒷자리 단어(post-word)에 있다.

문 34. 동사 '되다'의 활용형으로 전성된 '되도록[부]'은 '되-도록'으로 처리했는데, 형용사 '되다'에서 전성된 '되게'[부]는 '되-게'로 올리지 않은 이유는 무엇인가.

답 어류(語類)를 달리한 이유로 파생접미사(派生接尾辭)로 보게 된 듯한데, 「되-도록」은 「되게[부]」처럼 「되도록[부]」으로 표시하는 것이 일관성 있는 처리이다.

〖붙임〗 '길게, 굳게, 번질나게, 지나치게, 가맣게…'의 용례에서 문법 처리와는 관계없이 부사형(副詞形)은 살아 있다.

문 35. 한국어의 단수, 복수에 대한 문법성은 존재하는가.

답 영문법에서 명사의 단수형(單數形), 복수형(複數形)은 통어론에서 중요한 몫을 가진 문법 사항이다. 그래서 단수(sing.)냐 복수(pl.)냐 하는 것을 크게 따지게 된다. 그러나 한국어에서는 문법적 사항이 될 수 없고 다만 의미론적인 것인데 문법적으로 접근하려는 측면이 강하다. 접미사 '-들'에 대한 풀이가 그러하다. 국어사전의 풀이에 따르면 '-들'은 복수(複數)임을 나타내거나 복수의 뜻을 더하는 말의 조각으로 해석된다. 그런데 그 개념에 대해서는 설명을 주지 않고 있다. 알다시피 서구어에서는 단복(單複)의 뜻을 바르게 알지 못하면 올바른 문법적 표현을 할 수 없다. 우리 한국어에서는 단수 복수에 대한 구별을 하고 있지 않아 문법상으로 다루고 있지 않다. 그저 '우리, 우리들', '국민, 국민들', '청중, 청중들'과 같이 섞어 쓰고 있으면서 그 의미상의 구별엔 둔감한 편이다. 그 이유는 계수(計數)에 대한 모호한 기준 때문이다.

영어에서는 단수, 복수가 서술(敍述動詞)를 지배하는 요건이 되기 때문에 매우 중요한 문법상의 조건이 되지만, 우리 국어에서는 따질 필요가 없다. 문제는 '-들'을 복수임을 나타내는 접미사라 규정한 데에 문제가 있다는 것이다. '명사의 수(數)', '명사의 성(性)'과 같은 것은 우리말과 아무런 관계가 없는 문법적 사항이다.

영문법에서 논하게 되는 수(number)는 하나의 사물을 가리킬 때에 단수(sing.)라 하고 둘 이상을 가리킬 때 복수(pl.)라 하고 있다. 이러한 단복(單複)의 구별이 우리에게 무슨 소용이 있는가. 다만 기수법(記數法)에 우리 '하나, 둘, 셋…'으로 헤아리면 된다. 그리고 그 '하나, 둘, 셋, …'도 기본수(基本數)에 한정되지 않고 계수 단위(計數單位)에 거듭 쓰이게 된다. 예로서 화폐단위(貨幣單位)를 들어보면 우리나라는 '전(錢)'과 '원(圓)'이며, 미국의 경우는 cent와 dollar이다. 100전은 1원이며, 100 센트는 1달러이다. 100전은 복수이지만, 1원은 단수이다. 이처럼 계수하는 단위에 따라 단수, 복수의 개념이 달라지는 것이다. 곡물을 계량(計量)할 때 홉으로 하나일 수도 있고 되로 하나일 수도 있고 말로 하나일 수 있는 것과 같다. 논리학에서 말하는 개별개념(distributive concept)과 집합개념(collective concept)에 대하여 생각해 보아야 할 것 같다. 개별개념은 개별적으로 적용되는 개념인데 반하여, 집합개념은 '인류, 국민, 시민, 군대, 천중, 가족…'과 같은 단어처럼 같은 것의 집합 전체를 하나의 단위로 보는 개념이다. 이러한 개념을 나타내는 명사가 바로 집합명사(collective noun)라는 것이다. 단수와 복수를 가름하는 데 참고삼아 들어 본 것이다.

> 집합명사는 그 구성분자(構成分子)가 얼마가 되건 단수(單數)이다. 개체의 전부를 한데 치기 때문이다. 그러한 집합체가 여럿이 있을 땐 당연히 복수의 취급을 받는다.
>
> The U.S has three fleets - the Pacific, the Atlantic and the

Mediterranean.

아메리카는 세 함대를 가지고 있다. - 즉 태평양 함대, 대서양 함대와 지중해 함대이다.

집합명사 그 자체는 원칙적으로 단수이다. 때문에 그 때의 술어동사(述語動詞)는 단수가 된다. 그러나 그 집합체의 구성분자를 하나하나 개별적으로 칠 때에는 집합명사의 어형(語形)은 단수이면서 복수의 취급을 받는다. 따라서 그때의 술어동사는 복수가 된다.

The Congress consists of 400 members. ↔ The Congress were all present.

국회는 400명으로 구성된다. -단수

국회의원 전원이 출석했다. -복수

(崔載瑞, 『綜合英文法』, p.29)

문법학의 배경에는 논리학이 있다. 언어 현상에 나타나지 있지 않다고 수효적 개념이 없는 것이 아니다. 우리는 예사스럽게 '산이 높다'라 표현하지만 말하는 이가 가리키는 '산'은 특칭(特稱)이며 전칭(全稱)이 아닌 것과 같다. 곧 어느 산을 말한 것이지, 모든 산을 높다고 하지 아니함과 같다. 우리말 표현에는 영어의 복수형을 만드는 '-es'와 같은 형태소는 없다. 다만 복수의 접미사로 널리 일컫고 있는 '-들'이 있다. 이 '-들'을 그저 '하나가 아니구나' 하는 식으로 인식하고 있는 데 문제가 있는 것이다.

문 36. 접미사 '-들'의 의미 자질은 무엇인가.

답 최근의 우리말 사전에는 '그들, 이들, 저들'이 없다. 싣지 않은 이유는 간단하다. '그'의 복수형(複數形)이 '그들'이고, '이'의 복수형이 '이들', '저'의 복수형이 '저들'인 것으로 잘못 본 때문이다. 의미상으로 보아 '그네들, 이네들, 저네들'인 것이 분명하다. '이네'의 뜻풀이가 '이 사람들'이니 '이네들'의 뜻은 어찌되겠는가.

	총독부 사전 1928	문세영 사전 1937	우리말 큰사전 1957	이희승 사전 1961
그네	「그네들」의 略	「그네들」의 준말	그 사람들.	→그네들
그네들	그 사람들.(그이들 略그네·그들)	그 사람들. 그들. 그이들.	x	그 사람들. 그들. 그편 사람들.
그들	그네들의 略	「그네들」의 준말	x	x
이네	x	x	이 무리의 사람. [보기] 이네-들	이 무리의 사람.
이네들	x	x	x	이 무리의 사람들
이들	x	x	x	x
저네	「저네들」의 略	「저네들」의 준말	저 사람들.	저사람들. 저편 사람들. 저네들.
저네들	저 사람들(저의들 略 저네·저들)	「저이들」의 무리.	x	너네
저들	「저네들」의 略	「저네들」의 준말	x	x

대명사 '나'의 복수는 '우리', '너'의 복수는 '너희'라 하는 해석은 잘

못된 것이다. 바르게 말하면 개별 명사 '나'에 대하여 '우리'는 집합명사이다. 영어의 'we'는 '우리'가 아니고 '우리들'이다. 최재서 교수가 지적했듯이 'I am a student. --We are students.'를 놓고 보자.

일인칭(一人稱) 동사 'am'은 'I = a student'로 묶었고, 복수 표시의 동사 'are'는 'We =students'로 묶었다. 집합명사 '우리'가 복수형 '-들'을 취하여 '우리들'로 되어야 나를 포함한 모든 구성원 하나하나를 가리키게 된다는 것이다. 「우리」는 집합체를 뜻하며 「우리들」은 집합체의 개개인(箇箇人)이다. 「너희」, 「너희들」도 이와 같다.

(1) 모두들 잘 오셨습니다.

(2) 많이들 드세요. 잘들 살피시네요.

(3) 알아듣지들 못하네요.

(4) 어서 오시오들.

(1)-(4)의 쓰임에서는 '여러분 중의 한 분 한 분'을 지칭하고 있다.

결론적으로 보아 접미사 '-들'은 홑이냐 여럿이냐의 개념이 아니라, 집합명사가 한 개의 뭉친 단위(單位)인데 비하여, 「집합명사 + 들」은 집합체의 구성원(member) 하나하나에 중점을 둔 표현이다. '너희에게 말한다'와 '너희들에게 말한다'는 같은 표현이 아니다.

'국민의 마음'이 아니라, '국민들의 마음'이며, '정치인의 생각'이 아니라 '정치인들의 생각'이 바른 표현이다.

5. 문장 성분

5.1. 문장 구조

문 1. **우리말 어순이 갖는 특징은 무엇인가.**

답 말이 직선적 성질(linear nature)이기 때문에 단어들이 일정한 차례에 따라 배열되게 마련이다. 우리말의 어순(語順, word order)이 한문이나 영어와 다르다는 것을 학습을 통하여 익히 알고 있다. 언어유형론(言語類型論)에 따르면 중국어, 영어, 프랑스어는 SVO형이고 한국말, 일본말, 터키말 들은 SOV형이다. 우리말 단어의 태반이 한자어(漢字語)인데 한자어를 풀이하여 보면 어순의 다름을 깨달을 수 있다. '일요일마다 등산(登山)한다'는 '일요일마다 산에 오른다'와 같은 의미구조(意味構造)를 지니고 있다. 한국말의 구조로 따지면 「登山」은 비통사적 복합어(asyntactic compound)이다. 그런데도 우리말 구조의 틀을 지키면서 어순이 다른 많은 한자어를 받아들여 언어상통(言語相通)을 한 역사적 사실에서 우리 민족의 뛰어난 언어 운용의 지혜를 엿볼 수 있다.

『붙임』 수사학(修辭學)에서 말하는 도치법(倒置法)에 따른 어순 바꿈을 북한 문법에서는 '어순뒤집음, 어순바꿈'이라 이르고 있다. 어순을 바꾸어도 조사(助辭)는 그대로이므로 변화법(變化法)의 일종으로 보게 된다.

문 2. **논항(論項, argument)이란 무엇인가.**

답 논리상으로 따져 보는 경우, 서술동사가 꼭 필요로 하는 명사구(名詞句, NP)를 말한다. 쉽게 말하면 완전자동사(完全自動詞) '울다'와 같은 동사는 '새가 운다.'처럼 하나의 명사구를 필요로 하였다. 이런 서술어를 한자리 서술어(one-place predicate)라 한 것이다. 완전타동사(完全他動詞)인 '먹다'와 같은 서술동사는 '아이가 밥을 먹는다.'처럼 2항을 필요로 하게 된다. 영문법에 수여동사(dative verb)라는 게 있다. '내가 그에게 책을 주었다.'는 세 개의 논항(論項, argument)을 가지게 된다. 우리말에서 논항을 따지는 것은 논리적 근거에서 검토되어야 한다.

【붙임】 1. 논항은 필수성분을 어떻게 보느냐에 따라 달라질 수 있다. 용비어천가(龍飛御天歌) 20장에 '四海를 년글 주리여 / 三韓을 느믈 주리여'가 나온다. 'I gave him a book.'를 'I gave a book to him.'으로 달리 표현할 경우 논항을 다르게 보는 이도 있다. 'to him'을 명사구로 보지 않고 전치사구(前置詞句)로 보기 때문이다. 한문으로는 '我與彼書'를 '我與書于彼'로 바꿔 표현할 수 있다.

2. 우리말에서 '내가 이것을 누구에게 줄까.'를 '내가 이것을 누구를 줄까.'로 표현하기도 한다. 격변화(格變化)가 없는 우리말에서 '누구에게'를 어떻게 문법처리 하느냐에 따라 논항의 수도 달라진다. 영문법의 이론을 그대로 우리말에 적용하는 것은 우리말을 그릇되게 할 소지가 크다.

문 3. '주어 + 서술어', '주어 + 목적어 + 서술어' 따위의 문형(文型) 표현을 어떻게 보는가.

답 1960년대까지 그렇게 표현해 왔다. 이러한 표현은 'S + V.', 'S + V + O'는 변별할 아무런 근거가 없다. 문법 기술이 과학적이지 못하다는 것이다. $/S + V_1/$, $/S + V_3 + O/$처럼 기술되어야 한다. 가장 주목해야 할 것은 영어에서의 '목적어(object)'의 존재는 문장 구성요소(構成要素)로 필수적(必須的)인 위치에 있다는 것이다. 다시 말하면 목적어는 문장 구조를 통해서만 발견할 수 있는 존재라는 것이다. 영어에선 문장 구조[構文]를 거쳐서만이 목적어를 찾을 수 있지만, 우리말에선 구문(構文)과는 상관없이 목적어를 찾아볼 수 있다. 우리말에서는 문장의 요소로도 나타나고, 구절(句節)의 요소로도 나타난다는 사실이다. 문장과 상관없이 [목적어-타동사] 구성으로 나타난다는 것이다. '책을 읽는 학생들', '독서를 하는 아이들' 따위의 언어 표현이 이를 증명하고 있다. 이런 표현을 영어로 표현하려면 'students who read a book'로 고쳐 써야 한다는 것이다.

문 4. 주술관계와 문장 구조는 어떤 관련이 있나.

답 물이 흐른다. / 꽃이 진다. / 뜰이 넓다. / 생각이 치밀하다. / 무궁화는 나라꽃이다.

문장은 주술관계의 구성 아래 생각(판단)을 통일성 있게 표현하여 완결시키는 언어형식이다. 그래서 문장부호 (.)로 마무리하게 된다.

(1) 물이 흐르는, 꽃이 지는, 뜰이 넓어서, 생각이 치밀하여, 무궁화가 나라꽃이-ㄴ

(1)의 예들은 주술관계는 같으나 서술 어미[心態表現의 어미]를 갖추지 못했기 때문에 문장이 되지 못하고 어구(phrase)에 머물게 된다. '물이 흐르는 계곡'이 명사구(名詞句)라는 내심구조임을 보면 알 수 있다. 문장은 그것만으로 하나의 완성체이다. 이른바 대등문(對等文)의 선행절, 주절(主節)의 종속절(從屬節) 연결어미는 종결어미로 변형(變形)할 수 있는 성격의 것이기 때문에 문장절(文章節)인 것이다.

[붙임] 독립적이지 못한 문장이 문장절이다. compound sentence, complex sentence를 compound sentences, complex sentences라 하지 않는 이유가 여기에 있다.

문 5. 우리말도 '명사구(NP) + 동사구(VP)'라는 중핵 규칙의 문법 처리가 가능한가.

답 가장 간단한 핵문(核文, kernel sentence)은 '물이 흐른다.'처럼 두 단어로 성립되는 것으로 알고 있다. 그리하여 핵문형(核文型, kernel sentence pattern)을 '명사구(NP) + 동사구(VP)'의 두 부분으로 보고, 명사구를 주어로 동사구를 서술어로 보고 있다. 영어가 두 단어로 성립된다는 것은 사실이다. 두 요소로 성립된다고 전제할 때 그 둘의 관계는 주어 · 서술어의 관계이다. 영어의 'Birds sing.'은 어미가 없는 한문으로 옮기면 '鳥啼.'이다. 이것을 다시 분석할 길이 없다. 그런데 우리말로 옮기면 말하는 이가 상대하는 사람에 따라 '새가 운다. / 새가 우네. / 새가 우오. / 새가 웁니다.' 따위로 옮겨지는데 다 단정 표현(斷定表現)이다. 여기서 우리말이 지니고 있는 언어 표현상의 특성을 발견할 수 있는데, 문장 어미 '-ㄴ다, -네, -오, -ㅂ니다'는 주어인 '새가'와는 아무런 상관성이 없고 '새가 울-'이라는 정보 내용을 묶어 전달하는 방법이 다르다는 것이다.

(1) 시간이 돈이다. (문장)
(2) 시간이 돈인 것을 나는 몰랐다.
(3) 시간이 돈임을 나는 몰랐다.

(1)에서 '-이다'는 주술관계를 문장 구조로 만들었고, (2)에서는 주술관계를 아울러 관형사적 형태로 (3)에서는 명사적인 형태로 구조화

하였다. 엄격히 말하여 문장 어미는 서술부(敍述部)의 한 부분(a part)이 아니라 주술 구성을 통합하는 문장 구성의 요소이므로 우리 한국어의 문장 성립은 3 요소이라는 것이다. 영어의 2 요소 이론으로는 설명할 수 없다는 결론이다.

5.2. 주어

문 6. 문법적 주어와 논리적 주어는 어떤 차이가 있는가.

답 문법적 주어(grammatical subject)란 문장 구성상의 주어로서 일반적으로 말하는 주어(主語)를 이르는 것이다. 이에 반하여 논리적 주어(logical subject)란 '동작 · 상태의 주체(主体)'를 이르는 것이다.

(1) 철수가 공부한다. 철수가 착하다. / 철수가 중학생이다.

(1)에서 '철수(가)'는 주어(=문법적 주어)이자, 논리적 주어의 자리에 있다고 보는 것이다.

그런데 아래 (2)-(4)의 표현을 (2')-(4')로 바꿔 생각할 때 '독립임'의 주체, '자주민임'의 주체 '살던'의 주체, '사랑하는'의 주체를 논리적 주어라 하는 것이다.

(2) 吾等은 玆에 <u>我朝鮮의</u> 獨立國임과 <u>朝鮮人의</u> 自主民임을 宣言하노라.

(3) <u>나의</u> 살던 고향은 꽃 피는 산골

(4) <u>나의</u> 사랑하는 아들아

(2') 吾等은 玆에 <u>我朝鮮이</u> 獨立國임과 <u>朝鮮人이</u> 自主民임을 宣言하노라.

(3') 내가 살던 고향은 꽃 피는 산골

(4') 내가 사랑하는 아들아

'내가 친구의 놀림을 받았다'에서 동사 '놀림'의 주체를 가려 따지는 것과 같은 것으로 문법에서는 가릴 사항이 아니다. 영어의 피동태 문장은 능동태 문장의 변형으로 이루어진다. 영어엔 피동사(被動詞)가 없기 때문에 동사구(動詞句)로 표현하는 이외의 방법이 없어서이다. 'This letter was written by me.'는 'I wrote this letter.'에서 온 것이다.

(5) I wrote this letter.

(6) This letter was written by me.

(5)의 서술어는 wrote이고 (6)의 서술어는 was written이다. 그런데 동사구인 'was written'에서 능동사 'write'의 주체를 가려 이것을 능동 주어(能動主語), 참 주어(real subject), 또는 논리적 주어(logical subject)라 하는 것이다. 우리말엔 태(態)의 변화가 없다. '먹다－먹이다－먹히다'의 경우는 단어 파생이기에 딴 단어로 분화된 것이다.

[붙임] 1. '나의 살던 고향은…'에 대한 문법성에 대해 시비의 말들이 오간 일이 있다. 문법적 구조에 잘못이 없다. '나의 사랑하는 아들'의 영어 표현은 my beloved son이다.

2. 주어의 개념에 대해서는 John Collinson Nesfield(Outline of English Grammar, 1957)의 정의를 참고할 만하다.
Subject: The word or words denoting the person or thing about which something is said are called the Subject of the sentence.

3. 서술 동사구를 하나의 단위체로 보지 않고, 해체하는 것은 문

법 구조를 훼손(毁損)하는 것이다.

4. 피동사(被動詞)나 사동사(使動詞)를 서술어로 한 문장을 피동문(被動文) 사동문(使動文)이라 이름 붙이는 것은 잘못된 것이다. 굳이 붙인다면 피동사문(被動詞文), 사동사문(使被詞文)이며 의미상의 구분일 뿐이다.

5. 의미적 피동(notional passive)

문 7. 명령문의 주어는 무엇인가.

답 명령문에는 명령[시킴]을 하는 사람과 행동의 명령을 받는 사람이 있게 마련이다. 명령자(命令者)는 말하는 이다. '일찍 일어나라.'의 주어는 일찍 일어나는 행위자(行爲者)이다. 명령문에서는 주어가 생략 되는 것이 예사이다. 직접 상대하는 대상자이기 때문이다. 생략된 표현은 앞뒤 맥락에 의하여 자유롭게 부릴 수 있는 표현 방법이다.

문 8. 감정 형용사 서술어의 문장은 이중 주어가 있는가.

답 형용사 가운데 '기쁘다, 고맙다, 자랑스럽다, 개운하다, 슬프다, 외롭다, 괴롭다, 서운하다, 부끄럽다, 싫다, 좋다(好), 고맙다, 놀랍다, 부럽다…' 등이 감정 형용사(感情形容詞)이다. 이들이 문장의 서술어 자리에 놓여 성립되는 문장;

(1) 나는 네가 자랑스럽다. -- 당신은 내가 자랑스러운가.
(2) 내가 기분이 좋다. -- 당신은 기분이 좋은가.
(3) 나는 동생이 부럽다. -- 당신은 동생이 부러운가.
(4) 나는 돈이 싫다. -- 당신은 돈이 싫은가.

위의 예 (1)-(4)에서 주어가 어느 것이냐 하는 것이다. 이러한 구문(構文)을 의미구조로 몰고 가면 여러 가지로 변형될 수 있다. 형식 구조인 표면구조(表面構造)를 의미구조로 접근해 보면 간편하게 문법처리를 할 수 있다. IC분석에 의하면 다음의 (5)-(8)과 같이 된다.

(5) 나는 / 네가 자랑스럽다

(6) 내가 / 기분이 좋다

(7) 나는 / 동생이 부럽다

(8) 나는 / 돈이 싫다

이 경우 '네가 자랑스럽다'의 주어는 '네가'이다. 「무엇이 어떠하다」의 구성에 맞은 구조이기 때문이다. 그러나 '네가 자랑스럽다'는 전체 문장으로 보면 서술부이다. '네가 자랑스럽다는 이가 누구냐' 하면 '나'이다. 그래서 전체 문장의 주어는 '나는'이다. 문장부호 (.)는 전체 문장에 주어진 표지(mark)이다.

이중주어(二重主語)라는 말은 당치 않다. 층위(層位, level)가 다르기 때문에 사용해서는 안 되는 표현이다.

【붙임】 1. '코끼리는 코가 길고, 토끼는 앞발이 짧다.'의 형용사 서술을 명사 서술(noun predicate)로 고치게 되면 '코끼리는 코가 긴 것이고, 토끼는 앞발이 짧은 것이다'로 되어 '<u>긴 것이</u> 코이고, <u>코가 긴 것이</u> 코끼리'가 된다.

2. 영문법에서 'I am <u>a student</u>.'를 서술 명사(敍述名詞)라 한다.

5.3. 서술어

문 9. 서술(敍述)과 진술(陳述)은 어떤 차이가 있나.

답 문장의 성립은 서술(敍述)함에 있다. 문장의 내용인 사상(思想)이나 사건・사실을 서술(敍述)하는 부분과 말하는 이[話者]의 표현 방법을 보이는 부분이 있다. 문법론에서 서술어의 개념은 '敍'와 '述'을 합한 것으로 敍述를 보는 것이 온당하다. predicate와 narrate의 둘이 포함되어 있다고 보면 된다. 곧 서술어의 '述'은 predicate=설명, '敍'는 narrate=화법으로 이원적 구성(二元的構成)이 되어 있다.

(1) 카네이션의 향기가 좋다.

(1)에서 서술어 「좋다」를 보면 두 요소로 되어 있다. 흔히 말하는 어간(語幹)과 어미(語尾)로서 어간인 의미부(意味部)는 predicate로 설명하는 부분이며, 어미인 형식부(形式部)는 narrate로 표현방법인 것이다.

모든 문장은 제 나름의 표현방법을 지니고 있다. 그 구분은 수사학적(修辭學的)으로도 가능하고 문법학적으로도 할 수 있다. 평서문(平敍文)이니 의문문(疑問文)이니 감탄문(感歎文)이니 하는 용어들은 문법적으로 분류해 본 이름이다. '무엇에 대해서 서술하라'는 문제가 나오게 되면 반드시 서술어미가 따르게 마련이다.

여기 하나의 짧은 예시를 보이고자 한다.

> 참다운 지혜로 마음을 가다듬은 사람은, 저 인구에 회자(膾炙)하는 호머의 시구(詩句) 하나로도, 이 세상의 비애와 공포에서 자유로울 수 있을 것이다.
>
> 사람은 나뭇잎과도 흡사한 것. 가을바람이 땅에 낡은 잎을 뿌리면, 봄은 다시 새로운 잎으로 숲을 덮는다.
>
> 이양하(李敭河)의 '페이터의 散文' 일절

『붙임』 한라산이 높-으냐.

문 10. 서술어의 조건은 무엇인가.

답 독일어의 'Satz'는 명제(命題), 문장(文章)으로 번역되는 말이다. 'Satzbildung'은 문장구성[構文]이다. 명제의 표준형식은 「S는 P이다.」로 곧 판단(判斷)의 형식이다. 한국말에서는 문장의 구성을 말할 때 'S는 P이다'가 두 요소로 이루어진 것으로 보지만, 논리학에서는 주사(主辭)-빈사(賓辭)-계사(繫辭)의 구성으로 보고 'S는 P 이다'와 같이 셋의 결합으로 보는 것이 보편적이다. 바꾸어 말하면 '물이 흐르-'는 주사와 빈사만 있기 때문에 문장이 못 되며, '물이 흐르는'은 관형사형 어미를 취했기 때문에 관형사와 동일한 기능을 하는 어구(語句)가 되는 것이다. 결론적으로 말하면 '물이 흐른다'와 같은 구성(構成)을 이룰 때에, 비로소 문장 구조로 자리 잡게 되는 것이다. 굴절어(屈折語)에 있는「활용(活用)」의 이론이 도입되어 있으나 활용체계(活用体系)는 정비되어 있지 않다.「어간-어미 일체설」로 해서 모든 용언은 무슨 어미를 취하든 서술어가 된다는 논리는 허구이다. 논리학에 개념론(槪念論)과 판단론(判斷論)이 있다. 문법학의 형태론(形態論)과 통사론(統辭論)과 같다. 개인의 세계가 있고 집단의 세계가 있음과 같다. 일본 문법에만 있는 용언(用言)이라는 술어(術語)가 도입되고, 모든 용언은 그 활용형(活用形)에 구애받지 아니하고 서술어가 된다는 논리는 개체를 무시하는 전체주의(全体主義, wholism)의 사고이다. 동사에 대한 풀이를 서술어동사(敍述語動詞, predicate verb)에 두고 있는 것이 잘못이다. 동사는 개념적으로 '동작이나 존재를 나타내는 어형변화가 있는 단어'이며, 구문론적으론 정동사(定動詞, finite verb)로도, 비정동사(非定動詞, nonfinite verb)로도 쓰이는 것이다. 관형절(冠形節)이나 부사절(副詞節)이나 명사절(名詞節)이 되게 하는 동사의 활용형(活用形)은 부정동사(不定動詞, infinite verb)로서 문장의 서술어 자격이 없는 것이다. 「雪」, 「白 」의 개념은 원초적으로 개별적으로 존재하며, 「雪白」이나 「白雪」은 연쇄관계(連鎖關係)에 의한 구조일 뿐이다.

동사 · 형용사가 어떤 활용형으로 나타나든 그것이 서술어의 기능 속에 묶여 있다는 독단적인 설(dogma)이 1967년 3월에 한글학회 측에서 제기된 것이 정설화(定說化)의 원초(原初)가 되었다.

> 「… 풀이씨는 원래 풀이함(敍述함)에 그 노릇이 있는 것인데, …… 매김꼴(冠形形), 어찌꼴(副詞形), 이름꼴(名詞形)은 도대체 무엇을 뜻하는 것인가? 풀이씨가 풀이하는(敍述하는) 노릇을 버리고 아주 매김씨, 어찌씨, 이름씨로 되었다는 소견인가? 만약 그렇다면, 그것이 어째서 풀이씨의 끝바꿈(用言의 活用)이 될 수 있단 말인가? …」

용언(用言)을 풀이씨라 한 것은 『우리말본』의 주장에 따른 것이다. 『우리말본』의 주장은 일본의 문법학자 야마다 요시오(山田孝雄)의 주장을 따른 것이다. 야마다의 用言은 서술어로 쓰이는 단어를 가리키며, 그러한 단어에는 활용(活用)이 있다고 보았다('活用하는 단어가 用言'이라 하는 것엔 동의하지 않았음). 『우리말본』의 견해도 이것과 일치한다. 이와는 정반대로 도끼에다 모도끼(時枝誠記)는 '용언(用言)은 어형변화(語形變化)가 있는 단어(單語)'라 규정하였다. 「用言」이라는 일본 문법의 용어를 차용한 그 자체에도 문제가 있지만, 이 용어의 산지(産地)인 일본에서도 야마다 문법의 '용언(用言)=서술사(敍述詞)'라는 주장은 부정되고, '개념어(概念語)로서 활용(活用)이 없는 단어를 체언(体言), 개념어로서 활용이 있는 단어를 용언(用言)'이라는 것이 문법학계의 공통된 인식이다(日本 國立國語硏究所, 日本語敎育指導參考書).

알다시피 체언(体言)과 용언(用言)은 형태적(形態的)으로 보든 기능적(機能的)으로 보든 서로 짝을 이루는 어류(語類, word class)이다. 만일 동사・형용사를 기능적으로 풀이씨로 보게 된다면 동사・형용사는 늘 서술어(敍述語) 노릇을 하게 되므로 주어(主語)와 짝지어 공기(共起)하는 단어라는 논리적 모순에 빠지게 된다. 속담 '얕은 내도 깊게 건너라', '쏘아 놓은 살이요, 엎지른 물이다'에서 밑줄 그은 단어나 어구(語句)가 '서술어가 되면서 꾸밈말이 되는 것으로 해석하고 있는데 이야말로 기상천외(奇想天外)의 발상이라 하지 않을 수 없다.

문 11. 서술어로 쓰이는 품사의 필수적 자질은 무엇인가.

답 문장의 종류를 종지법(終止法)에 의하여 분류해 보면 평서문, 의문문, 감탄문 등등으로 나눌 수 있다. 이러한 종지법에 쓰이는 어미가 종결어미이다. 종결어미는 서법(敍法, mood)의 지배를 받는다. 영어의 서술사(敍述詞)가 동사 하나인 데 반하여 한국어에선 동사와 형용사의 둘이다. 서법에 의하여 말하는 이의 전달 내용에 대한 주관적 태도가 표현된다. 곧 상태(心意)의 표현 상태라 할 수 있다. 심의 활동(心意活動)은 동적(動的)인 것이다. 화용론(話用論)의 측면에서 접근하면 서술어 노릇을 하는 동사나 형용사는 다 동사의 범주에서 다루어지는 것이 마땅하다. 정렬모가 우리말의 서술사를 동작동사(動作動詞, action verb)와 형용동사(形容動詞, descriptive verb)로 나눠 본 것은 탁견(卓見)이라 할 것이다. 쉽게 말하면 서술어로 쓰이는 형용사는 형용동사이며 수식어로 쓰이는 형태는 관형사형으로 보게 되는 것이다.

문장의 자격은 종결성에 있다 하였다. 그 종결성이 말하는 이의 의도(意圖)에 의하여 결정되는 것이다. 첨가어인 한국어에 있어서 그 서법이 극도로 발달되어 있다. 서법(敍法)이 없는 문장은 문장이 아니다. 기본문형(基本文型)을 통해서 그 확대구조(擴大構造)를 알 수 있다. 중학교 시절에 영어 선생님이 문(文)의 기본형식(fundamental forms of sentences)을 철저히 익혀야 한다고 말씀하면서, 모르는 단어는 몰라도 되지만 전체 문장의 주어(主語)와 술어(述語)를 찾지 못하면 긴 문장을 해석할 수 없다고 하신 것이 머리에 떠오른다. 문법학 연구의 유형은 끊임없이 바뀌어 왔지만, 영어의 기본 5 형식은 변함없이 영어학습의 토대가 되어 살아 있음을 본다. 숲을 보지 않고서는 나무를 알 수 없다는 것을 말한 것이다.

외국어 홍수의 바람에 우리말의 본모습이 죽어가고 있다. 어찌 '나를 울려 준다.'라거나 '하지 말아 주세요.'와 같은 표현뿐이랴. 한국어는 한국어에 익숙한 이가 밝혀야 하고, 영어는 영어에 능숙한 원어민(原語民)이 밝혀야 그 실상을 바르게 파악할 수 있다. 우리 속담에 반풍수가 무엇을 망친다는 말이 있다. 어설프게 알고 있는 외국어의 언어 이론이나 분석법을 가지고 국어를 함부로 재단해서는 안 된다는 것이다. 훈민정음 해례본 정인지(鄭麟趾) 서문에 「예조(枘鑿)」-모난 자루에 둥근 구멍-라는 한자말이 나온다. 한문으로 옮겨진 우리말이 한문이듯이, 영어로 번역된 우리말이 영어이며, 우리말의 짜임일 수는 없는 것이다. 외국어로 번역된 글을 통해서 우리말의 구조를 밝힐 수는 없지 않은가. 역대(歷代) 한국어 문법서가 우리말 연구의 길잡이가 되어야 할 것이다.

문 12. 우리말 서술어의 짜임은 어떤 것인가.

답 설명상의 편의를 위하여 영어의 경우를 들어 말하겠다. 주어(主語, subject)와 서술어(敍述語, predicate)로서 문장을 구성한다. 서술어는 물론 정동사(定動詞, finite verb)이다. 그리고 동사의 자질에 따라 목적어(目的語, object)를 필요로 하는 경우도 있다. 그런데 'She is Korean.'(그녀는 한국인이다.)와 같은 경우 '한국인이다'가 서술어인데 '한국인'은 서술내용어(敍述內容語, predicative)이며 '이다'는 연사(連辭, copula)이다. 우리말의 경우를 살펴보자.

(1) 눈이 내리느냐.

(2) 눈이 희구나.

(3) 민심이 천심이다.

(1)-(3)의 예에서 보면 '내리-'와 '희-'는 서술내용사(敍述內容辭)이며 '천심'은 서술내용사(敍述內容詞)이다. 자립성의 있고 없음이 다를 뿐, 주어에 대하여 설명하고 있는 뜻[概念]임에는 틀림없다. 이에 대하여 '-느냐, -구나, -이다'와 같은 말 조각은 주술 구성(subject-predicative construction)을 연계(連繫)하는 방법이다. 이처럼 연계하는 것이 서술어미인데, 영어의 서술동사(=定動詞)엔 이러한 표현 방법이 없기 때문에 '文章 두 要素'로 보게 되는 것이다. 이러한 근거에서 한국어의 서술어는 '서술 실사(敍述實辭)-서술 허사(敍述虛辭)'로 구분 지어 보아야 하는 것이다.

문 13. 서술어는 문장의 중심점(中心點)인가.

답 문장의 본을 「무엇이 어떠하다」에 두고 논할 때, 문장으로 성립(成立)시키는 성분(成分)이 '어떠하다'에 있다. 그래서 서술어에 의하여 설명되는 주체(主体)를 주어(主語)라 하고 있는 것이다. 한 때 '대주어(大主語), 소주어(小主語)'란 용어가 쓰인 적이 있었지만, 같은 층위(層位, level)에서 이중주어(二重主語)란 존재할 수 없다. '코끼리는 코가 길다'라는 말은 보편적인 표현이다. '코가 길다'와 '코끼리가 코가 길다'로 분석된다. 앞엣것은 서술어가 '길다'이며, 뒤엣것은 '코가 길다'라는 문장이 마디가 되어 서술어가 되었다하여 서술절(敍述節)이라 하는 것이다. 주어(主語)가 문장의 주축(主軸)이 아니라, 서술어가 표현하는 동작, 작용이나 성질, 상태에 딸리게 되는 행위(行爲)나 상태(狀態) 등의 주체를 가리키는 용어인 것이다.

문장(sentence)은 주어부(主語部)와 서술부(敍述部)라는 두 구성요소(構成要素)가 일정한 법칙에 따라 배열되어 통일된 생각을 나타내는 결합체(結合体)이다. 통일된 생각을 표현하는 완결체(完結体)란 바로 어떤 문제에 대한 판단 내용이나 주장을 말[言語]로 매듭지은 표현이란 것이다. 우리 한국말의 서술 부분에 문장의 끝자리에 놓이게 되어 있다는 것은 문장이 판단형식(判斷形式)이라는 것을 보여 주는 절대적 근거이기도 하다.

『붙임』 1. 카이사르(Caesar, Julius)의 'I came, I saw, I conquered'를 우리말에선 '왔노라, 보았노라, 이겼노라'로 옮기고 있다. 세 단어(單語)일지라도 그것은 세 문장에 상응(相應)한 표현임이 분명하다.

2. 육하원칙은 서술에 따르게 되는 조건들인데 「누가? 언제? 어디서? 무엇을? 어떻게? 왜?」에 대응되는 짤막한 회답도 문장상당 표현(文章相當表現)이다.

문 14. 동사 · 형용사는 풀이씨[用言]이기 때문에 언제나 서술의 기능이 있다는 논리는 적절한가.

답 잘못된 학리(學理)이다. 동사(動詞)라는 부류의 단어를 지니지 않은 언어는 이 세상 언 곳에도 없다. 동사가 구문(grammatical construction) 안에서 수행하는 직능에 따라 이리저리 쓰이는 것이다. 한문은 어순(語順, word order)에 의하여 단어도 되고 문(文)도 된다. '물이 흐른다'는 '水流', '산이 높다'는 '山高'이다. '흐르는 물'은 '流水'이고 '높은 산'은 '高山'이다. '흐르는, 높은'에 서술 기능은 없다. 꾸밈말[修飾語]일 뿐이다.

〖붙임〗 1. 영어의 'rolling stone, written language, Seeing is believering. (To see is to believe)'는 분사형(分詞形)으로서 서술력을 지니고 있지 않다. 동사로서 서술어로 쓰이는 용법을 한정법이라 한다. 주어와 묶여 있는 동사를 정형 동사(定形動詞, finite verb)라 하고, 그밖의 것을 부정형 동사(不定形動詞, nonfinite verb)라 이르고 있다. 우리말의 부사형, 관형형, 명사형은 부정형에 들어맞는 용법으로 볼 수 있다.

2. '水深'을 단어적으로 풀이할 경우는 '물의 깊이'이고 문장적으로 볼 경우는 '물이 깊다'로 해석된다. 여기에서 우리말의 허사(虛辭)가 얼마나 중요한 구실을 하고 있는지 알 수 있다.

문 15. 동사 · 형용사가 어째서 매양 풀이씨[用言, 敍述詞]인가.

답 개념에 대한 올바른 파악 없이 어떤 대상에 접근하는 일은 참으로 위험천만한 일이다. 기존의 학설을 맹종하여 아무런 검색도 없이 부화뇌동하는 자세는 학구파에겐 있을 수 없는 일이다.

'돌다리도 두들겨 보고 건너라'는 속담은 세심한 주의를 환기하는 가르침의 말이다. 무턱대고 상식적(常識的)인 사항으로 돌리기에는 너무도 어처구니없는 일이 우리 주위에서 다반사로 반복되고 있기에 이 문제를 다시 논의에 부치는 것이다.

1) 문법 용어에 대한 검토

용언(用言)이란 문법술어(文法術語, grammatical term)는 우리가 일본 문법에서 차용해 온 것이다. 따라 일본과 한국을 빼놓고서 이 지구상에서 이 문법술어를 사용하는 나라는 없다. 『우리말본』에서 이 술어를 임자씨[主体言, 体言]에 맞세워, 풀이씨[說明詞, 陳述詞, 用言]라 표현하고 있음에서 확인할 수 있다. 이로 미루어 보아 체언(体言)은 명사·대명사·수사를 포괄하는 상위개념(上位概念)으로, 용언(用言)은 동사·형용사·지정사를 휩싸는 상위개념으로 잡게 되었음을 알 수 있다. 개괄적으로 말하면, 『우리말본』은 체언을 문장의 주어가 되는 힘을 가진 씨로, 용언을 풀이하는 힘을 가진 씨로 본 것이다. 「씨」는 '詞 또는 어종(語種)'을 의미하는 말이다. 이러한 기술이 몰고 온 여파(餘波)는 파란만장하다. 가장 심각한 문법상의 문제가 바로 모든 동사와 형용사가 서술력을 지니고 있어 어떠한 어미를 취하든 이에 상관없이 서술어가 될 수 있다는 해석이다. 『우리말본』의 기술이 철칙(鐵則)으로 굳어져 우리 문법의 경전(經典)이 되어 버린 것이다. 단적인 증거로 허웅의 '활용형 두 기능법'이 이에 근거한 것이다. 확대해석(擴大解釋)이 도(度)를 넘은 것이다.

지금까지 설명한 씨끝의 종류를 일람표로 보이면 다음과 같다.

- 씨끝
  - 안맺음 - 씨끝 - 두 기능법의 씨끝
    - 이름법(명사법)의 씨끝
    - 매김법(관형법)의 씨끝
  - 맺음 - 씨끝 - 한 기능법의 씨끝
    - 마침법의 씨끝
    - 이음법의 씨끝
  - 맺음 - 안맺음 - 씨끝

(『옛말본』, 1973, p.95)

허웅의 '두 기능법의 씨끝'이란 『우리말본』이 감목범법[資格法]이라 하여 내보인 어찌꼴[副詞形], 매김꼴[冠形詞形], 이름꼴[名詞形]의 어미(語尾)들이다. 현행 고등학교 문법에서는 전성어미(轉成語尾)라 이르고 있는 것이다. 「轉成」이란 술어는 전성동사(轉成動詞), 전성명사(轉成名詞), 전성부사(轉成副詞)의 쓰임처럼 품사의 전성(品詞-轉成) 곧 자격(資格)의 전성(轉成)을 뜻할 경우에 쓰임을 환기할 필요가 있다. 필자는 활용어미를 '활용의 두 영역-서술형과 사형(詞形)-'이라 하여 제시한 바 있다. 달리 말하면 어미엔 서법 어미(敍法語尾)와 비서법 어미(非敍法語尾)의 어미가 있어가 있다는 것이다. 서법 어미는 서술어로 되게 하는 문장의 어미요, 비서법 어미는 단어화(單語化)하거나 단어와 같은 기능을 하는 구절(句節)로 바뀌게 하는 어미로 앞엣것은 서술형 어미이며, 뒤엣것은 사형(詞形)의 어미로 구별된다는 것이다. 필자는 '활용체계를 달리하는 두 어미군(語尾群)으로 처리한 바 있다. (유목상(柳穆相), 『연결서술어미 연구(連結敍述語尾 硏究)』, 집문당(集文堂), 1985, p.75)

우리 한국어의 동사·형용사는 하나의 예외도 없이 죄다 복합 형태(complex form)이다. 다시 말하면 「어간+어미」라는 두 형태소로 성립되어 있다는 것이다. 명사류(名詞類)의 단어에 단순 형태(simple form)가 있는데 견주어 대조적이다. 명사가 기능지표(機能指標)를 취하여 비로소 확대된 구조(構造)의 구성요소(構成要素)가 되듯이 동사・형용사는 어미의 갈마들기에 의하여 그 기능이 정해지는 것이다.

사전에 실려 있는 '읽다, 붉다'의 '-다'는 그 단어의 일부이므로, 단어로 따지면 어형(語形)의 대표 어미가 되며, 품사로 따지면 사형(詞形)의 대표 어미이다. 이런 꼴을 서양문법에서는 추상형(abstract form)이라 기술하고 있다.
그러나 '읽는다.'나 '붉구나.'의 경우 '-는다'나 '-구나'는 위와는 달리 서술어미(敍述語尾)이다. 서술어의 짝은 주어(主語)이다. 단어 구조(word structure)가 아니라 문장 구조(sentence structure)의 일부인 것이다.

문 16. 동사의 활용과 서술어로서의 활용 체계가 다르다는 말은 무슨 뜻인가.

답 동사가 '풀이씨'인 이상 동사의 활용이 곧 풀이씨로서의 활용으로 보아야 하는 것이 아닐까. 『우리말본』에 기대고 있는 분들은 그리 받아들이고 있다. 그런데 논리적으로 따져볼 필요가 있다.

첫째, 단어란 말과 서술어란 말은 같은 범주에 있는 용어가 아니다.

둘째, 단어는 의미 범주에 속하고 서술어는 문법 범주에 속한다.

셋째, 단어는 개념 중심의 언어형식(linguistic form)이고 서술어는 문장의 성분이다.

넷째, 동사・형용사의 기본형(基本形)은 단어로서의 기본형이며 서술형(敍述形)이 아니다.

다섯째, 단어의 한 갈래인 동사・형용사를 용언이라 하는 이유는 단어의 형태(=語形)의 변화가 있다는 말이다. 곧 용언의 딴이름은 활용어(活用語)를 말한다.

여섯째, 서술어는 서술의 형식(=敍法)을 단정(斷定), 의문(疑問), 감탄(感歎)…등 표현의 방법에 따라 선택하게 되는 것이기 때문에 '서술어의 활용' 또는 '서술 어미의 활용'이란 말이 적절치 않으며, 서술 어미의 변화'로 보는 것이 적절하다.

일곱째, 단어 차원의 활용은 예컨대 아름답다[형]가 '아름다운, 아름답게, 아름다움'처럼 어형(語形)을 달리하여 관형사처럼, 부사처럼, 명사처럼 어류(語類)를 달리하여 변통(變通)으로 쓰이게 하는 활용이다.

여덟째, 문장 '하늘이 맑습니다. → 하늘이 맑습니까.'에서 '맑습니다 → 맑습니까'의 변화는 긍정문(肯定文)을 의문문(疑問文)으로 변형(變形)시킨 어미변화이기 때문에 문장 변형의 체계에서 보아야 한다는 것이다.

5.4. 목적어 · 보어

[문] 17. 목적어는 어떻게 정의할 수 있는가.

[답] 학교문법(學校文法)에서는 문장의 일차적 성분(=主成分)이라 하고 있으나, 우리 문법에서는 '타동사의 의미 내용을 보족해 주는 명사나 명사구'라 규정하는 것이 옳다. 동사구(動詞句, VP) 속에 있는 명사이기 때문으로도 그렇다.

[붙임] 노래를 한다. / 노래를 하는 아이들/ 노래하는 아이들

freedom-loving / record-breaking / English-speaking

문 18. 목적어 · 보어는 문장의 주성분인가.

답 문장의 주성분(主成分)으로 보는 것은 잘못된 것이다. 『표준국어대사전』에 실린 '삼다'를 들어 살펴보고자 한다.

(1) 삼다¹[삼 : 때][삼아,삼으니]동 【…을】 짚신을 삼다

(2) 삼다²[삼 : 때][삼아,삼으니]동 【…으로】 고아를 양자로 삼다

이를 미루어 보면 밑줄로 표시한 것들이 동사를 보충(補充)해 주는 동반자임을 알 수 있다.

(3) 짚신을 삼던 할아버지

(4) 고아를 양자로 삼은 노인

위의 (3)-(4)에서 보다시피 어떤 자질의 동사류(動詞類)가 취하게 되는 보충어(補充語)로 보면 된다. 넓은 의미의 보충어에는 부사어, 목적어, 보어도 포괄된다.

【붙임】 1. '삼다¹'은 Onions의 영어의 술어 형태(述語 形態) 5형식 가운데 제3형식에, '삼다²'는 제5형식에 해당된다. 영어에서는 목적어나 보어가 문장 안에서만 나타나게 마련이지만, 우리말은 이와 달리 어구(語句)에 나타난다. 그러므로 문장의 보충어가 아니라 동사 · 형용사의 보충어로 보게 된다. '가진 사람, 재능을 가진 사람, 수표를 가지고 있는 사람, …'

2. complement. a term used to describe the word or words that complete the meaning of verb.

'잠을 자다, 걸음을 걷다, 산길을 걷다, 백리를 걷다, 두 시간을

걷다,…' 등이 다 목적격조사를 취하고 있지만 진성(眞性)인 것도 있고 가성(假性)인 것도 있다. 더러는 '잠자다, 춤추다,…' 처럼 단어화한 것도 많이 있다.

3. 시공(時空)을 떠난 존재나 행위는 있을 수 없다. '우리 집이 산골에 있다, 세종 임금은 15세기에 사셨다, 피는 물보다 진하다, 금이 은보다 낫다…'에서 보다시피 부사적인 것도 없으면 안 될 것들이 있다.

문 19. 목적어 · 보어는 동사의 의미 자질에 의해 생기는 구성성분인가.

답 보어, 목적어라 하면 문장에 결부시켜 말한다. 보어(complement), 목적어(object)를 문장의 요소(element of the sentence)로 보기 때문이다. 실제 영문법에서는 그러하다. Onions의 이른바 문장의 기본 5형식으로 널리 알려 있는 문장의 주요 성분이다. 그러나 이것은 어디까지나 영문법에 기초한 것이다. 타동사가 술어가 될 때 목적어로 불완전자동사(不完全自動詞)가 술어가 될 때 보어로 필수적으로 취하게 되는 성분으로 보게 된 것이다.

우리말은 이와 다르다.

사람을 보는 눈, 학문을 하는 길, 친구를 사귀는 법, 논문을 쓰는 방법, 보람이 되는 일, 꿈이 아닌 현실, 요지경 같은 세상,

이들은 다 명사구(名詞句)이다. 넓은 의미의 보어에 목적어가 포함될 수도 있다.

【붙임】 1. Philosopher is a person who studies philosophy.

philosopher=a person who studies philosophy

영어에선 문장을 거쳐야 목적어가 나오지만 우리말은 어구(語句)에서도 가능하다. '자유를 사랑하는(freedom-loving), 프랑스말을 하는(Franch-speaking), 수고를 아끼지 않는(pains-taking)…' 처럼 단어화할 때에는 비문법적(非文法的)으로 되어 어순이 뒤바뀌어 우리말 어순처럼 된다.

2. 문법학은 논리학의 산물이다. 판단 요소를 주개념(主概念)+빈개념(賓概念)-계사(繫辭)의 셋으로 보는 주장이 있다. 판단 형식의 3 요소설이다. 이리 되면 서술 어미는 독자적인 요소로 서게 된다. '학생이 책을 읽는다'에서 '책을'이 문장의 목적어이더라도, '책을 읽는 학생'은 문장이 아닌 명사구이기에 문장의 목적어라 할 수 없다는 것이다.

5.5. 수식어와 피수식어

문 20. 수식어와 피수식어의 관계가 지닌 특성은 무엇인가.

답 문장성분(文章成分) 사이의 관계로 볼 것이 아니라, 단어와 단어 사이의 관계로 접근함이 옳다. 달리 말하여

부사(어) : 동사·형용사를 피수식어로 하는 품사나 그런 말덩이
관형사(어) : 명사를 피수식어로 하는 품사나 그런 말덩이

로 규정된다. 1960년 후반기에 문장 구조를 보면(學校文法 統一을 위한 細案) 아래 표와 같다.

문(文)			
주부(主部)		서술부(敍述部)	
관형어(冠形語)	주어(主語)	부사어(副詞語)	(술어(敍述語)

이 도해(圖解)에 따르면 관형어는 주어를, 부사어는 서술어를 피수식어로 하는 것이 된다. 이를 아래와 같이 보완하면 이해에 도움이 될 것이다.

문(文)			
주어부(主語部)		서술부(敍述部)	
관형어 (冠形語)	(명사) 주어 (名詞) 主語	부사어 副詞語	(동・형용사) 서술어 (動・形容詞) 敍述語

문장의 성분이나 문장의 구조를 지배하는 형태소가 바로 문법적 형태소(文法的形態素)인 조사나 어미이다. 조사나 어미가 어휘적 형태소(語彙的形態素)를 지배하여 성분어(成分語)가 되게 하는 것이다.

(1) 하늘의 무지개를 바라볼 때 내 가슴은 뛰노라.

(1') 하늘의 무지개를 바라보-ㄹ 때(에) 내 가슴은 뛰노라.

문 22. 수식어와 피수식어(被修飾語, the modified)란 무엇인가.

답 수식어를 꾸밈말이라 이르기도 하는데 두 종류가 있다.

(1) 바른 말

(2) 바르게 말하다

위 보기에서 (1)에서는 '바른'이 명사 '말'을 꾸몄고, (2)에서는 '바르게'가 동사 '말하다'를 꾸몄다. 꾸밈을 받는 말에 따라, 명사 꾸밈말을 관형어(冠形語), 동사나 형용사 꾸밈말을 부사어(副詞語)라 이르는데, 이들은 다 수식어(修飾語)이다. 단골로 오롯이 수식어로만 쓰이는 어군(語群)을 수식사(修飾詞, 또는 修飾言)라 하는데 명사를 꾸미는 수식사가 관형사이고 동사 종류를 꾸미는 수식사가 부사이다.

문 23. '그 아름다운 꽃'의 수식관계(修飾關係)는 어떻게 설명하나.

답 우리말에선 '아름다운 그 꽃'도 가능하다. 도식으로 보이면 아래(1)과 같다. (2)의 '나의 사랑하는 아들'의 경우도 이와 같다. [[그] [아름다운] 꽃]과 같은 분석은 영어식 분석법이다.

(1) [그 [아름다운 꽃]] / [아름다운 [그 꽃]]이다.

(2) [나의 [사랑하는 아들]](=나의 愛子)로 분석된다.

문 24. 단어를 수식하는 문장이 있는가.

답 (1)의 구성(construction)을 두고 주요어(主要語, headword) 'person'의 수식어(修飾語, S-group modifier)로 보는 해석이 있다. 그런데 이들은 문장구조(sentence structure)를 잘못 본 것이다. 위의 밑줄 그인 관계절이 선행(先行)의 명사를 꾸미는 것으로 해석하였으나, 단어(word)를 수식하는 문장(sentence)은 존재하지 않는다. 사전편찬(辭典編纂)의 과정에서 보이는 기술 방법을 보면 아래와 같다.

(1) doer n. C a person who does something

(1)은 'doer is a person who does something'을 본으로 한 것으로 해석해야 마땅하다. 'I saw a man who was very tall.'을 한국 사람은 '나는 키가 아주 큰 사람을 보았다'로 옮기지만, 원어민은 어순에 따라 '내가 사람을 보았는데, 그는 키가 아주 컸다.'로 받아들이게 되어 있다. 그러한 받아들이기는 언어유형(言語類型)의 지배 아래 이루어지는 것이다. 똑같은 서부 게르만어(West Germanic)이면서도 영어에 비하여 독일어는 보수적이다. 명사의 성(性)이나 대명사의 격(格)으로도 쉽게 알 수 있다.

(2) The gentleman whom you saw yesterday is French.

(3) Der Herr, den Sie gestern sahen, ist Franzose.

(그 신사는, 그를 당신이 어제 보았다, 프랑스인이다.)

(2)와 (3)의 예문에서 보듯이 영어에서나 독일어에서나 삽입문(挿入文, embedded sentence)이다. 주요어(headword)에 딸린 문장이 아니라, 문장 속에 끼어든 문장이라는 것을 독일어를 통하여 분명하게 알 수 있다.

우리말의 경우를 살펴보자. 다음 (4)와 (5)의 예를 보면 주술관계(主述關係)는 이루었으나 서술어미(敍述語尾)를 취하지 못했기 때문에 '단어 상당의 절(節)'로 자리매김을 하게 된다. 영어로 말하면 정동사(定動詞, finite verb)를 취하지 못한 것으로 부정법(不定法)에 해당되는 용법이라 할 것이다. 곧 '호랑이 없는 골, 우리가 가는 곳'이 각각 내심구성(內心構成, endocentric construction)을 이루어 D-N형으로 명사구(名詞句, noun phrase)를 이루게 된 것이다. '호랑이가 없는 (골)', '우리가 가는 (곳)'은 관형절이지만 '호랑이가 없는 골', '우리가 가는 곳'은 명사구(名詞句)이다.

(4) 호랑이 없는 골에 토끼가 왕 노릇 한다.

(5) 우리가 가는 곳이 어디냐.

아래 (6)-(8)의 예에는 단어로 이루어진 수식어도 있고 구로 이루어진 것도 있고 절(節)로 이루어진 것도 있다. 다 똑같이 수식어구(修飾語句)인 것이다.

(6) 그 사람이 여기 있다

(7) 아주 착한 사람이 여기 있다

(8) 마음씨가 착한 사람이 여기 있다

(9) 마음씨가 착한 사람 (관형절)

(10) 마음씨가 착한 사람 (명사구)

앞에서 말한 바와 같이 영어에서의 'clause'의 개념은 'sentence'와 동일하다. 그런데 한국어에서 말하는 절(節)에는 문장에 값하는 것이 있는가 하면 단어에 값하는 것의 두 종류가 있다. 일반적으로 언어형식(linguistic form)으로 말할 때 구(句, phrase)라는 위치는 단어(單語)에 값하는 것[存在]이라 볼 수 있다.

그런데 한국어에선 구(句) 속에 절(節)이 내재(內在)하고 있음을 보게 된다. 이런 단어 상당의 절(節)은 'word-equivalent clause'인 것이다. 이른바 관형절(冠形節), 부사절(副詞節), 명사절(名詞節)이 이에 해당된다. '두 개 이상의 단어가 모여서 하나의 직분(職分)을 차리는 것이 '구(句)'이라 정의(定義)할 때, 이들에 대하 굳이 절(節)이라는 이름을 주어[부여하여] 문장절(文章節, sentence-equivalent clause)로 대우(待遇)해야 할 것인지 검토해 보아야 할 일이다. '꽃이 피니, 봄이 왔구나.'와 '꽃이 피는 봄이 왔구나.'에서 밑줄 그인 절(節)은 구성(構成)으로 보면 같으나, 기능(機能)으로 보면 판이하게 다르다. 앞엣것이 '종속절 + 주절'의 복문(複文)임에 비하여 뒤엣것은 '명사구(=관형절-명사)이 + 서술동사'의 단문(單文, simple S.)으로 되는 것이다. 층위(層位, level)가 다르기 때문이다.

『붙임』 1. 우리말 문법에서 관계사(關係詞, 關係辭)로 보는 것은 조사(助詞, 助辭) 뿐이다.

2. A LINGUISTIC APPROACH TO ENGLISH by Thurston Momack & Shin-ichi Miura, 1959

문 25. 수식어(修飾語, modifier)를 지닌 명사구(名詞句, noun phrase)는 어떤 성격인가.

답 한국어에서 명사의 수식어는 예외 없이 명사의 앞자리에 오게 마련이다. 영어에서처럼 앞자리와 뒷자리에 공히 오는 경우는 없다. 영어의 관사(冠詞)처럼 형용사처럼 늘 앞자리에 놓이게 마련이기 때문에 관형사(冠形詞)라 이름을 붙이게 된 것이다.

(1) 여기가 우리가 지난 여름에 만났던 그곳이다.

(2) This is the place where we met last summer.

(3) This is the place, where we met last summer.

(1)의 예시에서 보다시피 우리말이 앞자리 수식어(modifier before headword)인 데 비하여, 영어의 예인 (2), (3)은 다 뒷자리 수식어(modifier after headword)로 나타난다. 우리의 문형으로 보면 분명히 단문[홑문장]이다. 영어에서 'place where we met last summer'를 NP로 보는 사람은 없다. 홀로 쓰일 수 있는 어구(語句)로서 단독적으로 표출(表出)되는 말의 덩이가 아니기 때문이다.

(4) 나는 꽃이 흰 백합을 좋아한다.

(4)의 문장을 영역(英譯)하려면 수식 관계절(修飾關係節)을 이용하는 방법이 아니면 불가하다. 그렇다고 하여 그것이 우리말의 관형절(冠形節)과 같은 것이 될 수는 없다. 우리의 관형절은 관형사를 주형(模型, model)으로 한 것이며 영어에 비긴다면 형용사적 용법(形容詞的 用法=冠形詞的 用法)인 것이다. 영어에서 서술어가 될 수 있는 품사가 오직 동사(動詞)뿐인 데 비하여, 한국말에서는 서술어가 되는 품사에 동사 · 형용사가 있다. 우리말의 '희다'는 'white'가 아니라 'be white'이다.

한영사전	영한사전
붉다: red	red: 붉은
희다 : white	white: 흰

동사니 형용사니 하는 명칭은 단어가 지니고 있는 실질형태소(實質形態素)의 의미자질(意味資質)에 의하여 그 이름을 붙인 것이다. 동사나 형용사가 서술어가 된다는 것은 서술어미가 판단사(判斷辭) 노릇을 하기 때문이다. 사전에 나오는 '붉다'의 형태는 기본형(基本形)으로서 그 단어를 대표하는 형태이다. 그러나 '꽃이 붉다.'에서의 '-다.'는 판단의 한 표시인 단정사(斷定辭)이다. '흰 꽃(a white flower)'의 '흰'에 서술 기능이 없듯이, '꽃이 흰'에도 서술력이 없는 것이다.

[붙임] 영어의 절(clause)는 문장(sentence)와 같은 구조이다.

clause: A construction containing a subject and a finite verb.

문 26. 「우리를 슬프게 하는 것들」의 구 구조는 어떻게 이루어졌는가.

답 '우리를 슬프게'는 통어적 관계(syntactic relation)가 성립되지 못한다. '우리를 슬프다'가 성립되지 못하기 때문이다. '우리를 슬프게 하-'는 「목적어 - 타동사」 구성(構成)이다. 이 구성이 관형형(冠形形) 어미를 취하여 '우리를 슬프게 하는 것'이란 명사구(名詞句)를 이룬 것이다. 접미사 '-들'은 이 명사구에 붙은 것이다. 안톤 슈낙의 수필집 번역본 이름이기도 하다.

문 27. 「그 꽃이 곱게 피었다」와 「그 꽃이 피게 되었다」는 같은 문형(文型)의 문장인가.

답 같은 문형의 문장이 아니다. 앞 문의 서술어는 '피었다'이며 뒤의 문장의 서술어는 덩이 서술어 '피게 되었다'이다. 본 서술어는 '피게'이며 보조 서술어는 '되었다'이다. 보조관계(補助關係)의 구성으로 이루어진 서술구(敍述句)이다. '되다'가 보조적 용법으로 쓰일 때 그 의미 자질은 달라지게 마련이다. '이행(移行) · 전화(轉化)'의 뜻으로 전의(轉意)된 것이다. '피게'는 부사형이 아니라 연용형(連用形, 副用形)인 것이다.

【붙임】 보조관계 구성은 연어(連語)을 이루어 하나의 덩이말로 쓰인다. 한글 맞춤법 제47항 보조용언은 ……경우에 따라 붙여 씀도 허용한다.

불이 꺼져간다, /꺼져가는 불, / 기차가 떠나버렸다 / 떠나버린 사람

6. 문법 범주

6.1. 서법과 대우 표현

문 1. 한국어의 서법성에 대하여

답 한국어의 서법성(敍法性, modality)은 매우 복잡하여, 영어의 서법(敍法, mood) 셋으로는 도저히 설명될 수 없다. 이는 교착어에 비하여 굴절어의 어형변화가 단순하다는 것을 말해 주는 것이다.

서법성은 서술 내용에 관한 말하는 이의 심적 태도의 표현이다. 우리말에서는 문장 어미 — 종결어미와 연결어미 — 에 의하거나 보조동사 · 보조형용사 등을 통하여 주로 나타내게 되는데, 대우법에 관계되는 여러 층계의 말씨도 이에 포함시킬 수 있다. 서술성은 형식에 의하기보다 의미론적 범주로 보는 것이 보편적이다. '판단, 의문, 감탄, 명령, 청유, 응락, 주장, 추측, 조건, 가능성, 의욕, 의무…' 등 마음먹기만큼 다양하다.

[붙임] 1. 문장 내용에 대한 화자의 심태(心態=心的態度)의 표현(certain attitudes of the mind of the speaker towards the contents of the sentence)

2. 평서문, 의문문, 명령문, 감탄문, 청유문, 응낙문과 같은 문장 분류는 의미상의 분류이다. 그 때문에 서법성을 의미적(=개념적)으로 다루어야 한다는 것이다.

3. 영어의 서법(mood)인 직설법(indicative mood) · 가정법(subjunctive mood) · 명령법(imperative mood)을 인용하거나 원용(援用)할 아무런 이유가 없다.

문 2. 서법의 개념과 분류는 어떻게 설명할 수 있는가.

답 우선 영어 단어 'mood'에 대하여 말하고자 한다. 일반어로는 '기분'의 뜻이다. 영문법의 술어(術語)로서, 형태상으로는 동사 용법의 범주에서 술어 동사(述語動詞)가 취하게 되는 방법의 어형변화를 말하며, 의미상으로는 말하는 이의 문장 내용에 대한 단정, 의문, 명령, 기원, 상상, 감정 등을 나타내는 심적 태도를 말한다.

전통문법에서 의미상 분류에 의한 평서문(declarative S.), 의문문(interrogative S.), 명령문(imperative S.), 감탄문(exclamative S.) 등은 심적 태도(心的態度, mental attitude)로 본 문의 종류이다. 영문법에서는 서법으로 사실법(fact mood), 서의법(will mood), 서상법(thought mood)의 세 가지 법을 말하나, 단어의 기능소에 기대는 바는 없다. 어순이나 서술 동사의 어형변화형의 선택쯤으로 보는 것이 타당할 것 같다.

한국어 문법에서는 기본 서법에 근거하여 평서문, 의문문, 명령문, 감탄문, 응낙문, 청유문 등 6가지로 분류되고 있다. 이것은 문 어미(文語尾)에 의한 심적 태도 표현의 분류이다. 우리말은 대우법에 따른 위상어(位相語) 등으로 서법 표현이 복잡하기 때문에 정치(精緻)한 분석이 요청된다.

『붙임』 1. 굴절어의 어형변화에 두 가지가 있는데, 종래에 동사의 변화를 '활용'(conjugation), 명사 종류의 변화를 '곡용'(declension, 한국어 중심으로 보면 '첨용')이라 하여 왔는데 근래에는 이 둘을 총칭(總稱)하여 '굴절'(inflection)이라 하고 있다. 한국어에는 동사 형용사에만 어형변화가 있기 때문에 그 변화의 이름을 '활용'으로 하고 '활용= inflection'으로 대응시키고 있다. 국어에서 declension을 '곡용'이라 옮긴 바 있으나 명사가 불변어이기에 '조사의 첨용'이 합당한 표현이다.

2. 영문법의 indicative mood(直說法, 敍實法), imperative mood (命令法, 敍意法) subjunctive mood(假定法, 敍想法)을 우리말에 적용할 아무런 이유가 없다. 영어에서는 서술 동사가 인칭이나 단복(單複)의 지배를 받게 되어 어형을 달리하게 된다. 예컨대 be동사가 직설법에서는 am, are, is로 실현되나 명령법에서는 원형인 be가 그대로 쓰이며, 가정법에서는 be의 과거형이 were로 실현되나 우리말엔 그러한 제약(制約)이 없다. 외국어의 문법 규칙이 그대로 국어에 적용됨으로 해서 우리말이 파괴되고 있다. 이론이 변용(變容)되어 원용(援用)되어야 한다.
3. subjunctive mood를 세운 이유를 'If it be fine tomorrow, I will go to Seoul. / If I were a bird, I can fly. / If he come, we shall be very glad.'와 같은 데서 찾을 수 있다.
4. 서법의 형식과 내용이 일치되지 않은 표현이 있을 수 있다. 수사 의문(rhetorical question)이라는 것인데 반어법의 하나이다. '그것이 무엇이 다른가?'는 형식상으로는 의문문이지만 내용상으로는 '다르지 않다'는 평서문의 성격일 수도 있다. 이 같은 서법은 수사학(修辭學)에서도 다루고 있다.
5. 서법에 대한 많은 논의의 출발점이 예스페르센(Jespersen: 1924)의 '문장 내용에 대한 화자의 심리적 태도'라는 고전적 정의임에도 불구하고 그 결과는 다양하다. 화자의 심리적 태도가 동사의 형식에 나타날 경우만 서법이라고 할 수 있으며 이는 통사 범주임을 분명히 밝히고 있다. 그런데 개념적 서법(notional mood)까지 논의하게 되었다. 의미론의 대상으로 확대되었다는 것이다. 서법은 진위와는 상관이 없다. 참말과 거짓말이 반반이 것이 현실이다.

문 3. **공대말과 서법성의 관계는 무엇인가.**

답 공대말은 어휘범주(語彙範疇)의 문제로서 화자의 심태 표현과는 관계가 없다. 다만 대우 표현(待遇表現)을 행위자 대우(行爲者待遇)와 청자 대우(聽者待遇)의 둘로 나눠 볼 수 있는데, 청자 대우의 경우는 어미법(語尾法)에 기대게 되어 있다. 따라 존대 어미법(尊待語尾法)은 서법성(modality)과 유관하기 때문에 문법적 사항이라 할 것이다.

문 4. **높임법[尊待法]의 대상은 어디에 있는가.**

답 존대의 대상이 어디에 있는가 하는 것은 매우 주관적(主觀的)인 것으로 가늠하기 어려우며 또한 겉과 속이 다를 수도 있다. 장유유서(長幼有序)라 하여 연로(年老)한 분을 대접하는 것이 향풍(鄕風)이지만 계급사회(階級社會)에 있어서는 계층성(階層性)이 동방예의지국(東方禮儀之國)이라는 찬사를 무색케 하고 있다. 반상계급(班常階級)을 대표적인 것으로 꼽을 수 있다. 민주사회로 옮아오면서 방정환(小波 方定煥) 선생이 어린이에게 어른 대하는 말씨처럼 존댓말을 써야 한다고 주장함으로써 존비(尊卑)의 차별 있는 표현이 많이 완화되었다.

말의 목적은 소통(疏通)에 있는 만큼 화자(speaker)와 청자(hearer)를 전제로 한다. 이 양자의 세계가 바로 언어사회(言語社會)이다. 이 양자 사이에 오고가는 말씨에 따라 존대법(尊待法)과 겸양법(謙讓法)이 널뛰기처럼 오락가락하게 된다. 상대(청자)를 높이고 말하는 자신을 낮추는 말씨에서 언어 예절(言語禮節)이 생겨난 것이다.

대우법(待遇法)에는 화자의 세계와 청자의 세계 둘밖에 없다. 제3세계는 존재하지 않는다. 문장 내용(대화 내용)에 등장하는 인물과 행위에 대한 존비(尊卑)는 그 등장인물(登場人物)을 화자의 편에 두느냐 청자의 편에 두느냐 아니면 두 편에 같이 두느냐에 따라 달라진다.

'아버지와 아들'이 맞상대가 될 때 아버지는 영락없이 존대의 대상이 되고 아들은 겸양의 자리에 서게 마련이다. 하지만 발화(utterance)에 등장하는 아버지를 어느 편에 있게 하느냐에 따라 표현의 방식은 달라진다.

(1) 어머님, 아버지께서 출근하십니다.
(2) 어머님, 저와 아버지가 출근합니다.
(3) 사또 나리, 저의 아비를 살려 주십시오.
(4) 조부모님과 부모님 뫼시고 함께 사십니까.
(5) 조부모와 부모 뫼시고 함께 삽니다.

청자 대우법(상대 대우법)은 대인 어미(對人 語尾, interpersonal ending)로 표현된다. 현재 입말로 쓰이고 있는 평서형 표현은 '합니다. 하오(해요), 한다, 해'이며, 의문형 표현 형태는 '합니까, 하오(해요), 하는가, 하느냐(하나), 해'로 압축되고 있는 듯하다.

【붙임】 1. '하나이다' 형은 대인 어미에서 자취를 감추었다. 반말 '하게' 형도 사라지고 있다. 대우법에 관한 용어는 경어법, 존대법, 존경법, 존비법, 겸양법, 겸손법, 공손법 등 다양하다. 용어에 대한 정리가 필요하다.

2. 폐쇄사회(閉鎖社會)에서 이어진 예대 표현(禮待表現)에서 벗어나야 한다.

3. 대우법은 '손위・또래・손아래'의 세 위계(位階)로 집약될 전망이다.

4. 불특정 다수(不特定 多數)를 상대로 한 대우 표현은 '하다' 체가

무난하다.

5. 존경의 접요사 '-시-'는 행위자 대우의 어소(語素)이며, 청자 대우의 문소(文素)가 아니다. '사장님, 지금 어디 가십니까(=가시ㅂ니까)'에서 행위자와 청자가 동일인이어서 '-시-'를 청자 대우로 보기 쉬우나, 행위자 (여기서 사장님) 대우의 어소이다. '가다:가시다'와 '가르침:가르치심'의 대응과 같은 것이다.

문 5. 대우 표현에 쓰이는 말은 「높임말」과 「낮춤말」로 충분한가.

답 대우(待遇)를 잘할 수도 있고 못할 수도 있다. 하지만 대우는 대우다. 구별한다면 높은 대우냐 낮은 대우냐의 구별이 있을 다름이다. 그런 전제 아래서 해석하면 대우하는 말씨에 공대하는 말이나 하대(下待)하는 말씨가 다 포괄될 수 있다. 국어사전에는 '대우법(待遇法)=경어법(敬語法)'이다. 그리고 '경어법(敬語法)=경양법(敬讓法)=공대법(恭待法)=높임법=대우법(待遇法)=존대법(尊待法)'으로 이어져 있다. 또한 상대높임법이라 하여 공손법(恭遜法)을 들기도 한다. 「하대(下待)명」를 '상대편을 낮게 대우함'으로 풀이해 두고도 하대법(下待法)이란 용어는 없다.

대우 표현에 쓰이고 있는 용어들은 그야말로 난장판이다. 대우법에는 높임법과 낮춤법의 두 대진(對陣)이 있을 뿐이다. 대우법의 운용은 널뛰기판의 오름내림과 같아서 상대가 높은 자리에 있으면 내가 낮은 자리에 있고, 내가 높은 위치에 있으면 상대가 낮은 위치에 있게 된다. 그리고 말씨로 대우하는 것이지 속마음과는 다를 수도 있다. 아버지와 아들 사이의 말씨에서 아버지가 상대인 아들에게 높임말을 쓸 수는 없는 법이니 상대라고 하여 예외 없이 떠받치는 말을 사용할 수는 없다. 어려운 용어를 사용하지 않더라도 우리말을 모국어로 하고 있는 이들은 관용으로 다 숙지(熟知)하고 있는 말씨이다. 대우법엔

(1)화자의 세계 (2)청자의 세계의 두 세계가 있을 뿐 제삼세계(第三世界)는 없다.

[붙임] 1. '여봐라 물렀거라'는 하대하는 대우법의 말씨이다.

2. 제삼세계가 없다는 표현은 전달 내용에 등장하는 인물이나 대상을 말하는 이의 쪽(side)에 두느냐 듣는 이의 쪽에 두느냐에 따라 대우 표현이 결정된다는 뜻이다.

3. '존칭어=높임말, 존대어=높임말'로 표시되어 있는데, 체언인 경우에는 존칭어(尊稱語)로 용언인 경우에는 존대어(尊待語=존댓말)로 구별하는 것이 바람직하다.

4. 과거 국어심의회(國語審議會)에서 해 왔던 토의 안건을 국립국어원(國立國語院)에서 평의(評議)하기를 기대한다.

문 6. 형용사의 종결어미 '-(으)이'는 소실(消失)되었는가.

답 다음은 『우리말본』에서 든 예시들이다.

그것 참 좋으이. / 이것 좀 크이. / 할 일이 전혀 많으이.

노인층에서는 '좋기도 하이.'와 같은 꼴의 말씨를 쓰고 있으나 젊은 층에서는 자취를 감춘 지 오래다. 같은 또래 사이에서 다정스럽게 주고받을 말씨인데 아쉬운 형상이다. 말은 입에서 떠나게 되면 죽게 마련이다. 인구 1억이 확보되어야 개별언어의 생명이 보장된다 한다. 우리말은 우리 민족의 상징이요 징표(徵表)이다.

6.2. 시제

문 7. 시간과 시제의 관계는 무엇인가.

답 시간이란 무엇인가 하는 물음에 쉽게 대합할 수가 없다. 불교에서는 영겁(永劫)이라 하여 영원한 세월을 말한다. 전세(前世), 현세(現世), 내세(來世)까지 이어지는 시간이다. 이 삼세(三世)를 기준으로 구분하면 전세는 과거(過去)요 현세는 현재(現在)이며 내세는 미래(未來)이다. 이처럼 시간 구분은 기준에 따라 다르다. 우리말 고유어에 '어제'와 '오늘'이 있으나 오늘에 이어지는 다음날의 이름이 없다. 한자말 '내일(來日)'이 있다. '아침때, 점심때, 저녁때'라는 때의 구분은 끼니때를 기준으로 나눈 삼시(三時)이다. 삼시(三時)라는 말뜻에 과거와 현재와 미래의 뜻도 있다. 영어나 독일어에서 이르는 기본시제(基本時制)란 동사로 표현되는 때매김으로 현재(present)와 과거(past)의 둘을 말한다. 하루 24시, 한 달 30일이나 시계 바늘이 가리키는 객관적 시간 시제(時制)와 아무런 관계가 없다. 모든 존재나 행위가 시공(時空=시간과 공간) 속에 있다. 어떤 일을 중심으로 '지난 적'이냐 '이제'냐 '앞으로 닥칠 때'냐의 생각에서 구분된 것이 시제(時制)라는 것이다. 비유하면 물막이를 하듯 '지나간 동안', '이제의 동안', '앞으로 닥칠 동안'으로 구분한 것이다. '과거지사(過去之事)'라는 말이 있듯이 과거, 현재, 미래는 '끼니때'처럼 행위를 통하여 구별된다. 그래서 동사의 변화나 첨사(添辭)로 표현된다.

(1) 나는 올해 교환학생으로 미국에 간다.
내 친구는 올해 못가고 내년에 간다.

(2) 나는 내년에 미국으로 유학을 가겠다.
내 친구는 올해나 내년에 가겠지?

(2)에서 형태소 {-겠-}은 미래 표현이 아니다. 예단(=짐작)의 표현이다. 시제는 행위(行爲)를 기준으로 하는 것으로 무위자연(無爲自然) 속에는 시제가 있을 수 없다. '어제는 일요일이었다.'의 과거시제는 '어제'가 과거이기에 호응(呼應, concord)된 것이다.

문 8. 시제의 구분은 어떻게 하는가.

답 시간과 공간은 바로 우주이다. 사람은 이 시간과 공간 속에서 일정한 기간 동안 머물다가 떠나는 존재이다. 그래서 유한인생(有限人生)이라 한다. 영원한 연속성의 시간에서 일정한 기간을 끊어내어 그 시간대(時間帶)를 구분한 것이 시제(時制, tense)이며 때매김이라고도 한다. 하루를 십이시(十二時)로 또는 24시로 구분하는 시간은 천체(天体)의 물리적 시간으로, 시계바늘이 가리키는 시간처럼, 사람과 떠나 있는 객관적 시간으로 문법에서 말하는 시제와는 관계가 없다. 문법에서 말하는 시제(時制)는 행위의 시점(時點) 또는 행위의 시간이다. 사건을 중심으로 시대구분을 하듯이 행위를 중심으로 시간을 구분한 것이 시제이다. '과거(過去), 현재(現在), 미래(未來)'라는 것은 사람의 행위를 통하여 인식(認識)되는 시간이다.

시제는 그 언어사회의 인식에 따라 다르게 마련이다. 사람의 생각에는 과거와 현재와 미래라는 시간 구분의 인식이 있다. '과거지사'란 익은말이 있는데 그 말은 생각하기에 따라 현재의 일일 수고 있고 미래의 일일 수도 있다. 그리고 그 구분의 단위는 분초(分秒), 시일(時日), 연월(年月), 세기(世紀)일 수도 있어, 어떤 일정한 시간대를 가리키는 것이 아니다. 모든 행위는 시공(時空) 속에서 이루어지게 마련이다. 그 행위의 시간적 위치가 지난적이냐 이제냐 올적이냐의 의식에 따라 과거–현재–미래로 구분되고, 그 행위가 끝났느냐 계속 중이냐에 의해 완료상(完了相)), 진행상(進行相)이 생기게 된다. 우리 고유어에 '어제'와 '오늘'이 있으나 내일(來日)의 고유어는 없다. 영어의 동사에도 과거형(過去形), 현재형(現在形)은 있으나 미래형(未來形)은 없다.

【붙임】 1. 『우리말본』의 12시제 구분은 우리말의 시제와 거리가 멀다. 우리 사회는 시공에 대한 관념이 무디다. 현재, 과거, 미래는 의식 속의 시간 구분의 표현이고, 완료상은 시간 속의 행위를 표현하는 것이다.

시간에 대한 물음: 언제 만났는가. -- 어제 만났다.(과거)

사실 여부에 대한 물음: 사자를 보았는가. -- 보았다.(현재완료)

2. 시제 표현의 형태소 「-었(-았-)은「-어 + 있-(-아 + 있-)」으로 형성된 것이라 본다.

'놀아 있고 → 놀았고'(춘향전)

3. 三世ᄂᆞᆫ 過去와 未來와 現在왜니,(석보상절釋譜詳節)

4. 시제(時制) 표현의 형식이 시형(時形)인데 우리말에서는 현재형은 활용형으로 나타나고, 과거는 시제 형태소의 첨가로 이루어진다.

5. 「-겠-」은 미래 시제의 형태소가 아니다. 요량(料量, 헤아림)을 나타내는 형태소이다. '내일 비가 오겠다.'는 '내일 비가 올 것이다.'와 비슷한 표현으로 수용된다.

6. 동작상(動作相, aspect)을 시제(時制, tense)와 분리해서 보는 것이 추세이다. 우리말에서는 동사구(動詞句)로 표현되는 것이 일반적이다.

7. 내 밖의 시간과 내 안의 시간 중에서 중요한 것은 내 속의 시간이다.(물리적 시간과 행위의 시간)

8. 다음 가운데 어느 것이 우리말다운 표현인가 견주어 보자.

그저께 그 친구를 만났는데 어제 또 만났다.

그저께 그 친구를 만났었는데 어제 또 만났다.

대과거(大過去)는 과거 속의 과거로 시제 비교에 쓰이는 표현이다. 일찍이 우리말에 이러한 표현이 있었던 것인지, 또한 언중(言衆)의 의식 속에 있는 것인지 그것이 열쇠이다.

문 9. 우리말의 시제는 어떻게 설명할 수 있나.

답 시제를 '때매김'이라 한 것은 아주 적절한 표현이다. 끝없이 이어지는 무한한 시간을 구분하여 이제냐 어제냐 그제냐 등으로 구분하듯이 나누어 매긴 것이 시제라는 것이다. 때매김은 시간, 날, 달, 해, 세기(世紀) 등 기준에 따라 달라질 수 있다. 보통 '과거, 현재, 미래'라 하지만 객관적으로 언제가 과거이고, 현재이고, 미래인지는 가름하기 어려운 것이다. 밤낮을 기준으로 하면 어제는 과거이고 오늘은 현재이고, 내일은 미래가 된다 할 것이다.

친구가 어제 미국에서 출발했다. (과거)

그 친구가 오늘 한국에 도착한다. (현재)

그 친구가 내일 한국을 떠난다. (미래)

이러한 표현이 우리말이다.

[붙임] 1. 『우리말본』은 12시제를 두었다. 영문법의 시제와 같다. 시제는 언어마다 다르다. 영어도 미래시제(未來時制)의 어형(語形)은 없다. 그래서 언어상에 투영된 시제는 둘이라 하는 학자가 있다. shall, will로 표현되는 영어의 미래 시형(future tense)에 맞추어 국정 교과서에서는 다음과 같은 예문을 보였다.

내일은 비가 오겠다. (단순한 미래)

중학생도 그 정도의 문제는 풀겠다. (추측)

그 일은 제가 꼭 하겠습니다. (의지)

위에 든 예시가 국정 교과서에서 보인 예문이다. '-겠-'을 미래 시제를 나타내는 형태소로 본 것이다. '-겠-'은 미래에 대한 추측이나 의지를 나타낸다. '하였겠다(=했겠다)' 꼴로도 쓰인다.

> 강이 풀리면 배가 오겠지
> 배가 오면은 님도 탔겠지
> 님은 안 타도 편지야 탔겠지
> 오늘도 강가서 기다리다 가노라
>
> (김동환, '江이 풀리면')

2. 한국어에 완료형(完了形)이 따로 없다.

   '호랑이를 보았다'는 문맥에 따라 과거형(過去形)으로도 현재 완료형(現在完了形)으로도 해석된다. 대과거(大過去=過去完了)라 하여 '-었었-'을 드는데, 영어에서 대과거 시제는 과거 시제와 함께 쓰이어 과거보다 더 오래인 과거를 가리킨다. 그런데 발화에서 '내가 친구를 만났었다'로 표현하게 되면 비교의 과거가 없지 않은가. '어제 이 친구를 만났고, 그저께 저 친구를 만났었다'로 짜이어야 할 성질의 것이다. 말이 문법을 만드는 것이지, 문법이 말을 만드는 것이 아니다.
3. intentional infix: '-겠-', 동사(action verb), 형용사(descriptive verb) (서울대 어학연구소) 〉

문 10. 국어사전에 실린 '현재진행, 현재완료'는 우리 문법의 용어인가

답 한국어 문법과는 관계없는 용어들이다. 어떤 동작이 현재 계속되고 있을 때 '밭을 매고 있다, 풀을 뽑고 있다' 따위를 현재진행이라 말하지 않는다. 영어의 현재 진행형(現在進行形)과 같은 표현 형식을 지니고 있지 않다. 예컨대 '놀고 있다'와 같은 어구(語句)의 뜻은 '학생들이 운동장에서 즐겁게 <u>놀고 있다</u>.'의 경우와 '직장을 그만두고 하릴없이 <u>놀고 있다</u>.'의 경우 같은 뜻이 아니다.

[붙임] '살아 있다'는 생존하고 있다는 뜻이며, '살고 있다'는 거주(居住)하고 있다는 의미이다. 어미 '-아'와 '-고'가 이처럼 변별적(辨別的)이다.

문 11. 역사적 현재(historical present)란 무엇인가.

답 과거, 현재, 미래의 관념은 생각하고 행동하는 사람이 구분한 것이다. 언제가 현재이고 언제가 과거, 언제가 미래인지는 말하는 그 사람의 생각에 달려 있다. 분초(分秒)를 사이로 하여 나눌 수도 있다. 우리에게 가장 관심이 쏠리는 시간대가 현제(이제)인 것은 말할 것도 없다. 과거의 사실일지라도 현재의 때매김으로 나타내면 그만큼 관심이 집중되기 때문에 '국군은 죽어서 말한다.'에서와 같이 역사적 사실을 현재 시제로 표현한다. 또한 현재 시제는 현재 눈앞에 나타나는 사실을 말할 때만 쓰는 것이 아니라, '닭의 목을 비틀어도 새벽은 온다.'에서와 같이 영원불변의 진리를 말할 때도 사용한다.

문 12. '-던'과 '-었던'의 의미 차이는 무엇인가.

답 '-던'에 대해서는 과거회상이니 하여 여러 이견(異見)이 있으나, 이것은 '-더라'의 관형형이 굳어진 것으로 보고 '사실 확인'의 어미로 본다. 그 형성과정은 아래와 같다.

(1) 내가 쓰던 컴퓨터야.

(2) 내가 썼던 컴퓨터야.

(3) 내가 (그) 컴퓨터를 (현재까지) 써 왔다. → 내가 (현재까지) 쓰던 (그) 컴퓨터

(4) 내가 (그) 컴퓨터를 (과거에) 썼다. → 내가 (과거에) 썼던 (그) 컴퓨터

문 13. '-었었-(-았었-)'은 '대과거'인가.

답 언어는 언어 대중의 것이지 특정인의 것이 아니다. 예로 들면 '먹거리명'의 풀이를 '먹을거리의 잘못'으로 풀이하는 따위의 오류는 언어를 탁상공론으로 재단(裁斷)한 것이라 할 것이다. 우리말을 모국어로 하는 원어민이 한국 사람이다. 우리 원어민의 머릿속에 '과거 속의 과거'에 대한 의식이 있다고 본다면 그러한 시제(時制)를 만들 수 있겠으나 이러한 표현은 영어 사용자들의 영어식 한국어라 해야 할 것이다.

영어에서는 과거완료를 대과거라 하고 과거완료형은 반드시 과거시제와 함께 쓰이도록 되어 있다. 'When I <u>arrived at</u> the station, the train had already started.'를 '내가 정거장에 도착했을 때는 기차는 이미 떠났었다.'로 번역한 것과 같다. 우리말다운 표현은 '내가 정거장에 도착했을 때는 기차는 이미 떠나고 없었다.'로 옮겨야 마땅하다. 한국어에 12시제를 도입한 것은 『우리말본』에서이다. 『우리말본』이

든 과거완료의 예시는 아래와 같다.

(1) 그도 같이 갔었다.
(2) 내가 여기 그것을 두었었다.
(3) 그는 그 때에는 동의하였었다.

이러한 예시는 과거를 기준으로 더 묵은 과거를 표현한 영문법의 비교 시제를 따른 것으로 보인다. 우리의 과거 문헌에 이러한 표현은 일찍이 없었다.

문 14. '-었-'과 '-었었-'의 의미 차이는 무엇인가.

답 '결혼했었다'에 '확인'과 '경험'의 의미가 있다면, '결혼했다'에는 그러한 의미가 없을까. 「하였었다」 꼴의 표현이 소설 등에 많이 등장하는 게 사실이다. '과거 속의 더 오랜 과거'의 표현인 대과거(=과거완료)와는 달리 의미자질을 (1) '직접 하였다', (2) '하였다'의 강조적 표현, (3) '하여 있었다'로 보는 해석이 있다. 이런 표현을 하는 이들에게 확인해 봤으면 싶다.

문 15. '-았-'은 완료의 의미가 있을까.

답 『한국어 문법』(이익섭, 2005: 244)에서 "한국어의 '-았-'이 부차적으로 완료 또는 현재완료의 용법까지 담당한다."라고 주장하고, 예문으로 '신랑이 참 잘생겼네.'나 '너는 아버지를 많이 닮았구나.'를 들었는데, '잘생겼다', '닮았다'가 완료의 의미를 가지고 있다고 볼 수 없다. 『우리말본』에서 완료형이란 용어를 쓰는 바람에 그런 해석들을 하는데 한국어에는 완료형이라는 형태(形態)가 없다. 형태소 '-었-(-았-)'은 '지난적'을 의미하는 단순한 시제 관념(時制觀念)일 수도 있고, 과거의 사실을 나타내는 것일 수도 있다.

(1) 너는 호랑이를 보았는가. - 네, 보았습니다.

(2) 언제 보았는가. - 어제 보았습니다.

이것을 영어로 옮기려면 (1)은 현재완료형으로 표현해야 하고 (2)는 과거형으로 표현해야 한다.

문 16. 진행상을 나타내는 '-고 있다'와 '-어 있다'의 용법 차이는 무엇인가.

답 구성 관계(構成關係)에 있는 단어의 의미 자질에 따라 구분되기 때문에 일률적으로 말할 수는 없다.

(1) 꽃이 피고 있다. ↔ 꽃이 피어 있다.

(2) 잎이 떨어지고 있다. ↔ 잎이 떨어져 있다.

(3) 아이들이 크고 있다. ↔ 아이들이 커 있다.

위에 든 예시 (1)-(3)에서 추리해서 구별할 수 있을 것이다. 예컨대 '놀고 있다'도 복합 관계(複合關係)인 경우와 보조 관계(補助關係)인 경우가 있다.

(4) 그는 실직을 하여 현재 놀고 있다.

(5) 아이들이 운동장에서 놀고 있다.

『붙임』 '-어 있다'는 '펼쳐진 상태를 표현하는 것으로 복합 구성이다.

6.3. 사동과 피동

문 17. 사동사 · 피동사에 의한 서술을 「문법 기능」이라 할 수 있는가.

답 영어에는 사동사나 피동사가 없다. 단어로 나타낼 수 없기 때문에 두 단어를 덩이로 하여 그 의미를 나타내게 된다. '울다'만 알고 '울리다'를 모르는 이는 '울게 하다'로 표현할 수밖에 없는 것과 같다. 우리말에는 사동사 · 피동사 되게 하는 어휘적 형식소가 있다. 그래서 '먹히다 · 먹히다'와 같은 말이 피동사 · 사동사로 사전에 오르게 된 것이다.

'동사의 피동형 · 동사의 사역형'이란 말을 오늘날엔 사용하지 않고 있다. '먹다 - 먹이다 - 먹히다'는 같은 단어 가족이지만 분가된 단어로 보아야 한다. 형태론의 위치에서 해결될 것을 통어론으로 다룬 것이다. 우리 속담에 '호미로 막을 것을 가래로 막는다'라는 말이 있다. 바로 그 꼴로 문법 처리를 한 결과이다.

『붙임』 1. 사동사 '읽히다' 피동사 '잡히다'와 같은 말을 서술어로 한 문장을 두고, 이를 문법 기능으로 보고 사동 표현, 피동 표현이라 한 것은 잘못이다. 사동사를 서술어로 한 문장, 피동사를 서술어로 한 문장이란 의미에서 사동사문(使動詞文), 피동사문(被動詞文)이라 말할 수는 있을 수 있다.

2. 사동문이나 피동문이 되게 하려면 서술어가 구(句, phrase)를 이루어야 한다.

슬픈 영화는 나를 울게 한다.

그는 친구에게 속임을 당했다.

영어엔 사역동사(causative verb)는 있어도 피동사란 것은 없다. 피동태는「be + p.p. + by」꼴로 표현하게 되어 있다. 능동태(能動態)의 변형이기 때문이다. '엄마가 아이에게 젖을 먹인다.'라는 사동문이 못 되며, '아이가 엄마에게 안기었다'도 피동문이 아니다. '먹인다'를 '먹게 한다'로 '안기었다'를 '안음을 당하였다'로 해야 문법성에 맞게 된다.

3. '이 책이 잘 팔립니다, 그가 장학생으로 뽑혔다…' 등은 의미상의 피동(notional passive)으로 피동문이 아니다.
4. '이를테면 피동이 한 어소(語素)로 되는데, 이를 한 문소(文素)로 세워 피동문구조(被動文構造)를 설명함에 쓰이는 것과 같다. 〈김민수(金敏洙, 1971), 국어문법론(國語文法論), 일조각(一潮閣), p.210〉. '한 어소가 아닌데'는 '한 어소로 되는데'의 오타임을 2015년 9월 22일 저자로부터 직접 확인하였음.

문 18. '능동문이 피동문으로 바뀔 때에는…'의 표현을 우리 문법에서 쓸 수 있나.

답 '능동문 · 피동문 · 사동문'이란 용어를 우리 문법에서 만들어 쓰려는 것이 옳지 않다. 영어에서 능동문이니 피동문이니 하는 것은 문장의 변형(變形)으로 매겨진 용어로서, 행동을 하느냐 행동을 받느냐의 동태(voice)에 따라 능동태(active voice)와 피동태(passive voice)의 구별이 생긴 것이다. 우리말엔 능동태의 문장이 피동태의 문장으로 구문 변형(構文變形)이 되는 법칙이 없다. 영어의 경우를 보면 알 것이다. 우리말에서 피동사(被動詞)란 것은 의미적 피동(意味的被動, notional passive)이다. 한글 맞춤법 통일안(1937)에 '動詞의 被動形과 使役形'이란 용어가 나오는데 이 용어는 1953년판에서 사라졌다. 그 이유는 간단하다. 1950년대 이전까지는 오늘날의 피동사 · 사동사가 사전의 올림말로 잡혀 있지 않았다. '먹다'만 올라 있고 '먹히다 · 먹이다'는 오르지 못했다. 동사 '먹다'의 변형으로 본 것이다. 그 당시를 기준으로 한다면 변형론(變形論)으로 거론할 수 있다. 그러나 지금은 능동사와 피동사, 사동사는 가각 어휘 가족(語彙家族)이 같을 뿐, 개별의 단어로 자리매김하고 있다. 그렇기 때문에 '능동문의 피동문 되기' 따위의 기술은 적절성을 잃은 표현이다. 따라서 굳이 말한다면 '능동사 문(能動詞文), 피동사 문(被動詞文)' 따위로 표현하는 것이 바른 접근이다. 우리말에서 같은 전달 내용을 능동사 서술어로 표현할 수도 있고, 피동사 서술어로 표현할 수도 있는데, 피동사 문은 완곡 표현(婉曲表現)이 된다. 영문학자 최재서 교수는 일찍이 "피동체로 된 영문을 우리말로 번역할 때에 구태여 피동체로 번역하려고 애쓸 필요는 없다. …… 우리말에 있어 피동체는 없다고 해도 좋을 만하다."라고 한 바 있다. 〈최재서, 『종합영문법(綜合英文法)』, 연학사, 1955, p.154〉

굳이 구문 변형으로 보려면 행동하는 이와 행동 받는 이에 관계되는 '두개의 동사가 함께 작용하는 구문'이 되어야 한다.

【붙임】 박 선생님이 우리를 가르치셨다.

= 우리는 박 선생님으로부터 가르치심을 받았다.

'미용실에서 (미용사가) 머리를 깎으니까, 내가 거기에 가서 머리를 깎아야지.'에서 보면 '(머리)를 깎다'는 능동·피동의 뜻을 함께 지니고 있음을 알 수 있다.

문 19. '파생적 피동문(사동문)', '통사적 피동문(사동문)'이란 용어는 무엇인가.

답 '파생적 피동문'이란 금시초문이다. 문장이 구조인데 '피동문'이라 하면 단연히 문장의 변형에 의하여 실현되어야 하고, 피동문인 경우 능동 주어의 동사와 피동 주어의 동사가 함께 구문에 참여되어야 한다. 그러므로 '통사론적 피동문'에서 '통사론적'은 있으나마나 한 군더더기이다. '파생적 피동문'은 그저 '피동사 서술어 문장'이다. '경찰이 강도를 살해하였다. ↔ 강도가 경찰에 피살되었다.'는 구문 변형이 아니란 것이다.

7. 문장의 분류

7.1. 문장의 구조

문 1. **구조상의 문장 분류은 어찌 처리할 수 있는가.**

답 단복(單複)에 의해 구분된 것으로 보면 된다. 복문은 연합문(連合文)으로 해석하는 것이 가장 정확한 접근이다. 영문법에 따라 단문(單文, simple S.) · 복문(複文, complex S.) · 중문(重文, compound S.) · 혼문(混文, 홑월, mixed S.)으로 분류하는 것은 바른 길이 아니다. 현재도 '대등하게 이어진 문장, 주종(主從)으로 이어진 문장'이라 하여 영어의 'compound sentence, complex sentence'를 연상케 하는 분류를 하고 있다. 그들은 그리 할 수밖에 없는 충분한 이유를 가지고 있다. 곧 대등접속사(對等接續詞)로 이어지느냐 종속접속사(從屬接續詞)로 이어지느냐에 의한 분류이다. 우리말의 복문은 두 개의 단문 문장이 이어진 짜임새인 것보다 여러 겹[多重]의 문장이 연합되어 이루어진 것이 많다.

『붙임』 간결하게 말하는 이가 있는가 하면 장황하게 말하는 이가 있듯이 문장 표현에도 간결체로 표현하는 이가 있고 만연체로 표현하는 이가 있다. 예컨대 수필가 김진섭(金晋燮)은 긴 문장을 즐겼는데 그의 긴 문장을 대등한 관계로 이어진 문장이니 주종의 관계로 이어진 문장이니 하는 근거로 분류할 수 없다는 것이다.

문 2. **홑문장과 겹문장의 정의를 영어와 같이 하고 있는데 문제가 없나.**

답 좀 생각할 문제이다. 글자 그대로 문장은 주술 구성을 그 바탕으로 한다. 그래서 주술구성이 홑으로 그치면 단문이고, 복수로 나타나면 복문(複文)이 되는 것이다. 여기 예를 들어 본다. ㉮

'그것이 기가 막히는 말이다.'와 ㉯ '그것이 기막히는 말이다.'를 두고 ㉮는 복문이고 ㉯는 단문이라 우기고 있다. 이건 서양말의 복문을 잘못 이해한 데서 온 결과이다. 최현배의 '가진월(包有文)', 김윤경의 '붙음마디월(附屬節複文)', '겹마디월(包合節, 複文)' 그리고 정인승의 '조각겹월(成分複文)'은 복문의 범주에 넣을 수 없는 것이다. 단어 맞잡이의 절(節)은 그 상대가 단어이기 때문에 단어에 맞먹는 대우를 해야 한다는 것이다. 또한 나누어 둘이 될 수 없는 구조의 문장이기 때문이다. 층위(level)를 달리하는 구조에서 단복(單複)을 논할 수는 없는 것이다.

문 3. 한국어의 복문과 영어의 복문은 어떤 차이가 있나.

답 복문이냐 단문이냐 하는 것을 가름하는 척도는 지극히 단순하다. 단일한 문형으로 문법 처리를 해야 하는 것이냐 복수의 문형으로 처리해야 하느냐에 따라 단복(單複)이 결정된다. 「한글 맞춤법」 부록 문장부호 Ⅱ. 쉼표 반점(,)에 '대등하거나 종속절인 절이 이어질 때에 절 사이에 쓴다.'라고 규정하고 있다.

(1) 봄이 온다. 꽃이 핀다. (2개의 문장)

(2) 봄이 오고, 꽃이 핀다. (대등으로 묶인 복문=중문)

(3) 봄이 오면, 꽃이 핀다. (종속절과 주절로 이어진 문장)

(2)-(3)의 예들은 단문형(單文型)으로 처리할 수가 없다. 그래서 거듭된 문장인 것이다.

(4) 꽃이 피는 봄이 온다.

그런데 (4)의 문장은 'S-V' 형으로, 단문형으로 처리되는 구조(構造)이다. '꽃이 피는'을 '꽃이 핀다'의 변형으로 볼 아무런 근거가 없다. 앞에서 말한 바와 같이 '-ㄴ다'는 서술형 어미이고, '-는'은 비서술형(非敍述形) 어미이다. 주술 관계(主述關係)는 주개념(主槪念)과 빈개념(賓槪念))의 관계에 불과하다. '사람은 이성적 동물이다.'를 놓고 볼 때, 이 주술 관계의 구성을 문구조(文構造)로 확정시킨 요소는 서술격 조사(敍述格助詞) '-이다'이다. 영어의 한 예를 보자.

(5) Cousin Jane, who loves canoe trips, sent that cordial letter of invitation.

위 (5)의 문장에서 첫 층위의 단어(first-level words)는 'Cousin Jane sent letter'이다. 둘째 층위의 단어는 'who loves trips: that cordial of invitation'이며, 셋째 층위에 'canoe'가 있어 전체를 이루었다. 첫 층위의 단어들을 제외한 것들은 다 딸린[예속된] 것들이다.

이 문장 안에 나오는 who loves canoe trips 앞에는 제한적 관계절 앞에서는 찍지 않는다는 콤마(comma)가 찍혀 있다. 이럴 경우 Cousin Jane, who loves canoe trips 를 하나의 명사구(NP)로 볼 수 없지 않은가. L. Bloomfield의 문장 정의에도 맞지 않은 해석이다. 그래서 문장 속에 안긴 계층을 달리하는 문장은 모문(母文)에 안긴 삽입문(揷入文)으로 보는 것이 전통적인 해석일 것으로 본다. 단어(=headword)에 딸린 문(sentence)이라 하는 것이 말이 안 된다는 것이다.

전통적인 해석에 따르면 영어의 복문(complex sentence)은 보통 주절(principal clause)과 종속절(subordinate clause=dependent clause)로 이루어지는데 그중 하나가 다른 것에 종속되어 있다고 설명한다. 그것이 명사절(noun clause)이건 형용사절(adjective clause)이건 부사절(adverb clause)이건 그들의 문장 구조로는 종속절이 되는 것이다. 'What he said is true.'는 'The thing that he said is true.'는 복문이 아니다.

〔붙임〕 A functional English Grammar 의 177면 'analysis by levels'에서 따옴.

문 4. 절(節)에 성질이 다른 두 가지가 있다는 것은 무슨 의미인가.

답 절(節)에는 단어 맞잡이의 절(節)과 문장 맞잡이의 절이 다 있다는 것이다. 그 하나는 어구(語句, phrase)란 용어에 포괄되는 절(節)이요, 다른 하나는 대등절(對等節, coordinate clause)이나 종속절(從屬節, subordinate clause)에서 볼 수 있는 것과 같은 성격의 절(節)이다. 한 절(節)이 다른 절의 문장 구조 속에 들어가지 못하고(=성분으로 포섭되지 않고) 연립(聯立)된 지위를 지니고 있을 때 복문이 성립된다. 그래서 복문은 연합문(連合文)이다.

문 5. 「<u>샘이 깊은</u> 물은 마르지 아니한다」가 복문인가.

답 밑줄로 표시된 부분이 문(文)이 아니기 때문에 복문일 수 없다. 문장이 명사를 수식한다는 논리는 성립될 수 없는 것이다. '<u>샘이 깊은</u> 물'은 수식 구성(modifier-modified construction)으로서 형용사구(形容詞句)로 명사 '물'을 꾸민 단어 맞잡이의 어구(語句)이다. '샘이 깊은'의 상대가 '물이 마르지 아니한다'가 아니라는 것이다. 그 층위(level)가 단어의 맞잡이다.

〔붙임〕 영어의 관계절(relative clause)과 우리말의 관형절(冠形節)을 같

은 것으로 보아서는 안 된다. Bloomfield의 구성 유형으로 보면, '샘이 깊은 물'은 내심 구성이 된다. 영어의 관계절은 외심 구성(exocentric construction)이다.

The book, I read yesterday, is interesting.

The man who wrote this book is famous.

'a man who wrote this book'은 외심 구성으로서 어구(phrase)가 될 수 없다고 본 것은 바르게 본 것이다. 우리말에선 '이 책을 쓴 사람'으로 어구(名詞句)를 이루게 된다.

문 6. '동사문 · 형용사문 · 명사문'이란 용어는 무슨 의미인가.

답 서술어를 어떤 품사로 한 것이냐에 따라 붙인 이름이다. 곧 다음과 같은 문장을 말한다.

봄이 왔다.	(동사문)
꽃이 아름답다.	(형용사문)
무궁화는 나라꽃이다.	(명사문)

이런 이름은 일본 문법에서 써 오던 것인데 굳이 이어받아 사용할 필요를 느끼지 못한다. 한자어로 된 문법 술어의 대부분이 일본의 것을 따온 것이 사실이다. 문법학자의 별난 지론(持論)으로 학술용어(學術用語)가 제각각인 것이 현실이다. 이런 유의어(類意語)에서 벗어나기 위해서는 전문용어 심의회(專門用語 審議會)를 두어 단순화하는 작업이 필요하다고 본다.

[붙임] 1. 학술원의 기능이 활성화되어야 한다. 명예의 전당이 아니라 학술의 대법원 기능을 수행해야 그 존재성을 부각시킬 수 있다

고 본다.

2. 신학문(新學問) 100년에 반성기(反省期)를 거치지 못하면 새로운 창조적 발전을 기대하기 어렵다.

문 7. 일어문(一語文)이란 용어는 무슨 의미인가.

답 문장 구조가 주어와 서술어의 구성이므로 최소 두 요소가 있어야 성립되므로 한 단어로 이루어지는 문장은 없는 것이다. 따라 '일어문'이란, 생략(省略)된 문장의 한 형태로서, 한 단어의 모습으로 나타나는 문장에 값하는 단어를 두고 이르는 용어로 해석하면 된다. 육하원칙(六何原則)의 어느 한 단어로 표현되는 판단 형식의 언어 형식이라 할 것이다. 영어에서 sentence word(文章相當語)라기도 하는 것이다.

'누가, 언제, 어디서, 무엇을, 왜, 어떻게 보았느냐?'에 대답되는 '내가, 어제, 공원에서, 판다를, 신기해서, 요리조리' 등이나, 감탄사 '천만에' 등이 다 이에 해당하는 것이라 할 수 있다. 문법용어로 보기에는 적정치 못한 말이다.

7.2. 문장의 연결

문 8. 이어진 문장을 '대등하게 이어진 문장', '종속적으로 이어진 문장'으로 구분하였는데 그 근거는 어디에 있는가

답 우리말에서는 연결 서술 어미로써 이어진 문장이 이루어진다. 그런데 어느 국어사전에서도 연결 서술 어미를 대등 연결 어미, 종속 연결 어미로 규격화해 놓은 곳이 없다. 영어는 등위접속사(等位接續詞), 종속접속사(從屬接續詞)가 따로 있기 때문에 분류가 가능하다.

'눈이 내리지만, 날씨가 춥지는 않다.'를 대등으로 이어진 문장으로 규정하였는데 '-지만'의 영역(英譯)은 'but, though, …' 따위로 나와 있다. 'but'는 등위접속사이지만 'though'는 종속접속사이다. 문맥상의 의미 연관으로 판단해야 할 사항으로 본다.

문 9. '이어진 문장'에서 '대등하게 · 종속적으로'라 하는데 무엇으로 가름하는가

답 종래에 이어진 문장을 분류할 때 대등하게 이어진 문장을 중문(重文, compound sentence), 종속적으로 이어진 문장을 복문(複文, complex sentence)이라 한 때가 있었다. 이것은 영문법의 가름이다. 그런데 우리말에선 앞뒤의 두 절(節)로 이어진 문장보다는 여러 절(節)로 이어진 문장이 더욱 많다(이런 것을 영문법에서 혼합문=compound S.=mixed S.이라 했다).

(1) 여름은 덥고 겨울은 추우니 봄가을이 좋다.

(2) ________ __________

(3) ____________________ __________

위에서 (2)는 대등으로 (3)은 종속적으로 이어진 것이다. 우리의 만연체 문장(蔓延体文章)에서는 강물이 굽이치며 꺾이듯이 변화가 무상하다. 그런데 대등적으로 이어짐과 종속적으로 이어짐의 구별은 이어짐의 방법에 의하여 결정된다. 문장 연결의 기능을 하는 어미가 서술연결 어미(敍述連結語尾)인데 문장 부사 '그리고 · 그러나'처럼 병렬(竝列)의 관계에 있게 하는 것이 대등적 연결 어미이고, '그러므로 ·

그러니까'처럼 조건(條件)이나 원인(原因), 이유(理由), 전제(前提) 따위로 내세운 절(節)의 연결 어미는 종속적인 것이라 말할 수 있다. 연결 어미는 종결 어미로 환치(換置)할 수 있는 어미를 말한다. 그 이유는 두 문장으로 표현할 수 있는 것을 하나로 이어서 표현하는 어미이기 때문이다. 청천 김진섭(聽川 金晉燮)의 글을 읽어 보면 이런 분류의 필요성을 인정하기 어렵다.

7.3. 부사절과 종속절

문 10. 부사절과 종속절은 어떤 차이가 있는가.

답 이름이 보여 주고 있듯이 부사절은 부사처럼 문장 속의 한 어구(語句, phrase)에 속하는 한 성분이다. 종속절은 주절(main clause=main sentence)과 짝을 이루는 관계에 있는 종속문(從屬文)이다.

문법상으로 절(clause)이란 용어는 전통문법에서 자립적인 위치에 있지 않은 문장(sentence)을 의미하는 용어로 주절(主節, main clause), 종속절(從屬節, subordinate clause)처럼 쓰이던 말인데 현재는 main clause를 main sentence라 표현하기도 하여 혼동으로 쓰이기도 한다. 우리말본이 야마다 문법(山田文法)의 문장 분류를 그대로 이어받은 결과 관형절, 부사절, 명사절 등을 주절(主節)에 딸린 종속절(從屬節, subordinate clause)로 본 것이다. 문장의 성분이 되는 절(節)은 성분절(成分節)로서 문장의 구성요소(構成要素)일 뿐, 주절[母文, 核文]에 종속된 절(節)이 아니다.

(1) 모래벌이, 눈이 부시게, 희다.

(2) <u>향기가 좋은</u> 꽃이 만발하였다.

(3) <u>달이 밝기</u>가 낮과 같다.

그 이유는 아래와 같다.

(1) 모래벌이 눈부시게 희다. (현행 표기법으로 단어화한 보기)

(2) '향기가 좋은'의 피수식어(被修飾語)는 '꽃'이다. (향기가 좋은 꽃=명사구)

(3) '달이 밝기'의 주절[으뜸마디]이 없다

(4) 종속절은 서술 연결 어미를 취하여, 이유 · 원인 · 결과 · 조건 · 양보 · 비교…

(4)는 주절과 관계를 맺게 된다.(예: 산이 높으니, 골이 깊다./ 태풍이 그쳐야, 배가 떠난다./ 강이 풀리면, 배가 오겠지.)

【붙임】 1. The gentleman whom you saw yesterday is French.
Der Herr, den Sie gestern sahen, ist ein Franzose.
영문학자 이양하(李敭河)는 번역문에서 삽입문(挿入文)으로 옮겼다.

2. 변명할 말이 없다는 의미로 쓰이는 한자어 유구무언(有口無言)을 우리말로 옮기면 '입은 있으나 말이 없다'로 된다. '有情하다, 無情하다, 有能하다, 無能하다, 不可能하다, 非正常이다, …' 따위를 '정이 있다' 따위로 대응된다 하여 문장구조로 보는 것은 형식논리(形式論理)에 빠진 것이다. '사람은 말을 <u>할 수 있다</u>'의 밑줄 그은 부분을 절(節)로 보는 이는 없다. 위와 같은 구성 관계는 인정 관계(認定關係)로 보아야 할 것 같다.

문 11. 부사절과 종속절은 어떻게 다른가.

답 부사절의 상대는 동·형용사이고, 종속절의 상대는 주절(主節)이다. 부사절은, 성분 부사(成分副詞)가 동·형용사와 구성 관계를 맺듯이, 동·형용사와 통어관계(統語關係)를 맺는다. 이것에 비하여 종속절은, 문장 부사(文章副詞)가 문두(文頭)에 놓여 뒤따르는 문장 전체와 관계하듯이, 주절에 대하여 전제조건(前提條件)이 되는 문장이다. 접속부사(接續副詞)로 분류되고 있는 '고(故)로(=그러므로)'에 의하여 단위 문장으로 환치(換置)될 수 있는 성질의 절(節)이 종속절이라는 것이다. 주절(主節)에 딸려 있다 해서 종속절이란 이름이 붙여진 것이다.

(1) 그는 돈이 많아 불행하다.(부사절)

(2) 산이 높으므로, 골이 깊다.(종속절)

문 12. '산 그림자가 소리도 없이 다가온다.'의 '소리도 없이'를 부사절로 본 이유는 무엇인가.

답 '소리도 없-'을 주술 관계(主述關係)로 보고 절(節, clause)이라 한 것이다.

『붙임』 '소리가 없다'가 주어-서술어의 구성이 되는지 검토해 볼 사항이다. '소리가 없다'를 명제(命題)로는 '소리는 없는 것이다'로 표현된다. '소리: 없는 것'이 '주사(主辭, subject): 빈사(賓辭, predicate)가 될 수 없다. '소리 없이'를 절로 보게 되면 '까닭 없이'도 절로 처리해야 한다. 형식논리(形式論理)에 빠져서는 안 된다. 말의 생명은 의사전달(意思傳達)에 있다. 영어에서도 'S + V'가 다 문장으로 되는 것이 아니다. 'The sun rises. The sun shines.'는 문장이지만, 'sun + rise, sun + shine'은 'sun-rise, sun-shine'으로 단어화된다.

7.4. 문장의 확대

문 13. '안은문장'의 뜻은 무엇인가.

답 가진월(包有文)을 달리 이른 이름으로 받아들이면 된다. 변형문법에서도 'embedded sentence(揷入文, 안기게 된 문장)'는 있어도 '안은 문'이란 없다. 그런 문형(文型)이 없기 때문이다. 영어에서 말하는 이른바 명사 보문(名詞補文)을 우리말의 관형절과 같은 것으로 보면 큰 탈이다. 우리말의 관형절은 뒤따르는 명사와 함께 명사구(名詞句)를 이루지만, 이른바 보문(補文)이란 명사구(Noun Phrase)를 이루지 못한다. 과거 그리 본 한때가 있었다. 명사구는 명사처럼 하나의 덩이로 발화(發話)의 단위(單位)가 된다. 그러나 다음 예시에서 (2)와 같은 단위의 발화는 없다. 그래서 (1)의 문장은 (3)으로 고쳐 쓰이기도 하는 것이다. 영어에서 이들을 복문으로 보는 것은 두 문장으로 복원할 수 있기 때문이다.

(1) The news that he had got married surprised his friends.

(2) the news that he had got married

(3) The news, that he had got married, surprised his friends.

문 14. 『우리말본』의 포유문(包有文)은 무엇인가.

답 '향기가 좋은 꽃이 만발하였다'를 가진 월이라 하고 복문(複文)으로 보았다. '향기가 좋은'이 '향기가 좋다'로 환치(換置)될 수 없는 구조임에도 불구하고 문장에 값하는 절(clause)로 보고 복문 처리를 하게 된 것이다. '향기가 좋은'과 '꽃이 만발하였다'는 같은 반열(班列)에 있지 않다. 층위(level)가 다르기 때문에 짝이 될 수 없는 것이다. 이런 견해는 영문법에서는 통한다.

전통문법(傳統文法)에서는 하나의 종지부(.)로 끝맺는 문장 안에 놓인 문장을 sentence라 하지 않고 주절(主節, 으뜸마디), 종속절(從屬節, 딸림마디), 대등절(=對等節, 맞선 마디)처럼 절(clause)이라 불렀다. sentence의 개념을 한 토막의 생각을 끝맺는 종지부(.)로 마무리하는 형식으로 보았던 것이다. 영문법에서 'sentence'와 'clause'의 구조는 다르지 아니하다. 전체냐 부분이냐에 의해서 그 이름이 주어졌을 따름이다. 그리고 하나의 예외도 없이 절(clause)의 상대는 절(clause)이다. 예를 들어 보면 (1)의 예는 (2)에서 보듯이 두 문장이 관계대명사(relative pronoun)로 결합된 것이다.

(1) The girl who is sitting by the window is my sister.

(2) The girl is my sister. + The girl who is sitting by the window.

곧 'the girl'이 관계대명사 'who'로 대입되어 결합된 것이다. 그래서 복문(複文)이다. 밑줄 그인 부분을 보문(補文) 또는 안긴문장(embedded sentence)이라 하는 것이다. 명칭은 의미상으로 보느냐 형식상으로 보느냐에 따라 달리 붙일 수 있다. 문제는 무엇이 안고 무엇이 안겨 있느냐 하는 데 있다. 영어에선 분명히 문장에 안기어 있다. 우리말을 보자.

(3) 향기가 좋은 꽃이 만발하였다.

(3)의 밑줄 친 부분이 첫째로 문장으로 될 수 없다는 점, 둘째로 서술 어미가 아닌 단어 어미를 취하고 있다는 점, 셋째로 명사 '꽃'의 꾸밈말이라는 점에서 '꽃이 만발하였다'의 짝(pair)이 될 수 없다는 것이다. 따라 우리말본에서 말한 포유문(embedding S.)도 아니며 영문법의 모문(母文, matrix sentence)도 아니라는 것이다. '향기가 좋은'의 가진(胞胎한, 所有한) 이는 '꽃'이다.

말하는 이에 따라 (4)-(5)의 예에서 밑줄이 그은 부분을 구성소문(構成素文, constituent sentence)이라 하기도 한다.

(4) 창문에 앉아 있는 소녀가 내 여동생이다.

(5) The girl (who is) sitting by the window is my sister.

영문법에서는 역시 문(文)이지만 한국어에선 문장이 못 된다. 문장이 단어를 수식하는 일이 영문법엔 없다. 어떤 이는 명사구(名詞句)에 포함시키기도 하나 그것은 잘못된 것이다.

『붙임』 1. '마디가 씨와 마찬가지의 자리를 차지하여서 월의 한 조각을 이룬 것을 그 속에 가진 (包胎한, 所有한) 월을 가진 월(包有文, 有屬文)이라 한다.(『우리말본』, 1980, p.829)

문법 기능소를 따로 지니고 있지 않은 말에 기대어 '주어-술어'의 관계이면 문장 구조로 보는 오류

귀먹은 노인이 많다 -- 귀가 먹은 노인이 많다', '철들 나이 -- 철이 들 나이'의 구성.

주술관계(主述關係)는 개념과 개념의 관계로 본다. '꽃이 피-'는 주술관계이고 이것을 문장화하려면 서술 종지형을 취하는

것이 원칙이다.

2. 문장을 수식어로 하는 단어는 없다. '해 뜨는 시각, 해 지는 시각'이 영어에선 sun-rise (time), sun-set(time)으로 표현한다. '많은 사람, 나이 많은 사람, 자녀가 많은 사람, 복이 많은 사람…' 등은 단어 상당의 구절(句節, phrase)이다. 〈유목상, 『한국어의 문법구조』 참조.〉

문 15. 'included sentence'를 내포문(內包文)으로 번역하고 있는데 바른 대응어로 보는가.

답 영문법의 문제로 우리 문법과 직결되는 문제는 아니지만 적절한 번역이라 보기 어렵다. 그 이유는 다음과 같다. '내포(內包, intension)'란 용어는 논리학의 전문용어로서 '개념이 지니는 속성'을 의미하는 말이다. 내포의 적용 범위가 '외연(外延, extension)'이다. 속성의 총화인 내포라는 말이 그래서 부적절하다는 것이다. 굳이 옮긴다면 '내재문(內在文)'이 적절한 표현이라 본다.

문 16. '자네가 떠날 날이 언제인가.'는 포유문으로 복문이 아닌가.

답 나는 복문으로 보지 않는다. 복문은 단문(單文)의 문형(文型)으로 처리할 수 없는 구조의 문(文)이다. '인생은 짧고, 예술은 길다.'를 단문형(單文型)에 맞추어 도해(圖解)해 보라. 불가능하다. '자네가 떠날 날이 언제인가.'에서 '자네가 떠날'은 관형절(冠形節)로서 명사 '날'을 꾸미고 있을 뿐, 어떤 다른 절과 대립(對立)되는 자리에 있는 절이 아니다. 영어의 복문을 보라. 그들의 복문은 분해(分解)를 통하여 두 개의 문장으로 나눌 수 있다. 이 말은 역으로 말하면 단문(單文)의 합문(合文)이라는 말과 같다. 단어와 짝이 되는 절은 성분절(成分節, constituent clause)로서, 단어 맞잡이라 보면 된다. 이런 것이 한국어의 문법구조가 영어의 구조와 다르다는 것을 보여주는 문법적 성질이다.

문 17. '예쁜 꽃이 피었다.'를 복문으로 보지 않은 이유는 무엇인가.

답 이 문을 둘로 나눌 수 있는가. 다음 (1)과 (2)의 문답을 살펴보자.

(1) (문) 어떤 꽃이 예쁜가.

(2) (답) 붉은 꽃이 예쁘네.

명사 '꽃'을 꾸민 '붉은'은 형용사 '붉다'가 사적 활용(詞的活用)을 통하여 관형사와 동일한 기능을 하는 형태로 바뀐 것이다. 그래서 관형사형(冠形詞形)이라 한다. 그리하여 '붉은 꽃'이란 명사구(名詞句)를 형성하게 되고 그 명사구가 주격 조사를 취하여 서술어와 더불어 문장을 이루게 된 것이다. 위에서 옥편의 자훈법(字訓法)으로 그 용법을 말한 바 있다. 동사 · 형용사의 기본형은 그 단어를 대표하는 추상형(abstract form)이다. 기본형의 정의는 영어에서도 같다. 동사 · 형용사를 서술어에 묶어 두는 것은 남녀가 부부의 관계 속에서 남편이나 아내 어느 하나로 묶여 있어야 한다는 억지 논리와 다를 바 없다.

7.5. 관형절과 관계절

문 18. 우리말의 관형절과 영어의 명사구 보문은 어떻게 다른가.

답 먼저 우리말의 명사구 구조와 영어의 명사구 구조가 같지 않다는 점에 주목하여야 한다. 편의상 명사구를 NP로 표시한다. NP의 주요어(head)는 명사(N)이다. NP에서 N을 제외한 나머지는 죄다 N에 딸려 있는 부가어(附加語)의 존재로 보면 된다. '나의 한 친구'(a friend of mine)에서 보는 바와 같다. Rosenbaum이 NP 보문과 함께 든 VP 보문(=動詞句補文)은 슬그머니 자취를 감추었다. 문제는 관계절(relative clause)이 명사구에 포함되느냐 되지 않느냐의 문제이다. 변형문법자의 일부는 명사구에 딸린 것으로 보나 일부는 이에 동의하지 아니한다. 그 이유는 이른바 보문(補文)은 글자 그대로 보문일 뿐, 명사의 수식어(modifier)일 수 없다는 것이다. 한국어에서는 '내가 어제 만난 사람'은 명사구임이 분명하나, 'the man whom I met yesterday'와 같은 구조를 영어권의 언중이 명사구로 사용하고 있지 않다는 사실이다. 우리말의 절(clause)에는 문(sentence)의 값을 하는 것과 단어 값을 하는 것과의 두 유형(類型)이 있다.

(1) <u>그가 가고자 하는</u> 나라가 어디인가. (관형구)

(2) 세월이 <u>물 흐르듯</u> 흐른다. (부사구)

구조를 파악하기 위해서는 그 구조의 상대(partner)를 바로 알아야 한다.

[붙임] 1. 다음 영문의 어순(語順, word order)에 주목할 것. The woman, who lives next door, is a doctor. 과거 번역식 영어

수업에서 문장 전체의 주어와 술어를 먼저 찾으라는 지도는 지당한 것이었다.

2. 'He is the man, whom I met yesterday.'는 내심구성이 아니다.

문 19. 우리말에 관계절이 성립되는가.

답 우리말에 관계절(關係節, relative clause)이란 없다. 관계절은 관계대명사(relative pronoun)로 이끌어지는 절(節)로서 독립된 문장으로 고쳐 쓸 수 있는 문장이다. 국어의 통사상의 특질로 글월과 글월과를 접속하는 接續詞(conjunction)의 임무와 代名詞(pronoun)의 작용을 한 말에 겸했다고 볼 수 있는 關係代名詞(relative pronoun)가 없다는 것이 적시된 바 있다(梁在淵·金敏洙, 『大學國語』, 1955, p.207).

다음 (1)을 영어로 옮기려면 (2)와 같이 할 수밖에 딴 방법이 없다. 명사 '어른'에 관계되는 관형절(冠形節)을 영어에서는 관계절(關係節)로 나타낼 수밖에 없는 데서 두 언어 사이의 다름을 알 수 있다.

(1) 네가 어제 만난 어른이 나의 숙부이다.

(2) The man whom you met yesterday is my uncle.

우리의 관형절은 성분절(constituent clause)이지만, 영어의 관계절은 내재문(embedded sentence)이다. 우리의 관형절은 문장으로 고칠 수 없으나 영어의 관계절은 문장으로 고칠 수 있다.

(3) The man, whom you met yesterday, is my uncle.

(4) 그 어른이 – 네가 그 어른을 어제 만났다 – 나의 숙부이다.

위의 (3)은 (4)로 표현할 수 있다. 그래서 복문(複文)인 것이다. 외국어로 옮길 때 그것이 복문이 된다고 해서 우리의 관형절을 문장에 값하는 절(節)로 본다는 것은 난센스이다. 문법적 관계는 늘 둘의 관계(correlation between)에서 따지게 된다.

(5) 네가 어제 만난 : 어른

(6) the man is my uncle : whom you met yesterday

[붙임] 1. 절(節)에는 단어에 값하는 것이 있는가 하면 문장에 값하는 것이 있다. 문장 성문으로 되는 것은 구절(phrase)이며, 이른바 종속절은 문장절(sentential clause)이다. Ramstedt가 종속절을 unfinished sentence라 한 바 있다. 이 말은 연결어미를 종결어미로 환치할 수 있다는 것을 시사(示唆)한 표현이다.

2. embedded sentence를 내포문(內包文)이라 이름 붙이는 것은 잘못된 것이다. 단어 '내포(內包)'에는 '안긴'이란 뜻이 없다. 삽입문(挿入文)이다. 2012년 말에 '국어 관계절(國語 關係節), 관계관형절(關係冠形節)'이란 용어가 등장하였다. 그 '관계절'이 어디에 근거한 것인지 밝혀져야 할 것 같다.

문 20. 관형절을 지닌 문장을 복문으로 보지 않는 이유는 무엇인가.

답 영어에서는 우리말의 관형절 맞잡이로 볼 수 있는 관계절(relative clause)을 성분문(constituent sentence, 구성 성분문 또는 구성문이라기도 함)이라 하고 그것이 포함된 문장을 복문으로 보고 있으나 우리말에선 관형절(冠形節)을 지닌 문장을 복문으로 볼 수 없다. 영어의 성분문이란 이름은 모문(母文, matrix sentence)과 대비(對比)가 되는 이름이다. 알기 쉽게 말하여 안고 있는 문장

(embedding S.)을 모문이라 하는 반면에, 안기게 된 문장(embedded s.)을 성분문이라 하고 있는 것이다. 성분문이란 것이 다른 이름으로 embedded sentence(삽입문), embedded clause(삽입절), inserted clause(삽입절), parenthetical clause(삽입절) 등으로 표현되는 데서 우리말의 관형절과 다르다는 것을 알게 될 것이다. 다음 (1)의 예를 보자.

(1) 창가에 앉아 있는 소녀는 내 누이동생이다.

이를 영역(英譯)하려면 'The girl (who is) sitting by the window is my sister.'로 하는 길 이외의 방법이 없을 것이다. 이 복문은 'The girl is my sister. + The girl is sitting by the window.'의 결합이다. 이런 논리에서 성분문이란 것의 짝이 모문이란 것을 알 수 있을 것이다. 그런데 우리말의 관형절은 문장에 안기게 되어 있는 절(節)이 아니라 뒤따르는 명사라는 단어를 꾸미는 성분인 것이다. '내가 찾아가는 곳, 해가 뜨는 시각, 마음이 온유한 사람, 꽃이 피는 계절, 산이 많은 나라, 인심이 후한 고장…' 등은 그 구성의 기반(基盤)을 '관형사 + 명사'의 구성관계(構成關係)에 두고 있다. 이것이 우리말의 메커니즘이다. 따라서 단문이라는 결론에 도달된다. 기술문법에서 이 'embedded sentence'를 'S-group modifier'라 하여 명사의 후치수식어(後置修飾語, post-modifier of noun)로 본 적이 있었다(An S-group modifier is another important noun modifier in English sentences. -Thurston Momack & Shin-ichi Miura, 『A Linguistic Approach to English』, 1959). 그러나 이러한 해석은 곧 부인되었다.

문 21. 용비어천가 제2장의 문장은 어떻게 분석할 수 있나.

> 뿌리가 깊이 박힌 나무는 바람에 흔들리지 아니하므로, 꽃이 좋게 피고 열매도 많이 열리는도다.
> 샘구멍이 깊은 데서 솟아나는 물은 가물음에도 마르지 아니하므로, 긴 내가 되어서 멀리 바다에까지 가는도다.
>
> 〈건재 정인승 선생의 의역(意譯)〉

답 현대말로 직역(直譯)해 보면 다음과 같다.

> 뿌리가 깊은 나무는 바람에 아니 흔들리므로 꽃이 좋고 열매가 많으니라.
> 샘이 깊은 물은 가물에 아니 그치므로 내가 되어 바다에 가느니라.

이 문장 속에는 주술 관계 — Jespersen은 이 관계를 nexus라 했음 — 가 겹쳐 등장한다. 그런데 자세히 살펴보면 다음 (1)에서 보듯이 여러 계층(level)의 것들이 있음을 알 수 있다.

(1) '뿌리가 깊은, 나무는 아니 흔들리므로 / 꽃이 좋고, 열매가 많으니라 / 샘이 깊은 물은 가물에 아니 그치므로/ 물은 내가 되어 / 물은 가느니라 …

현재 학교문법에서는 주어-술어의 관계를 바로 주어-서술어의 관계로 보고, 넥서스(nexus)에 등위(等位)를 두지 않고 있다. 곧 독립적 넥서스(independent nexus)와 종속적 넥서스(dependent nexus)의 둘로만 보는 잘못된 해석이다. 종속절(從屬節, dependent clause)은 그 짝을 독립적 넥서스인 주절(主節)에 두고 있다. 곧 주절에 딸려 있는 말이다.

한국어 문법에서는 계층 분석(analysis by levels)이 절대적으로 이루어져야 한다. 문장 분석은 단문장화(單文章化)의 과정을 거치면 쉽게 이룰 수 있다. 용비어천가의 제2장을 분석하면 다음과 같다.

> 뿌리가 깊은 나무는 바람에 흔들리지 아니한다. 그러므로 (뿌리가 깊은 나무는) 꽃이 좋다. 그리고 (뿌리 깊은 나무는) 열매가 많으니라.
> 샘이 깊은 물은 가물에 아니 그친다. 그러므로 (샘이 깊은 물은) 내가 되어 바다에 가느니라.

서술 연결어미는 서술 종결어미의 변형(變形)이다. 대등 연결 구조(對等連結構造, coordinate construction)이든 종속 연결 구조(從屬連結構造, subordinate construction)이든 예외 없이 문장(文章)의 변형 구조(變形構造)라는 사실이다. 「A가 B이다. B가 C이다. 고로 A가 C이다.」는 'A가 B이고 B가 C이다. 그러면 A가 C이다'로 환치(換置)됨과 같다.

그러나 관형절(冠形節)과 같은 경우는 관형절의 어미가 문장 어미(文章 語尾, sentential ending)가 아닌 단어 어미(單語 語尾, word ending)이기 때문에 문장의 변형 구조(變形構造)로 볼 수 없다. 환치(換置)가 불가능한 것이다. 그래서 「매김꼴」이라 하지 않았는가.

기저구조(基底構造)를 잘못 세운 데서 온 오류(誤謬)인 것이다. 영어의 관계절(relative clause)이 관계대명사(關係代名詞)에 의한 문장의 변형이라는 사실은 영미권(英美圈)의 초등학생들도 다 하는 문법이다. 예시하면 'I know the boy whose father is a professor.'가 'I know the boy.'와 'His father is a professor.'의 두 문장으로 이루어졌다는 사실이다.

영어의 관계절은 한국어의 관형절(冠形節)과는 판이하게 다르다.

관계절은 명사 수식어(noun-modifier)가 아니다. 'I know the boy, whose father is a professor.'가 정답(正答)이다. 종속문(從屬文)인 'whose father is a professor'는 주문(主文)인 'I know the boy.'의 문장성분(文章成分)이 아니다. 문장 대 문장의 주종 관계(主從關係)일 뿐이다.

한국어의 관형절은 단어인 명사의 꾸밈말로서 종족절과는 그 층위(層位, level)가 다르다. 그래서 명사절(名詞節)이나 관형절(冠形節) 부사절(副詞節)은 단어에 상응(相應)하는 성질이라 할 것이다. '해가 뜨는 시각, 해가 지는 시각, 비가 오는 날'에서 보다시피 밑줄로 표시된 주술 관계(nexus)는 그 짝이 단어이기 때문에 문장절(sentential clause)이라 말할 수 없다. '단어를 꾸미는 문장'이란 문법적으로 있을 수 없기 때문이다.

문 22. 관계절이란 무엇인가.

답 옛것을 익히고 그것을 토대로 하여 새로운 논리나 지식을 찾아내어야 한다.

1955년 봄에 우리나라에서 최초로 『大學國語』라는 이름의 책이 나왔다. 그 책의 범례에서 이 책은 대학 교양과목의 국어 교재와 일반 교양서로 엮은 것이라 하였다. 이 책 205면에서 209면에 걸쳐 국어의 특질에 대하여 개괄한 바 있다. 우리말의 특질을 논함에 있어 우리말이 지니고 있는 고유의 징표(徵表)에서 찾아야 마땅한 것인데, 서구어의 징표에 견주어 없는 것에서 특질을 구한 기술상(記述上)의 오류를 범하고 있어 마땅치 못한 바 있으나, 영어가 판을 치던 시류(時流)의 탓으로 돌리려고 한다. 그 가운데 있는 통사상의 특질 속에서 "글월과 글월과를 접속하는 접속사(conjunction)의 임무와 대명사(pronoun)의 작용이 한 말에 겸했다고 볼 수 있는 關係代名詞(relative pronoun)

가 없다."라고 지적한 바 있다. 위에서 '한 말'의 뜻은 의심의 여지없이 '하나의 단어'라는 개념으로 사용한 것임이 분명하다. 이것은 새로운 발견이 아니고 상식화되어 있는 한영어(韓英語)의 차별적 사실을 재확인한 것일 뿐이다. 영어의 문법술어 'relative pronoun'은 관계대명사(關係代名詞)로 번역되는 용어인데, 서구어의 학습에는 아주 풍성하게 사용되는 용어이지만, 한국어에서는 그런 용법(用法)이 없기 때문에 아예 그런 문법용어조차 존재하지 않는다. 어느 한국어 문법 술어(文法術語)에 관계대명사란 것이 있는지 살펴보면 알 것이다.

관계절(關係節, relative clause)이란 가장 간단하게 말하면 관계대명사(關係代名詞, relative pronoun)에 의하여 이끌어지는 절(節)이라는 것이다.

【붙임】『대학국어(大學國語)』, 중앙대학교(中央大學校) 교수(敎授) 양재연(梁在淵)·김민수(金敏洙) 공저(共著), 영화출판사(永和出版社) 간(刊), 1955. 4. 1. 발행.

문 23. 영어의 관계절(關係節)은 문장성분(文章成分)인가.

답 관계절을 지닌 문장은 두 문장의 결합으로 이루어진 문장이다.

(1) I saw a man. He was very tall.

⇒ I saw a man <u>who</u> was very tall.
<u>(he)</u>

(1)의 예에서 보다시피 독립된 문장에서의 'He'가 복문(複文)에 와서 'who'로 바뀌어 'a man'과 'he'를 동일한 관계로 연결시켰기 때문

에 이름 지어 관계대명사라 하게 된 것이다. 이러한 해석에서 보면, 모든 절(節, clause)은 예외 없이 환원(還元)에 의하여 문장이 됨을 알 수 있다. 영어에서 sentence와 clause는 완전히 같은 것이다. 다만 단립(單立)이냐 연립(聯立)이냐에 따라 그 명칭을 달리할 뿐이다. relative clause가 독일말로는 Relativsatz인데 번역자에 따라 관계문(關係文), 관계절(關係節)로 표현되는 것으로 보아 이를 충분히 알 수 있다.

[붙임] 같은 명사를 주어 또는 목적어로 공동으로 소유하는 두 문장을 한 문장으로 연결시키는 대명사를 관계대명사(關係代名詞)라 한다(최재서(崔載瑞), 『종합영문법(綜合英文法)』, 연학사(硏學社), 1955. pp.67～74 참조).

문 24. 우리말의 관형절을 관계관형절이라 할 근거가 어디에 있는가.

답 우리 문법에 관형사(冠形詞)라는 품목의 품사가 있다. 이 품사의 하는 기능이 명사를 꾸미는 일이다. 단어라는 단위를 넘어서 덩이말로 명사를 꾸미는[수식하는] 것에 관형구(冠形句) 또는 관형절(冠形節)이라 하는 것이 있다. 그처럼 이름을 붙인 배경은 바로 관형사에 있다. 용언(用言)이 관형어 노릇을 하기 위해서 취하게 되는 어미(語尾) '-는, -ㄴ, -는, -ㄹ' 따위는 기본형(원형, root form)에서 번진 사형 어미(詞形語尾)인 것이다. 사형 어미엔 이 밖에도 명사형, 부사형이 있다.

관형절(冠形節)이라 부르는 근거가 관형사형(冠形詞形)에 있는데, 관계관형절이란 말 속의 '관계'란 말의 의미가 문제이다.

(1) 마음이 가난한 사람은 행복하다.

(2) 나이가 많은 사람이 아랫목에 앉는다.

(1)의 '마음이 가난한 사람', (2)의 '나이가 많은 사람'을 꾸밈말과 꾸밈말을 받는 말이라는 수식관계(修飾關係)에서 '관계(關係)'라는 용어를 사용했다면 이른바 어미(語尾)를 관계사(關係辭)로 처리해야 한다. 앞에서 말한 바와 같이 관계사(relative)란 영문법에서 관계대명사(relative pronoun), 관계형용사(relative adjective), 관계부사(relative adverb)를 통칭하여 쓰이는 용어이다. 이런 근거에서 우리 문법의 관형절(冠形節)을 관계절(關係節)이라 할 아무런 근거를 찾을 수 없다는 것이다.

〚붙임〛 우리말 문법에서 관계사(關係詞, 關係辭)로 보는 것은 조사(助詞, 助辭)뿐이다.

8. 문법과 정서법

8.1. 맞춤법

문 1. 표준말이 왜 표준어가 되었는가.

답 나라에서 만든 사전에서 한자말이 사라져 버렸다. 참으로 아쉬운 일이다. 표준어 이전에 표준말이 버젓이 있었는데 표준말의 풀이가 표준어에서 기술되어 있다. 엄격히 말하면 한자어(漢字語)와 한자말은 그 외연이 다를 수 있다. 한자어(漢字語)는 우리말일 수도 있고, 아닐 수도 있다. 그러나 한자말은 그 바탕이 한자에 있지만 우리말이다. '책상머리, 책상물림, 책상다리, 책싸개…'와 같은 혼종어(混種語)가 자연스럽게 쓰이고 있는데 어째서 '표준말'이 비표준어가 되고 '표준어'가 표준어로 되었는가. 알다가도 모를 일이다. 『조선어 표준말 모음』(1936)이 탄식할 일이다. 표준말이 표준어로 바뀐 배경에 대해서 나는 북한의 문화어(文化語)에 대응하여 고친 것이 아닌가 하는 내 나름의 억측을 해 보기도 하였다.

표준말과 한자말 이 두 단어는 유서 깊은 말로 꼭 되살리고 싶은 우리말이다.

【붙임】 1. 우리나라 옛 문집(文集)에 올라 있는 한자어로서 사전에 수록된 것이 절반의 절반에도 미치지 못한다. 한자말은 '비행기, 자동차, 여행…'처럼 입과 귀에 익어 한자를 모르고도 이해할 수 있는 우리말로 고유어와 다를 바 없다.

2. 「표준어 규정」(1988)

문 2. 형태소 밝혀 적기의 한계성은?

답 '지붕, 모가지, 무덤…'을 '집웅, 목아지, 묻엄'으로 적지 않은 이유는 '-웅, -아지, -엄'이 활성 접미사(living suffix)가 아니기 때문이다. 비록 옛적에 접미사였다 할지라도 현재는 죽은 접미사(dead suffix)로 보게 된다. 접미사로서의 자질을 밝힐 수 없는 것이다. 따라서 '지붕, 주검'과 같은 말은 파생어로 다루어서는 안 되는 단어들이다. 단어 가족(word family)과 절연(絶緣)된 단일어이다.

문 3. 표기에 영향을 주는 분석(分析)의 한계선(限界線)은?

답 한글맞춤법 제4장 제3절 제22항 [붙임]에 '-업-, -읍-, -브-'가 붙어서 된 말은 소리대로 적는다.'로 덧붙여 적은 말이 있다. 제3절이 '접미사가 붙어서 된 말'에 관한 규정이므로, '미덥다, 우습다, 미쁘다'는 파생어의 범주에 둔 것이다. 한글맞춤법에 '마감, 마개, 마중, 무덥, 주검'의 표기에서 어원 표시(語源 表示)를 하지 않았다. '미덥다, 마감'의 표기에서 어원을 밝히지 하는 것은 '-엄-, -암-'을 접미사로 처리하지 않음에 있다.

단어 '믿다'의 '믿-'을 어원으로 '믿음'과 '미덥다'가 생겨났다. 본디는 단어가족(單語家族)이다. 어원을 밝혀 적는 경우는 산 접미사(living suffix)이며, 밝혀 적지 않은 경우는 죽은 접미사(dead suffix)이다. 어원을 밝혀 적지 않는 말들을 파생어로 다루어서는 안 된다. '미덥다, 우습다, 무덤, 마개'는 분석의 대상이 되지 못한다.

[붙임] 중세어 '하다'의 뜻은 '많다, 크다'이다. 오늘날의 활용론으로 말하면 '한'은 관형형이고, '하'는 부사형이다. 그런데 기어(base word)인 '하다'가 없어짐으로 해서 뿔뿔이 헤어져 이산가족(離散家族)

이 되어 하나는 접두사(接頭辭)로 다른 하나는 부사(副詞)로 각각 살아남아 있다. '설걷다'는 말이 사멸(死滅)함으로써 '설걷이'라는 파생어는 죽었다. '설걷다'가 '설거지-하다'로 단어화하게 된 것이다. '설거지'는 단일 형태소어(單一形態素語)로서 분석이 불가능한 단어가 되었다.

문 4. **'설겆이'를 '설거지'로 적게 된 이유는 무엇인가.**

답 '표준어 규정'(1988)에 따라 종전과 다르게 적게 되었다. '설겆다'가 죽은말이 되고 이 말에서 파생된 '설겆이'명만 남게 된 것이다. 파생의 모체(母体)인 '설겆다'가 없어짐에 따라 파생어에서 벗어났기 때문에 '설거지'로 적게 된 것이다. '설겆다'는 '설거지-하다'를 통해서 살아남게 된 것으로 보면 된다. 「설거지를 + 하다」에서 '설거지-하다'가 형성되었다.

【붙임】 모를 심다 → 모심다동 → 모심기명 → 모심기하다동 → 모심기하기(활용형)

문 5. **말음법칙(末音法則)이란 무엇인가.**

답 훈민정음에 나오는 28자는 초성 글자와 중성 글자로 되어 있다. 종성부용초성(終聲復用初聲)은 '받침소리 글자는 첫소리 글자를 도로 쓴다'라는 말이다. 그런데 종성해(終聲解)에서 'ㄱ ㅇ ㄷ ㄴ ㅂ ㅁ ㅅ ㄹ'의 여덟 글자로도 넉넉히 쓸 수 있다고 하였다. 이것이 무엇을 말하는 것인가 따져 보면 위의 여덟 글자에서 빠진 'ㅈ ㅊ ㅋ ㅌ ㅍ ㅎ'는 위에 든 여덟 글자로 대신할 수 있다는 말과 같다. '배꽃[梨花]'은 '배곳'으로 적을 수 있다는 허용이다. 이런 말을 앞머리에 내건 것은 받침 글자에 상관없이 받침소리는 한정적(限定的)이란 것을 보여 주기 위해서다. 받침 자리에 놓인 [ㄱ ㅋ ㄲ]는 [ㄱ]으로 대표되고, [ㅂ ㅍ]은 [ㅂ]으로, [ㅅ ㅆ ㄷ ㅌ ㅈ ㅊ] 따위는 [ㄷ]으로 대표되는 음가(音價)로 발음된다는 것인데 이것이 이른바 대표음(代表音)이란 것이다.

1) 용어의 혼란

말음법칙을 받침규칙, 종성규칙, 받침법칙, 끝소리규칙 따위로 표현하기도 하는데 널리 쓰이는 것이 말음법칙이기 때문에 이 용어를 따른 것이다. 하지만 그 적정성에 대해서는 논란의 여지가 있다. 엄격히 말하여 종성(終聲)과 말음(末音)의 개념이 다르기 때문이다. 종성은 한 음절(音節, syllable)의 끝자리 자음(子音, consonant)이고 말음(末音)은 두음(頭音)의 반대말로 단어의 끝자리 소리이다. 두음이나 말음은 자음일 수도 있고 모음일 수도 있다. 이렇게 접근하게 되면 '받침소리 법칙'으로도 이해할 수 있다.

2) 음절(音節)의 공식

음절(音節)의 공식은 '자음+모음+자음'이다. 훈민정음 합자해에 '초중종삼성합이성자(初中終三聲合而成字)'라 하였다. 종성이 없으면 '자음-모음-자음-모음'으로 전환될 것이다. 영남 지방에서 월요일(月曜日)의 발음을 [월뇨일]로 잘못하는 일이 있는데 이 발음은 [워료일]이 바른 발음이다. 연음(連音)에 의하여 받침소리가 초성의 자리로 옮아지는 것이다. 옛적 평안도에서는 '하는 것이다'의 발음을 [하는 거디대로 발음하는 경향이 있었다. 대표음으로 발음된 것이므로 절음(絶音)이 된 것이다. 오늘날의 발음은 연음으로 발음하게 되어 있다.

3) '옷'의 발음

'옷도$_1$, 옷만$_2$, 옷안$_3$, 옷이$_4$'의 발음은 [옫또, 옫만, 옫안→ 오단, 오시]이다. '옷$_{1\ 2\ 3}$'은 절음에 의하여 받침소리 법칙대로 발음된 것이고, '옷$_4$'는 연음에 의해서 첫소리 자리에 옮아져 발음된 것이다.

4) 영국영어와 미국영어의 발음 차이

영국 영어(English English)의 발음과 미국 영어(American English)의 발음이 다른 것은 연음(連音), 절음(絶音)을 달리하는 데서도 온다. 한 의미단위는 한 숨결에 하게 되어 있다. 한 단어는 숨을 두 번 쉬어 가면서 해서는 안 된다는 것이다. 'water'의 영국 발음은 [t]를 첫소리로 내지만, 미국영어는 [t]소리를 음절의 끝소리로 발음하게 된다. 그래서 [웓어 → 워더 → 워러]로 바뀌어 발음되는 것이다.

5) '맛있다'의 바른 발음

'맛있다'의 바른 발음은 '맛없다[마덥따]'와 같이 [마딛때]이다. 국립국어연구원의 표준국어대사전에는 맛있다[마딛따/마싣따]로 되어 있다. 양시(兩是)는 양비(兩非)와 똑같이 오류를 지니게 된다. 이리 되면 받침소리 법칙은 죽은 법칙이 되고 만다. 일상의 대화에서 '마싣따, 머싣따, 재믿따'와 같이 쓰이는 말들은 '맛이 있다, 멋이 있다, 재미있다'의 축약에서 온 것이다.

문 6. 현행 정서법 관련 규정에는 어떤 문제가 있는가.

답 1) 표준 발음법 제5항 [다만4.]에 "단어의 첫 음절 이외의 '의'는 [이]로, 조사 '의'는 [에]로 발음함을 허용한다."라는 단서(但書)가 있다. '의'는 이중모음으로, 발음이 매우 까다롭다. 그래서 전국적으로 단모음(單母音)으로 발음되는 경향이 있는데 발음 유형에

[으], [이], [에]의 셋이 있다. 춘향전에는 '춘향으 모'로 나오기도 한다. 두음(頭音)인 경우는 어렵지만 [의]로 발음토록 규정되어 있지만 경북 '의성(義城)'의 현지 발음은 [이성] 또는 [으성]이다. 조사 '의'의 경우 [에] 발음을 허용한 것은 '나의 고향'을 [나에 고향]으로 발음함을 허용한 것이다. '意味의 意味'는 [이미에 이미]로 발음되는 경향이 있으나 [의미에 의미]로 발음하는 것이 표준발음법에 맞는 발음이다. 엄격히 말하면 '意義의 意味'의 정규 발음은 [의미의 의미]이지만 [의미에 의미]를 허용한다는 것이다. 발음의 편의(便宜)를 위한 규정이다.

2) 불-고기[불고기], 물-고기[물꼬기]냐 하는 것인데 이것은 수의적(隨意的)인 변화이다. 'ㄴ, ㄹ, ㅁ'에 이어지는 'ㄱ, ㄷ, ㅂ' 소리는 유성음(有聲音)으로 바뀌거나 된소리로 되거나 하는 두 유형이 있다. [불고기bulgogi]가 앞의 경우이고 [물꼬기]가 후자의 경우이다. 문법의 발음을 오늘날 [문뻡]으로 하고 있으나 스승 정인승 박사님은 [문법]이라 발음하며 왜 젊은이들이 [문뻡]이라 발음하는가 말씀하였다.

3) 외국어는 미국, 중국, 일본 등 외국에서 그네들이 사용하고 있는 말이다. 외래어(外來語)는 글자 그대로 '밖에서 들어온 말'이다. 우리말에는 여러 언어권에서 들어온 말이 있는데 크게 한자 문화권과 로마자 문화권으로 나뉜다. 우리 방식으로 발음되는 한자어(漢字語)는 외래어가 아니다. '東洋'이란 한자어가 한국, 중국, 일본에서 공통으로 사용되고 있지만 [동양]으로 발음하는 곳은 한국 사람뿐이다. 언어의 원자재(原資材)가 한자(漢字)에 있다 하여 외래어라 한다면 알파벳을 공통으로 사용하고 있는 서구의 말들은 어떻게 구별할 수 있을까 생각해 볼 일이다.

4) 외래어 표기에 왜 된소리 표기를 하지 않는가. '마오쩌둥(毛澤東)'은 우리 사전에 올라 있는 말이다. 한자문화권의 지명(地名) 인명(人名)을 우리 한자음으로 발음하면 되는데 한자 사용을 기피하는 바람에 현지 발음에 기대어 비슷하게 발음한다. 일본인의 東京 발음은 [도꾜]이다. 그런데 우리는 Tokyo에 근거하여 [도쿄]로 발음하고 있

다. 근세 개화기에 bus, gas, dollor를 [뻐스], [까스], [딸라]로 받아들인 것을 [버스], [가스], [달러]로 발음하고 있으나 유성음(有聲音)을 의식하지 못하는 까닭에 유성음으로 발음하지 않는다.

로마자 표기는 로마자 사용자를 위한 표기법이다. 모든 김씨(金氏)가 'Kim'으로 표기하는데 김포(金浦)를 Gimpo로 적고 있다. 표음의 원리가 서 있지 않다. 유성음과 무성음으로 말을 분별하는 영미권 사람들이나 일본인이 어떻게 받아들일까 의아스럽다. 일본 음으로 金은 [kin], 銀은 [gin]이다. 한글로 표기하는 우리 민족을 위하여 로마자 표기를 하는 것이 아니다.

5) 북한에서 말하는 두음법칙은 우리의 두음법칙과 다르다. 북한에서는 중자음(重子音)이 발음될 수 없는 그런 것을 가리켜 말하고 있다. 〈『語文生活』(2008.6. 통권 제127)에 실린 '「論理 · 理論」의 우리말 발음(유목상)'을 읽어 보기 바람.〉

6) 1988년에 공표된 표준어 사정 원칙에는 '널리 쓰이는'의 표현이 없다. '두루 쓰는'의 규정이 있다. 한글맞춤법 통일안(한글학회)의 '널리 쓰이는'은 사용의 분포(分布)가 광역이라는 의미이다.

7) 단어와 구(句)의 구별은 띄어쓰기와 아무런 관계가 없다. 구는 단어의 집합체이다. 한글맞춤법(1988) 제1장 제2항에 '문장의 각 단어는 띄어 씀을 원칙으로 한다.'라고 규정하고 있다. 한 덩이의 형식으로 나타나는 말이 단어이다. 단어는 원칙적으로 한 숨결 속에서 발음되는 언어형식이다. '-은, -이, -을'과 같은 명사의 부속사(付屬辭)를 단어로 처리한 것은 바로잡혀야 한다.

문 7. 사이시옷[ㅅ]이 없어졌는데 이 용어를 써도 좋은가.

답 사이시옷이 없어졌는데 '사잇소리'라는 말은 예사스럽게 쓰고 있다. 한글 창제의 초기에는 여러 가지의 사잇소리[間音]

가 폭넓게 쓰였으나 근대에 와서 사잇소리는 사이시옷으로 통일되었다. 한글 맞춤법 통일안(1933)의 제30항에 '복합명사 사이에서 나는 사이 ㅅ은 홀소리 아래에서 날 적에는 위의 홀소리에 ㅅ을 받치고, 닿소리와 닿소리 사이에서는 도무지 적지 아니한다.'로 규정하고 그 보기로 '뒷간, 곳집, 나룻배, 담뱃대, 잇몸, 깃발'을 들었다.

1954년의 한글 맞춤법 통일안에 와서 복합명사 사이에서 나는 사이시옷을 단음(單音)으로 세워 '뒤ㅅ간(厠間), 문ㅅ간(門間), 고ㅅ집(倉庫), 움ㅅ집(土幕)…'처럼 사잇소리로 적도록 고쳤다. 1953년에 와서 1933년의 원안으로 복원되었다. 1958년에 와서 '냇가(川邊), 촛불(燭火)에 보태어 이꽈(理科), 갓법(加法), 홋수(戶數), 섯자(書字)로 표기하는 사이시옷의 범람 시대를 맞이하게 되었다.

사이시옷은, 비록 받침 자리에 받쳐 적으나, 앞말에 영향을 주어서는 안 된다. 본래의 쓰임이 그러했기 때문이다. 따라서 '뒷간[뒤깐], 냇가[내까], 촛불[초뿔]로 발음함이 옳다. 형태소가 아니라는 이유로 북한에서는 일체 사잇소리를 인정하지 않고 있다. 남북한 통일 사전을 엮을 때 의견 대립이 클 것으로 예상되는 표기 사항이다.

〖붙임〗 1. 북한의 표기법은 '뒤간, 문간, 고간, 나룻배, 담배대, 기발, 이몸, 아래빵, 나뭇잎…'과 같이 적고, 발음 표시로 발음 방법을 내보이고 있다.

2. 우리 남한에서는 사이시옷의 과용으로 혼용 표기(混用表記) 때와 한글 전용 표기 때의 맞춤법이 다르게 나타나고 있다. '등굣길: 登校길'과 같은 표기가 그러하다.

문 8. 교훈에 '부지런하자, 참되고 착하고 아름다워라' 등이 있는데 어법에 맞는 표현인가.

답 학교마다 교훈이 있다. 또 급훈(級訓)도 있을 수 있다. 그냥 명사로 내거는 경우도 많이 있다. 서술적 표현일 경우는 권유형이거나 명령형인 경우가 많다. '부지런하자'는 서술 형용사로 서법 어미에 맞지 않다. '아름다워라'는 '아름답구나'와 동의관계(同意關係)에 있는 어미이다.

[붙임] 1. 동사와 형용사는 다 같이 서술어미를 취하여 서술어가 될 수 있다. 형용사와 동사가 동화되어 가는 경향을 볼 수 있다.
말 없은 청산이요 태 없은 유수로다→ 말 없는 천산이요 태 없는 유수로다
늙어진다→ 늙는다 / 붉다형동

2. 변영로(卞榮魯)님의 시 '논개(論介)'에 나오는 구절 '양귀비꽃보다도 더 붉은 그 마음 흘러라'는 동사 서술형인데 형용사 서술형처럼 감탄법으로 쓰였다. 이와는 반대로 '건강하라, 정직하라, 굳세어라…'는 형용사 서술어인데 동사 서술형처럼 명령법으로 표현되는 것을 볼 수 있다. 서법(敍法)의 오용(誤用)으로만 처리할 수 없을 것 같다.

8.2. 띄어쓰기와 문장부호

문 9. 띄어쓰기의 전제조건은 무엇인가.

답 말(language)은 말(speech)을 통하여 실현된다. 말하는 이는 사람이다. 사람은 호흡으로 삶을 유지한다. 호흡은 호기(呼氣, 날숨)과 흡기(吸氣, 들숨)의 반복이다. 말은 날숨을 타고 밖으로 나오게 된다. 숨결이 빠르면 말이 빠르고 느리면 말이 느리다. 기류(氣流)를 타고 말이 나오는 것이다. 어떤 이는 1분에 300 안팎의 단어를 내보내는가 하면 어떤 이는 100 안팎의 단어를 내보낸다.

언어활동의 목적이 정보교환(情報交換)에 있고 의사전달(意思傳達)에 있다. 의미단위(意味單位, sense group)가 이어져 문장(sentence)이 되고, 문장의 연합체로 담화(談話)나 담론(談論)으로 하고자 하는 정보나 의사를 주고받게 되는 것이다.

우리말의 띄어쓰기는 단어를 중심으로 한다. 그런데 조사(助詞)는 의미단위가 못 되기 때문에 붙여 쓰는 것이다. 하나의 단어는 한 숨결에 발음하게 되어 있다. '사람이, 사람을, 사람에게, 사람이다, …'는 하나의 숨결에 발음되기 때문에 붙여 쓰게 되는 것이다.

(1) 어린이는 그 나라의 꽃이다. (4)

(1)의 예는 네 번의 날숨으로 표출되었기에 기식단위(氣息單位, breath group)가 넷이다.

(2) 어린이는 그나라의 꽃이다. (3)

(3) 어린이는 그나라의꽃이다. (2)

숨 쉴 사이 없이 말하는 이의 말을 그대로 받아 적으면 띄어쓰기를 할 곳이 없다. 띄어 쓴 자리가 바로 날숨에서 들숨으로 넘어가는 자리이다. 이런 점에서 보면 단어 중심의 띄어쓰기는 말을 배우는 어린이나 숨 가쁜 노인에 맞는 표기법이라 할 것이다. 실제 띄어쓰기에 맞추어 말하는 사람은 없다. 말은 청각적이요, 글은 시각적이다. 눈으로 보기 편하게 하기 위하여 규정으로 정한 것일 뿐이다. 그런데 의존명사(依存名詞)라는 게 있다. 자립명사(自立名詞)에 상대되는 용어이다. '것, 바, 줄, 수, 데…' 등은 이름 그대로 홀로 서지 못하는 명사들이다.

> 아는 것이 없다 / 내가 할 것이다 / 몸 둘 바를 모르겠네 / 할 줄 아느냐 / 가는 데가 어디냐

의존명사는 보조용언의 경우처럼 붙여 씀을 허용함직하다. '듯하다, 만하다…' 류를 단어로 본 것은 잘못된 것이다. '본 듯하다, 먹을 만하다'는 숨결에도 맞지 않을뿐더러 통사성(統辭性)에도 어긋난다. 관형형(冠形形)은 용언 앞에 놓일 수 없는 성질의 것이다. '본듯 하다', '먹을만 하다'가 숨결과 일치한다.

〖붙임〗 1. 뎨 가ᄂᆞᆫ 뎌 각시 본듯도 ᄒᆞᆫ뎌이고 / 金樽에 月光明ᄒᆞ니 李白 본듯 ᄒᆞ여라 (3-5-4-3)

2. 하듯, 한듯, 했듯, 할듯, 하는듯, …

문 10. 형식명사라 하지 않고 의존명사라 이름 붙이면서 띄어 쓰는 것은 적절한가.

답 한글맞춤법 제1장 총칙 제2항에 '문장의 각 단어는 띄어 씀을 원칙으로 한다.'라고 규정하고 있다. 그런데 제41항에서

'조사는 그 앞말에 붙여 쓴다'라고 되어 있다. 예외의 규정을 둔 것이다. 의존명사 띄어쓰기는 제5장 제42항에 '의존명사는 띄어 쓴다'로 내건 것은 엄격히 따진다면 불필요한 규정으로 군더더기 조항이라 할 수 있다.

〖붙임〗 띄어쓰기는 정하기 탓이다. 시각적 효과도 있다. 단어 중심의 표기는 서양말을 기준으로 한 것으로 보기도 한다. '것, 바, 줄, 수, 데, …' 따위는 앞말과 어울려야 비로소 개념 단위(槪念單位)를 이루기 때문에 조항을 세운 것으로 이해된다. '것' 자체로는 어절(語節, syntactic word)이 되지 못하기 때문에 붙여 쓰는 것이 바람직하다고 본다. 신문 등에서는 '이것, 저것, 그것'에 준거하여 붙여 쓰고 있는 현상이다.

문 11. 의존명사라 규정해 두고 자립명사처럼 띄어쓰기로 한 것은 문법상 잘못된 것이 아닌가.

답 그리 말할 수 있다. 한글 맞춤법 제1장 제2항 '문장의 각 단어는 띄어 씀을 원칙으로 한다.'에 근거하고 있다. 이 규정은 '문장에서의 띄어쓰기는 어절(語節) 단위로 함을 원칙으로 한다'로 바뀌어야 한다고 본다. 예컨대 '지는 것이 이기는 것이다.'를 두고 볼 때 '것'이 관념사(觀念詞)인 단어일 수 없다는 것이다. 우리말에서 '살기: 사는 것, 놀기: 노는 것, 먹기: 먹는 것, 기쁨: 기쁜 것, 삶: 사는 것…' 에서 '-기=-는 것, -ㅁ=-은 것'으로 대응된다. 이리 보면 명사화 어미(名詞化 語尾)에 상당한 것임을 알 수 있다. 이런 측면에서 보면 '가듯, 갈듯, 모른체, 모른양, 할것이다…' 등으로 붙여 쓰는 것이 마땅하다. '할 것이라, 할 것이다'의 고형(古形)은 '하리라, 하리다'였다. 어절(語節)은 문법상으로 보아 의미 단위(意味單位)여야 한다.

문 12. 구두점(句讀點)과 문법은 어떤 관계가 있는가.

답 한글맞춤법 부록의 '문장부호'에 그 이름과 사용법이 소상하게 설명되어 있어 거듭 말할 필요를 느끼지 않는다. 우리 고유의 구두점은 반점(,)과 온점(.)의 두 가지뿐이다.

온 마을이 평화롭다.
비가 오고 있느냐.
떠도는 풍문을 믿지 말라.
달이 참으로 밝구나.
내가 그 모임에 다녀오마.
우리 모두 그분을 받들자.

한글맞춤법에는 문장 마침표에 온점(.)과 물음표(?)와 느낌표(!)를 두고 있다. 그러나 나의 개인적인 생각은 온점 하나로 족하다고 본다. 종결 서술 어미가 서법의 어미이기 때문이다. 문장에서 물음표나 느낌표를 쓰지 않는 것이 정중(鄭重)한 것으로 보고 있다. 문장 끝에 온점을 두는 것은 문장 형식이라는 단락을 표시하기 위하여 꼭 필요하다고 본다.

문 13. 문장부호(文章符號)의 사용에 어떤 문제점이 있는가.

답 한글맞춤법 〈부록〉에 '문장부호'가 있다. 문장부호의 개념은 문장 속에서 쓰이는 여러 가지 부호라는 것이다. 이들 부호에 대한 검토가 앞으로 이루어질 것으로 본다. 우선 하나의 문(文)을 마무리하는 물음표[의문부호(疑問符號)]와 느낌표[감탄부호(感歎符號)]의 경우이다.

(1) 이게 은혜에 대한 보답이냐?

아, 달이 밝구나!

(2) 이게 은혜에 대한 보답이냐.

아, 달이 밝구나.

마침표(.)는 하나로 족하다. 이것은 영어의 방식을 그대로 따온 결과이다. 우리말에는 여러 표현 방법의 종결어미가 있다. 종결 서술법에 의하여 문(文)을 보통 평서문(平敍文), 의문문(疑問文), 명령문(命令文), 감탄문(感歎文), 응낙문(應諾文), 청유문(請誘文) 등으로 구별하는 것은 마무리하는 서술어미(敍述語尾) 때문이다. 그런데 여기에 다시 보조부호(補助符號)를 더하는 것은 무의미한 것이다. 점잖은 표현에는 이런 부호를 사용하지 않는다.

8.3. 문법과 의미

문 14. 글씨와 말씨와 글체는 어떤 차이가 있나.

답 글씨는 글자를 쓰거나 써 놓은 모양이며, 말씨는 말을 하거나 말을 한 모양을 말한다. 이 경우의 글씨나 말씨는 개성(個性)을 지니고 있다. 글씨나 말씨를 통하여 그 글씨를 쓴 사람, 그 말을 쓴 사람을 분간할 수 있다. 한석봉(韓石峰)의 글씨와 김정희(金正喜)의 글씨가 다르듯이 글에서도 마찬가지이다. 글에 있어서는 문체(文体, style)란 용어를 쓴다. 쓰는 이에 따라 글체라 이르기도 한다. 여기에는 각각 본(model)이 있게 마련이다. 글씨의 본, 말씨의 본, 글[文章]의 본이 그것이다. 이 본을 넘어서면 자기의 독창성 있는 본을 이룰 수 있게 된다. 대가(大家)라는 칭호를 얻게 된다. 무엇을 누구를 본으로 하여 익힐까 하는 문제는 선택하는 개인에 달려 있다. 「말본」(文法)이 '말틀 본'에 주저앉아 있어선 안 된다는 것이다.

문 15. '죽임을 당하다'라는 표현은 올바른가.

답 전통적인 쓰임의 우리말이 아니다. 'be killed'를 그리 번역한 것이다. be killed는 '피살되다'로 번역되는 말이다. 종래 '피살'을 '살해를 당함'으로 풀이해 오던 것을 〈우리말큰사전〉에 '죽임을 당함'으로 풀이를 바꾼 데서 비롯된 표현이라 할 것이다. 사전에 '죽임'이라는 단어가 없으며 풀이도 없다. '살해=죽임'으로 본 모양이다. '죽임'을 '죽이는 행위(=killing)로 해석할 소지가 많다.

【붙임】 외국말을 직역하는 데서 오는 잘못된 말씨가 엄청나게 많다. 예컨대 '진검승부(眞劍勝負), 하지 말아 주세요, 웃겨 주오…' 등. 보조동사로 '주세요'를 남용하는 것은 일본말의 'kudasai'의 영향이 크다고 본다.

문 16. '가르치심명'의 사전 풀이말 '가르침을 높여 이르는 말'은 적절한가.

답 풀이를 '가르침의 높임말'로 하는 것이 바른 것 같다. 단어 형성은 '가르치다'의 높임말 '가르치시다'의 명사형에서 온 전성명사(轉成名詞)로 보는 것이 마땅하다.

【붙임】 1. 오늘날 {-시-}를 어미의 범주에 넣어 다루는 중요한 일깨움을 주는 단어이다. 이 {-시-}를 『우리말본』에서는 존경보조어간(尊敬補助語幹), 유창돈(劉昌惇)은 '존경의 선행어미(尊敬 先行

語尾)'라 한 바 있고, 현재의 학교문법에서는 선어말어미(先語末語尾)라 하고 있는 것이다. 유창돈은 '존경의 선행어미'로 규정했지만 존경의 대상에 대해서는 밝힌 바 없다. 크게 둘로 구분하여 보면 어소(=어휘적 구성소)냐 문소(=문법적 구성소)냐 하는 데 있다. 위의 단어 형성법을 통하여 {-시-}가 '존경의 접중사'임을 확인할 수 있다. {-시-}는 존재, 행위, 상태의 주체를 높게 대우하여 그 주체를 수식하거나 설명하는 활용어에 끼어들어 높임말을 만드는 어소로 봄직하다.

2. '어른－어르신'과 같이 관형형이 명사적으로 쓰인 용례는 '虞芮質成ᄒᆞᄂᆞ로 …威化振旅ᄒᆞ시ᄂᆞ로'(龍歌11章)에서 볼 수 있다.

문 17. '높직이[부]'와 '높지거니[부]'의 뜻은 어떻게 다른가.

답 사전의 풀이는 똑같이 '높직하게'로 되어 있다. '높직이'와 대를 이루는 '나직이'는 올림말로 있으나 '나직하니'는 없다. '높지거니'와 비슷한 꼴의 말에 '우두커니'가 있다. 이들을 통해서 미루어 보면 '높직이'는 상태(狀態)를, '높지거니'는 모양(模樣)을 나타내는 것으로 보게 된다. 우리 사전에는 '나직하니[부], 높직하니[부], 뾰족하니[부]'가 실려 있지 않으나, 북한의 사전에는 올림말로 되어 있다.

【붙임】 1. '우두커니'는 '우둑ᄒᆞ다→우둑ᄒᆞ거니→우둑커니'의 과정으로 이루어짐.

2. '많지 않은 아랫수염이 뾰족하니 앞으로 향하여 휘어 뻗쳤으며'〈이희승(李熙昇), 딸깍발이〉

문 18. 부사 '길이'와 형용사 활용형 '길게'의 어의(語意)는 같은가.

답 '길이 보전하세'를 '길게 보전하세'로 표현할 수는 없다. 부사 '길이'는 시간 부사(adverb of time)로 '오래도록'의 뜻이며, 활용형 '길게'는 '어떡하다준(← 어떠하게 하다)'에 기준하여 해석하게 된다.

모든 사람들이 길게 살고 싶어 한다.
사람들이 줄을 지어 길게 서 있다.
세상을 짧게 보지 말고 길게 보아야 한다.
나를 조용히 있게 하라.

[붙임] 1. '어찌하다'의 준말 '어쩌다'와 '어떻게 하다'의 준말 '어떡하다'의 쓰임을 보자.
돈이 모자라는데 어쩌지. ↔ 돈이 모자라는데 어떡하지.
이 일을 어찌 처리할까요. ↔ 이 일을 어떻게 처리할까요.
이 둘은 사람에 따라 구별 없이 사용되고 있다. 이 둘의 변별이 확실하게 된다면 용언의 부사형은 되살려야 한다.
2. 'adverb'는 어원으로 보아 'to + verb'로, 동사와 구 구조(phrase structure)를 이루게 된다. 그래서 부사어(副詞語)를 부용어(副用語)라 한 바 있다.(김민수, 『국어문법론 연구(國語文法論 研究)』, 1961, 통문관.)
3. 관형형, 부사형을 일본 문법에서 연체형(連体形), 연용형(連用形)이라 이름 붙인 것은 기능으로 본 이름이 아니라 형태로 본 이름이다. '가는 이는 가게 하라'에 수식어(修飾語)는 없다.

문 19. '태초(太初)에'를 '한처음에'로 다듬는 것은 적절한가.

답 '한-'이란 접두사는 본래 '하다(多 · 大)'의 관형형이었는데, '하다'가 죽은말이 된 뒤 고립되어 다른 말에 기생하여 남게 말의 조각이다. '매우'의 뜻으로 쓰이는 '하'나, '하고한'이 있고, '한가운데, 한길, 한숨, 한낮, 한밤, 한여름, 한겨울…' 등이 쓰이고 있으며 '한허리'는 죽은말이 되었다. 활성접사(living affix)로 보기는 어렵다. 그러나 말이란 사람의 입에서 떠나지 않으면 살게 되는 것이니 어떻게 통용되느냐에 따라 그 생명이 좌우된다 할 것이다.

문 20. 기사(記事) '기존 정치의 문법을 넘어서는 상상력…'에서 '문법'은 무슨 의미인가.

답 'grammar'의 번역어가 문법인데, 이 '문법'을 다시 'grammar'로 표현해 사용한 것이다. 'grammar'에는 문법 외에 '기초, 기본원리'의 뜻도 있다. '기존 정치의 원리를 넘어서는'으로 풀이하면 될 것이다.

〚붙임〛 문법의 원조는 라틴 문법이라 하는 경우가 있다. 영국에서 중등학교를 grammar school이라 한다.

문 21. '여하(如何)'와 '하여(何如)'의 뜻은 같은가.

답 의미상으로 같지 않다. '여하-하다(如何)'는 고유어로 '아무러하다'의 뜻이다. 그런데 '하여(何如)'에는 '하다'가 붙을 수 없으며 '어떻다'의 의문형 '어때'의 뜻이다. 그런데 말의 현장에서 '여하튼 - 하여튼, 여하간(如何間) - 하여간(何如間), 어쨌든 - 어떻든'이 혼동되어 같은 의미로 사용되고 있음이 사실이다. 이 두 한자어는 문장의 끝자리에 놓여 여하(如何)는 '아무러한가' 하여(何如)는 '어때(←어떠해)'의 뜻을 나타낸다.

『붙임』 1. 여하(如何)는 여차(如此)와 같은 단어 구조이다.
2. 하여가(何如歌)는 '어때요 노래'로 풀이된다.
3. 경기하여가(景幾何如歌)의 '景幾엇더ᄒᆞ니잇고'
4. '금방 - 방금, 간혹(間或) - 혹간(或間), 상호(相互) - 호상(互相)'은 동의어이다.

문 22. '자유롭다'와 '자유스럽다'는 어떤 차이가 있나.

답 사전의 풀이로는 뜻 구별이 쉽지 않다. 우리말에 형용사 되게 하는 접미사로 '-답다 · -롭다 · -스럽다'가 있다. 뜻을 매기기 어려운 것은 이들 접미사의 근원을 찾지 못한 탓이다. '명예롭다'와 '명예스럽다'의 경우도 같다. '-답다'는 '바탕이 같거나 비슷함'을, '-롭다'는 '그런 분위기임'을, '-스럽다'는 '그런 느낌임'을 나타낸다고 볼 수 있을 것 같다. 이 세 종류의 접미사로 해서 불어난 어휘의 수가 엄청나게 많다. 활성 접미사(living suffix)의 대표라 할 수 있다.

문 23. '하지 말아 주세요'의 표현은 적절한가.

답 보조동사로 쓰이는 '주다'를 『우리말본』에서 '성김 도움 움직씨(奉仕補助動詞)'의 하나로 본 것이다. 실제는 '주다'의 보조적 용법이다. 보조동사는 보조적 의미(補助的 意味)로 쓰이는 말이다. '하지 마세요.'를 '하지 말아 주세요.'로 나타낸 것은 일본어식 한국어 표현이다. 일본말의 'kudasai'는 'please'의 의미로 널리 쓰이는 말이다. 국제화 시대(國際化時代)에 와서 우리말의 바른 모습을 찾는 일이 우리말을 지키는 지름길임을 잊어서는 안 된다.

문 24. '나는 담배를 피우는 사람이 싫다.'나 '나는 담배를 피운 사람이 싫다.'는 다 사용되는데, '나는 안경을 낀 사람이 좋다.'만 자연스럽고 '나는 안경을 끼는 사람이 좋다.'는 어색한가.

답 이 문형(文型)은 '주어 + 보어 + 서술어'의 구조인데, '담배를 피우는 사람, 담배를 피운 사람, 안경을 낀 사람'은 다 자연스럽지만, '안경을 끼는 사람'이 어떠한 사람인가? 안경사인지 안경쟁이인지 애매하지 않는가? 그래서 어색한 것이다. 만일에 '안경을 끼고 있는 사람'으로 바뀐다면 자연스럽지 않을까?

문 24. '님'과 '분'과 '씨'의 차이는 무엇인가.

답 '-님'은 두루 붙을 수 있는 존칭의 접미사로 '선생님, 달님 …' 처럼 쓰이고, '분'은 사람을 높여 가리키는 의존명사로 '많은 분이 오셨다. 한 분 한 분께 인사를 드리다'처럼 쓰이고, '씨(氏)'는 의존명사로도 대명사(代名詞)로도 또는 접미사처럼 쓰이기도 한다. [보기: 채영신 씨, 씨는 소설 상록수의 여자 주인공이다. 김씨, 이씨, 박씨…) 이런 것들은 문법상의 문제가 아니고 용법상의 문제이기 때문에 사용례를 통하여 익혀야 할 사항이다. 〈사전을 참조하기 바람.〉

문 25. '말과 말씀과 말씨'의 뜻은 어떻게 구별하는가.

답 말은 문법에서 언어(言語)라 이르고 있는 것이다. 첫째로는 음성언어(音聲言語), 문자언어(文字言語)를 아울러 귀로나

눈으로 지각(知覺)할 수 있는 실현(實現)된 말과 머릿속에 새겨져 있는 말까지 포괄하는 개념이다. 둘째로는 '이야기하기, 이야기한 것'을 의미한다. '내 말을 들어 보라, 내 말을 명심하라'와 같이 쓰인 경우이다. 말씀은 '말'의 존칭어로도 되고 겸양어(謙讓語)로도 된다. '선생님의 말씀, 너의 말씀'이 다 성립된다.

'나랏말쓰미'의 '말씀(말씀)'은 '물리적으로 입으로 내뱉고 귀로 받아들이는 뜻을 지닌 소리가 바로 말이기 때문에 '국지어음(國之語音)'이라 한 것이다. 우리말을 적을 글자가 없던 시대의 「말」이 바로 어음(語音=言語音)이었기 때문에 그리 표현한 것이다. 어제 입으로 내뱉은 것과 귀로 들은 내용(=뜻)을 지닌 어음이 머릿속의 기억장치(記憶裝置)에 저장되어 있으면 그것 또한 말인 것이다. 이 '말씀'은 소쉬르가 말한 빠롤(parole)과 랑그(langue)를 아우른 언어(言語)이다. 훈민정음의 '말씀'은 실현되는 말소리로 이해된다. '말씨'는 '말하는 본, 말하는 품'을 의미하는 말이다. '서울 말씨, 부산 말씨, 말씨가 고약하다…' 따위로 추리한 의미이다.

【붙임】 '말'의 내포(內包)와 외연(外延)을 한자에서 살펴보면 '言, 談, 話, 說, 語, 詞, 辭' 등이 다 말이다. dictionary를 한자 문화권에서 辭典 또는 詞典으로 표기하고 있다. 말과 말씀은 동의어(同義語)로도 볼 수 있다.

문 26. 부사 「공-으로, 절대-로, 진실-로, 참-으로」와 '공짜로, 날-로, 콩-으로'는 어떤 차이가 있나.

답 근원은 같은 것이다. 첨용형(添用形)이거나 활용형(活用形)이 그 기능에 좇아 다른 품사로 다루게 될 때 문법상으로 접미사 처리를 하고 있는데, 이것은 첨가형 접미사가 아니라, 첨용 활용형의 전성(轉成)으로 보아야 할 것이다.

문 27. 속담 '닫는 말에 채찍질'의 '닫는'는 죽은말[死語] 아닌가.

답 현대말로 표현하면 '달리는 말에 채찍질'이지만, '닫는 말'의 고어 표기는 'ᄃᆞᆮᄂᆞᆫ ᄆᆞᆯ'인데, 관용(慣用)으로 그대로 이어받아 쓰는 속담이다. 주마가편(走馬加鞭)은 이것을 한문으로 옮긴 표현이다.

문 28. 「차마 꿈엔들 잊힐리야」에서 '-엔들'은 어떤 구성인가.

답 형태소 분석의 문제인데, '-엔'은 '-에는'의 준 꼴로 분석되어 있다. 이 경우는 '-에+-ㄴ들'의 결합으로 해석되는데, 조사에 어미가 바로 이어질 수 있느냐 하는 것이다. '이런들'을 '이러한들'의 줄임 형태로 보듯이 '꿈엔들'을 '꿈에인들'의 축약(縮約)으로 본다. '집에선들'은 '집에서인들'의 준 형태로 보게 될 것이다.

문 29. 어미 「-ㄴ들」의 자질은 무엇인가.

답 이 '-ㄴ들'을 사전에서는 조사(助詞)와 어미(語尾)의 두 가지로 처리하고 있다. 「이다」의 활용형 '인들(=이ㄴ들)의 경우는 조사로 처리하고, 동사·형용사의 대표 어형(어형(語形)인 「하다」의 활용형 '한들'(=하ㄴ들)의 경우는 어미로 보고 있다. 서술격조사(敍述格助詞)는 활용한다는 문법규정에 따른다면 다 활용어미로 보는 것이 합당한 처리 방법이다.

1957년의 한글학회 『큰사전』에서는 '이런들'을 '이러한들', '저런들'을 '저러한들'의 줄임 꼴로 보았다. 그 배경은 '이러, 저러'를 '이러하-, 저러하-'의 변칙 어간(變則 語幹)으로 보았기 때문이다. 곧 다음 (1)에서 보듯이 어미의 자질이다. 이와는 달리 (2)-(4)와 같은 용법의 '-ㄴ들'은 '이다'의 활용형 '인들'의 축약(縮約)으로 해석된다.

(1) 이런들 어떠하며 저런들 어떠하리(=이러한들 어떠하며 저러한들 어떠하리)

(2) 차마 꿈엔들 잊히리야 〈향수(鄕愁)〉

(3) 꿈엔들 잊으리요, 그 잔잔한 고향바다 〈가고파〉

(4) 어딘들 못 가랴.

> 간 밤에 부던 바람 만정도화 다 지거다
> 아희는 뷔를 들고 쓸으려 하는고야
> 낙화ㄴ들 꽃이 아니랴 쓸어 무삼하리오
>
> 정민교(鄭敏僑, 1697～1731)

[붙임] 『표준국어대사전』(1999)의 '-ㄴ들[조]'의 보기 글

¶ 난들 그 일을 알겠느냐? / 배가 고픈데 풀뿌린들 못 먹을까. / 네 얼굴을 꿈엔들 잊을쏘냐. /설만들 굶기야 하겠느냐. ㉾ 인들.

9. 우리말의 장래를 위하여

우리 겨레는 15세기 한글이 창제되기까지 수수만년(數數萬年) 동안 우리말을 입에서 입으로 이어받아 지켜 왔다. 한글 창제 이전은 이웃나라 중국의 한문(漢文)을 통한 번역 기록의 시대(時代)이다.

우리 한글이 생긴 뒤에도 나라의 공용문서(公用文書)가 한문(漢文)만으로 이어져 왔다. 말과 글을 완전히 달리하였던 것이다. 훈민정음 원본인 『훈민정음해례본(訓民正音解例本)』은 우리의 말을 말소리대로 적을 글자를 만들어 설명한 반포(頒布)의 책이기 때문에 한문본(漢文本)일 수밖에 없었다. 우리글의 첫 사용은 「용비어천가(龍飛御天歌)」에서 시작되었다. 「용비어천가」는 국한혼용체(國漢混用体)의 글이다. 총 125장 가운데 제2장은 순 한글만으로 표기된 글이다. 한자나 한자어를 쓰려고 해도 쓸 자리가 없는 순 고유어로 된 말들이었기 때문이다. 한글 반포 이후 일찍이 용비어천가나 「석보상절(釋譜詳節)」의 표기처럼 했어야 했다. 한문 진서(漢文眞書)의 의식(意識)에서 깨어나지 못한 것은 당시의 사회 문화적 상황 때문이다. 민족의 자의식(自意識)이 발동한 국자 운동(國字運動)은 독립신문(獨立新聞)에서 비롯하였다. 한글 전용, 국한 혼용의 찬반(贊反)은 세기(世紀)를 두고 대립되어 있다. 언문일치(言文一致)의 원리 아래서 어떤 문자기호(文字記號)로 적느냐 하는 것은 시빗거리가 될 수 없다. 때와 장소와 대상(對象)에 따라 선택할 조건(條件)의 문제일 뿐이다.

가장 큰 현실의 문제는 국한 혼용(國漢混用)의 문제가 아니라, 국한영(國漢英) 혼용의 상태로 흘러가고 있는 어이없는 현상이다. 흔한 아파트나 상가(商街)의 이름이나 표기를 보면 알 수 있을 것이다. 신문이나 방송, 사회 지도층 인사들의 발언을 통해서도 직감(直感)할 수 있다. 어휘 체계(語彙体系)가 이중 삼중으로 겹쳐 나가고 있다. 잠자고 있는 고유어를 발굴하고 잘 부려 써야 겨레말다운 한국말로 키워 나갈 수 있다. 인구 1억이 넘어야 개별 언어(個別言語)의 생존이 보장된다는데, 우리말 우리 글자의 앞날이 마냥 밝지만은 않다.

우리 겨레의 말이 아무리 정교하고 우리의 글자 한글이 세계적으로 우수하다 한들, 사용하는 사람이 줄어들면 그만큼 약소한 언어로 전락하게 되는 것 아닌가. 영어가 국제어(國際語)로 행세하게 된 것은 영어 사용권 사회가 넓어 세계의 주도권(主導權)을 쥐고 있기 때문이다.

이 문답의 작은 책자를 내면서 한자와 로마자를 많이 인용하게 된 것이 서글프다. 우리의 말과 글 그리고 문법 연구가 외국어의 영향을 그만큼 많이 받아 혼란에 빠져 있는 탓이다.

바른 우리말의 문법, 바른 우리말에 의한 문법, 바른 우리말을 위한 문법으로 발전되기를 기원한다. '국어 사랑, 나라 사랑'의 구호는 영원하다.

찾아보기

지은이 약력

유목상(柳穆相)

文學博士, 호: 정산(井山)

경북 군위 출생
김천중학교 6년 졸업
연희대학교 문학원 영문과 2년 재학 중, 전란으로 학업 중단
안계공립중학교 교사(영어과)
중앙대학교 국어국문학과 졸업
중앙대학교 사범대학 부속고등학교 교사(국어과)
중앙대 대학원 문학석사(증198, 논문: 이다攷)
중앙대학교 문과대학 교수(1964~1994).
교학과장, 문학부장, 교무처장, 교육대학원장, 대학원장을 거침.
국어심의회 한글분과위원회 위원(1990.6.26.~1996.6.30)
국어학회 회장.
중앙대학교 명예교수(1994.3.~)

지은 책
『새중등국어문법』(문교부 인정5133, 1966)
『새문법』(문교부 인정15, 1969)
『連結敍述語尾 硏究』(1985)
『韓國語文法 理論』(1990)〈제23회 문화부 추천도서〉
『韓國語文法의 理解』(1993)
『한국어의 문법구조』(2007)

語文叢書 2-6

한국말 문법의 현안

초판 1쇄 인쇄 2017년 12월 15일 **초판 1쇄 발행** 2017년 12월 22일
지은이 柳穆相 **펴낸이** 박성복 **펴낸곳** 도서출판 월인
등록번호 제6-0364호 **등록일** 1998. 5. 4.
주소 01047 서울특별시 강북구 노해로25길 61
Tel (02) 912-5000 **Fax** (02) 900-5036
E-mail worinnet@hanmail.net **Homepage** http://www.worin.net

ISBN 978-89-8477-646-3 94710
ISBN 978-89-8477-337-0 94710(세트)

값은 뒤표지에 있습니다.